垂帘太后

慈禧

沈渭滨 著

细说后妃

上海人民出版社

图书在版编目(CIP)数据

垂帘太后:慈禧/沈渭滨著. —上海:上海人民
出版社,2018
(细说后妃)
ISBN 978-7-208-15374-5

Ⅰ.①垂… Ⅱ.①沈… Ⅲ.①西太后(1835—1908)
-生平事迹 Ⅳ.①K827=52

中国版本图书馆CIP数据核字(2018)第177860号

责任编辑 郭立群
装帧设计 陈 酌

细说后妃
垂帘太后——慈禧
沈渭滨 著

出 版 上海人民出版社
(200001 上海福建中路193号)
发 行 上海人民出版社发行中心
印 刷 常熟市新骅印刷有限公司
开 本 890×1240 1/32
印 张 15
插 页 5
字 数 270,000
版 次 2018年12月第1版
印 次 2018年12月第1次印刷
ISBN 978-7-208-15374-5/K·2776
定 价 75.00元

目录

自序 / 001

01 应选入宫 / 001
02 身世与家事 / 006
03 入宫之后 / 010
04 逃离北京 / 014
05 咸丰帝之死 / 019
06 三个权臣 / 023
07 结怨肃顺 / 027
08 叔嫂密谋 / 034
09 “好戏”开锣 / 043
10 辛酉政变 / 049
11 垂帘听政 / 055

12 调整内阁与军机班子 / 063
13 解散“阿思本舰队” / 070
14 赐胜保“自尽” / 077
15 革奕䜣议政王 / 084
16 京师同文馆之争 / 093
17 宠监安德海被杀 / 100
18 应时所需的举措 / 105
19 母子之间 / 112
20 还政穆宗 / 119
21 平息修园风波 / 125
22 中年丧子 / 133
23 第二次垂帘听政 / 141
24 皇后阿鲁特氏的命运 / 148
25 立嗣招来争议 / 155
26 调教小皇帝载湉 / 163
27 以妥协处理边疆危机 / 171
28 命左宗棠规复新疆 / 177
29 收回被沙俄侵占的伊犁 / 183
30 创建新式海军 / 192
31 烦心揪心的天灾人祸 / 198
32 心劳力瘁病倒了 / 205

33 慈安太后暴卒之谜 / 214
34 平定朝鲜“壬午兵变” / 221
35 暗助“黑旗军”援越抗法 / 232
36 “甲申易枢” / 240
37 以战促和，“乘胜即收” / 248
38 设立海军衙门 / 257
39 派奕譞巡阅北洋水陆各军 / 262
40 “归政”与“训政”的布置 / 272
41 选侄女做皇后 / 280
42 重修“三海” / 286
43 怡情颐和园 / 290
44 颐养天年 / 295
45 “万寿庆典”的筹备 / 301
46 战争搅了寿庆兴 / 309
47 签订《马关条约》/ 320
48 扼杀百日维新 / 325
49 幽禁光绪皇帝 / 333
50 第三次垂帘听政 / 337
51 立溥儁为大阿哥 / 342
52 招抚义和团 / 348
53 向世界宣战 / 354

54 攻打使馆与西什库教堂 / 361
55 仓皇逃离京师 / 367
56 珍妃之死 / 373
57 “巡幸”西安 / 381
58 抢劫的盛宴 / 388
59 “量中华之物力，结与国之欢心” / 394
60 回銮北京 / 400
61 下诏推行新政 / 406
62 清末“新政”的主要内容 / 413
63 满汉通婚与废除缠足 / 419
64 接见公使与公使夫人 / 425
65 派五大臣出洋 / 436
66 宣布预备立宪 / 444
67 光绪帝之死 / 453
68 命归黄泉 / 461
69 宏丽的寝宫 / 468

自 序

慈禧是晚清政治女强人。从1861年垂帘听政以来，统治清王朝长达48年之久。其间做了许多误国害民乃至妥协卖国的勾当，但也做了不少顺应潮流、有利于社会进步的好事。尽管主观上是为了清王朝的长治久安，但客观上确实有利于中国走出中古状态，面向近代化。对她的评价，不应该一棍子打死，而应实事求是，取知人论世的态度。本书各节，首在弄清史事，适当之处，略作议论，是否得当，敬请读者与方家指教。

我对慈禧这个晚清女主的研究兴趣很早就有。二十多年来，在教学之余，断断续续地看了一些有关史料，也思考了一些问题，并且试写了若干章节。2003年底，上海人民出版社准备编辑出版“细说中国历史丛书·后妃系列”，责编崔美明女士约我写慈禧太后。我对史学前辈黎东方教授开创的“细说体”史书情有独钟，便欣然答允了崔女士的约请。不料时隔不久，我又谬任国家清史光绪朝（上）人物传记项目主持人，时间和精力都被吸引。崔美明女士尽管对我照顾有加，多次宽限交稿时间。但我对自己影响丛书的出版计划，深感不安。

倘若没有前辈学者与时贤的研究成果，特别是对相关藏档的整理与解读，要完成这样一本“细说体”史书，会有不少困难。我在撰写此书时，始终对他们怀有深深的敬意。只是限于丛书体例，本书所引资料及参考时贤研究成果的注释，都被删去，特此说明，并致歉意。

本书写作过程中，曾得到张爱华女士、张剑博士的多方帮助，谨致衷心感谢。

沈渭滨

二〇〇七年初夏于蒲溪抱墨轩

应选入宫

01

咸丰元年（1851 年），登基不到一年的咸丰皇帝奕詝要选秀女了。

咸丰帝还在做皇子时就已成婚。不幸的是，他的妻子萨克达氏在他继承皇位前一年死去。虽说他登基后追封萨克达氏为孝德皇后，但后宫乏人总不合宫闱制度。所以这次选秀女，就是为了充填后宫。

按清代祖制，选秀女每隔三年举行一次，限在八旗女子中挑选，由户部主持其事。选中者可封为嫔妃留在宫内，或者指配宗室王公大臣子弟。凡八旗官员家的女子自十三岁至十六岁，都应报户部备选。到了选期，除在京八旗少女于本旗报名外，外任官员家的子女，必须先期送至京师，与在京秀女一起选看。

慈禧太后像

这次选秀女之年虽在元年，但真正选看的日期却定在次年的二月初七、初八日两天。届时，应选的八旗秀女们，按各自的旗别分队排列，由旗署官员会同户部员司，领至神武门东栅栏，再由领排太监引领到御花园坤宁宫门前，以五人一排，等候太妃、皇帝看选。

那天，天气寒冷、朔风怒号，偌大的一个御花园显得肃杀阴沉，秀女们一个个都冻得浑身颤抖。其中，一个姓叶赫那拉氏的十七岁姑娘，却顶着严寒、打起精神，颇与众不同。待轮到她那一排入宫看选时，她镇定自若地步入坤宁宫，垂手而立。年轻的咸丰帝看到这个“方额广颐、明眸隆准、眉目如画、樱口又适称其鼻”的少女，颇为中意，便把她那块写有旗别、姓氏、家庭出身的绿头木牌留了下来，其余四个秀女的绿头牌子都撩了。这叫做“留牌子”、“撩牌子”。留牌子的，定期复看，看中后便赐予封号，留在宫内或指配宗室；撩牌子的表示落选，以后可以自由婚嫁了。

经过复看，这个姓叶赫那拉氏的十七岁姑娘最终被选中。二月十一日，传下圣旨，封为兰贵人，命于五月初九日入宫。

她就是后来的慈禧太后。

不过，这次选秀女，咸丰帝最中意的并非那拉氏，而是广西右江道穆扬阿的十五岁女儿钮钴禄氏。她虽说相貌一般，却显得仪态端庄、敦厚贤淑。二月十一日与那拉氏同天传旨，封为贞嫔，于四月二十七日入宫。嫔比贵人高了一级，而且一个多月后她又被册立为皇后，就是后来的慈安太后。可见那拉氏若不是以后生了个做皇帝（同治帝）的儿子，母以子贵，是难能尊为太后的。

关于那拉氏的入宫，有的记载说她最初只是个宫女，后来得到咸丰帝宠幸才封为贵人的。影响最大的，莫过于如下一段文字：

“那拉氏者……生长南中，少而慧黠，擐艳无匹侪。雅善南方诸小曲，凡江浙盛行诸小调，皆朗朗上口，曲尽其妙。于咸丰四年，被选入圆明园，充宫女……编入‘桐荫深处’。已而洪杨之乱日炽，兵革遍天下……文宗（即咸丰帝）方寄情声色以自娱，暇辄拥嫔妃游园中，闻有歌南调者，心异之。越日复往，近‘桐荫深处’，歌声又作，因问随行内监以歌者何人？内监以兰儿对。兰儿者，那拉氏之小字也，宫中尝以此名呼之。文宗乃步入‘桐荫深处’，盘桓炕上，召那拉入，略诘数语，即命就廊栏坐，仍令奏前歌。良久文宗唤茶，时随从均散避他舍，那拉氏乃以茶进，此即得幸之始也。”

这一段有声有色的描写，看似具体入微，其实稍加审察，便可看出是辛亥前后时人为丑诋那拉氏而编排的故事。说她入宫之初仅是宫女，完全与选秀女制度不符。清代选入宫中的女子有两种：一种是秀女，为八旗仕宦家的女儿，选中后封为妃嫔，成为皇帝的姬妾，永远留在宫中，不准再嫁；一种为宫女子，是内务府包衣家的女儿，入宫后即为婢女，供内廷使令。两种入宫女子身份地位绝然不同。前者是主子，后者是奴婢。虽然宫女得幸也可恩赐为妃嫔，但若不蒙皇帝过幸，则到了25岁便可退回本家，脱离宫廷，别寻夫婿。那拉氏以八旗仕宦之家选秀女入宫，决非供使令的宫女，当可自明。

破绽如此明显，故事何以不胫而走？原因在于和咸丰帝的风流背景有关。这位年轻皇帝不仅纵情酒色，而且常去圆明园消夏。有人研究清宫档案后指出："他往往一过新年就迁往圆明园，一直住到冬至才肯搬回紫禁城的养心殿。"野史更说他尤其欢喜小脚汉女，某位大臣为讨得皇帝欢心，重金购买了苏浙妙龄数十人，以"打更民妇"名义送至圆明园，借以躲过汉女不得入宫的规矩。其中有四人最受咸丰宠爱，名曰牡丹春、海棠春、杏花春、陀罗春（或称武陵春）。"四春"皆在圆明园分居亭馆，以备咸丰帝临幸。有了这样的风流背景，添加进为朝野私议女主临朝的慈禧太后，自然顺理成章。所以有的野史、稗史说那拉氏在圆明园号称"天地一家春"，咸丰帝有"五春之宠"。把那拉氏列入，说她是圆明园"桐荫深处"中的宫女，因得咸丰帝宠幸才飞黄腾达，自然更加显得脍炙人口，成了喜欢探求别人尤其是名人隐私者茶余饭后的谈笑资料。其实，清宫敬事房档案明白记载：二月十一日传旨封惠征之女那拉氏为兰贵人。她确实是经过选秀女体制，正儿八经地选入宫中，成为咸丰皇帝妃子的。

02 身世与家事

那拉氏祖居叶赫（今吉林省梨树县一带），又称叶赫那拉氏。叶赫部在后金天命年间，被清太祖努尔哈赤征服，编入满洲镶蓝旗，所以那拉氏是满洲镶蓝旗人。因为后来成了太后，于咸丰十一年（1861 年）被抬入上三旗的镶黄旗，是谓“抬旗”。上三旗是指镶黄、正黄、正白三旗，是皇帝的亲军，地位高于其他五旗。有的史书称她是满洲镶黄旗人，原因即在此。

她生于道光十五年十月初十日（1835 年 11 月 29 日），小咸丰帝四岁。上三代都做过清朝的中级官员：曾祖父吉郎阿，曾任户部员外郎（户部相当于今财政部，员外郎从五品）；祖父景瑞，做过刑部郎中（刑部相当于今司法部，郎中正五品）；父亲惠征，由吏部笔帖式升至员外郎，后外放出任山西归绥道（相当今专员级，道员正四品）。入宫前的那拉氏，家住北京四牌楼劈柴胡同。诚如有的学者所言：“她生在北京，长在北京，从未去过南方。”咸丰帝选妃时，她十六岁，符合选秀女的年龄，母亲便把她送至镶蓝旗报名。因为是八旗仕宦家之女，户部就将其编入选秀女名册送看。第二年一选就中，从此她迈出了日后掌权近五十年的第一步。

在家中，那拉氏排行第三。上有一个哥哥：名照祥，后来官至护军统领，袭爵承恩公；一个弟弟：名桂祥，以后官至都统，他的女儿即那拉氏的侄女，就是光绪皇帝的皇后，后来的隆裕皇太后。那拉氏下有一个妹妹，后来嫁给咸丰皇帝的弟弟醇亲王奕譞，是奕譞的嫡福晋、光绪皇帝的生母。一门荣华富贵，自然都与那拉氏进了宫，做了太后有关。

有个历史学家说：“中国近代史上很少有一个疑案，其说法之纷纭与考证之困难，可以超过慈禧太后的家世的。”确实，有关那拉氏的家世、身世，流传的说法很多。有的说她不是旗人而是广东一家周姓的女儿，因父亲犯罪被杀，才卖给满人为女；有的说她是广东一户人家的丫头；一个外国人甚至说她的祖先是欧洲人，因为据他看来，那拉氏的容貌、性格都有点像西洋人。这些当然都是毫无根据，荒诞不经的谣传。还有一种说法，说她是山西长治人，是汉族农民王家的女儿，因家贫被潞安府知府惠征家收为养女。但惠征没有做过潞安知府，所以这一说法也很难成立。

有一则流传甚广的故事，说她的父亲惠征在湖南副将任上病死时，那拉氏姊妹去湖南料理丧事。因为家贫，几乎无钱置办。舟过江苏清江浦，恰巧与清江知县吴棠友人的丧舟泊于一处，此人生前亦官至副将。吴棠派人致送白银三百两，但差人却误送给了那拉氏。吴棠知道后准备追回，一个幕僚献计说：不必，听说舟中姊妹俩是满族闺秀，“将入京选秀女，安知非贵人？不妨借此结好，于公或有利”，吴棠觉得有理，便登舟吊唁。那拉氏深为感激，牢记在心。她后来成为太后垂帘听政后，便一再超擢吴棠，使其累官至四川总督，就是为了报恩。

故事说那拉氏的父亲死于湖南副将任上，稽之惠征履历，实无此事；姊妹奔丧，当属子虚乌有。吴棠则实有其人，确实自知县累官至四川总督。期间曾屡受言官弹劾却始终未倒，青云直上。明乎此，就会明白编故事者意在讥刺吴棠无才干而得大用，发泄朝廷用人不当的牢骚；附会吴棠于慈禧有恩，显然是当时诋毁女主临朝的潜流使然。

不过说慈禧少女时家境不富裕，并非空穴来风。原来在慈禧曾祖父吉郎阿任户部银库员外郎时，发生了户部银库亏空案。道光皇帝派大臣清查，查出现存银与账面应存数竟差 925 万两之多，断定是银库库丁贪污，但贪污者是谁却难以究出。于是皇帝命自嘉庆五年起到道光三十年止，历任库官各按在职年限，每月罚银 1 200 两，已故者由子孙减半代赔。吉郎阿任银库员外郎三年，应赔银 43 200 两，因其已死，减半赔银 21 600 两，限其子景瑞（那拉氏祖父）二年内赔完。但景瑞在规定期限内仅赔了 1 600 两，后来在户部一再催促并表示至少应先赔六成的情况下，景瑞又再赔了 200 两。既超过期限，又不足应赔数额，因此于道光二十七年（1847 年）锒铛入狱。那拉氏的父亲惠征，不得不告贷变卖，从道光二十七年至二十九年赔了 1.2 万两，达到了规定至少应赔六成的数目，才将其父景瑞从牢里保了出来。这时，那拉氏已经十四岁。一家三代，经此变故，本不富裕的家境，自然更显拮拙了。所以当她在十七岁时被选入宫，既是对家庭陷于贫困的一种解脱，又为一家平步青云奠定了契机。咸丰二年（1852 年）当她被选中封为兰贵人时，刚从山西归绥道卸任的父亲，兴高采烈地送女儿入宫后，便趾高气扬地携眷南下，去安徽芜湖接任宁池太道了。咸丰三年三月以“携带饷银印信避至镇江”而被开缺，六月初三日在镇江病故，终年四十九岁。此时，那拉氏早已入宫，按规定是不能南下奔丧的。

03

入宫之后

那拉氏入宫后，“即能得太后（沈按：应为太妃，即康慈皇贵太妃）之欢心”，她的才能也远在皇后钮祜禄氏之上。据说她“年十五六岁时，五经成诵，通满文，二十四史亦皆浏览”，又善书画，因此很快获得咸丰帝的欢心。

咸丰帝原是个风流儒雅的皇帝，喜欢醇酒美人，又善绘画，爱听南方小曲。那拉氏生得艳丽，懂得书画，虽然水平不高，也比不上皇帝，但比之宫内那些对此道一窍不通、毫无兴趣的妃嫔，就足以使年轻的皇帝另眼相看。传说那拉氏少女时代家中有个南方女佣，教她学唱南曲，服南装，如果属实，那么更能勾起皇帝的兴趣。不管怎么说，那拉氏入宫后很得皇帝宠幸是事实。据清宫内务府档案记载，咸丰三年（1853年），后宫有皇后、云嫔、兰贵人、丽贵人、婉贵人、伊贵人、容常在、鑫常在、明常在、玫常在十位后妃，兰贵人那拉氏排名第三，即可概见。咸丰四年二月，那拉氏晋封懿贵人，不久封懿嫔，成为入宫女子中除皇后外第一个晋封的人。咸丰五年正月云嫔武佳氏去世，那拉氏的地位升到第二位。咸丰六年三月，她生了儿子，晋封懿妃，在皇后钮祜禄氏和其他妃嫔没有生子的情况下，这无形中为她在后宫中的地位和身份奠定了重要基础。第二年，她被封为懿贵妃。按清代后妃制度，这已经是第三级了。

清代入关前，基本上没有后妃制度。普通妇人称“和和”（音喝喝，后汉译为“格格”），贵妇曰“夫金”（乾隆时改译为“福晋”）。清太祖以后，渐渐袭用汉制。这时的“夫金”已为诸王公妃的专用名词，非一般贵妇所能使用。入关后，宫闱制度渐趋繁复，等级森严，不可逾越。除帝妻称皇后外，妃嫔分三等九级。“等”是指妃嫔的身份。三等的第一等称令妃，第二等称选妃，第三等称恩妃。

所谓令妃，是指皇帝届结婚之年，令在旗籍文武大臣勋戚嫡出而非庶出之女，送入宫中，由皇帝挑选其中五人或三人，并在这五人或三人中再挑一人为皇后，其余均为当然妃子，这称为正选和陪选。正选是指皇后，陪选即妃子。在皇后尚未入宫行“大婚礼”前四日或六日，先迎陪选的妃子入宫，与皇帝成亲后再迎娶皇后。这种身份的妃子称“令妃”。令妃初封以“嫔”或“贵妃”为起码。

所谓选妃，就是俗称选秀女。每隔三年一次选八旗秀女，户部主之；每岁选内务府属旗女，内务府主之。被选中的八旗秀女，初封以“嫔”或“贵人”为起码。若三品以下及一二品已殁、革员之女被选，初封为“贵人”。那拉氏父亲惠征官至道员，正四品，所以初封时为贵人。

咸丰皇帝像

所谓恩妃，都是被皇帝过幸而受封的宫女，初封一般是最低的“答应”或“常在”。

这三种等级的妃嫔，在入关后的清朝历史上，令妃很少，只有三次。一次是康熙十四（1675年）年，一次是同治十一年（1872年），一次是光绪十五年（1889年）。因为自清朝定鼎后，只有这三朝皇帝举行过大婚，即做了皇帝后才娶妻的，所以有正选的皇后和陪选的令妃，其余雍、乾、嘉、道、咸五朝皇帝，在登极前都已娶妻，没再举行大婚，也就没有令妃。

清代入关后的第一代皇帝顺治帝，虽然有过两次大婚，却只有皇后，没有陪选的令妃。他的第一次大婚是在顺治八年（1651 年），立蒙古科尔沁卓礼克图亲王吴克善女博尔济吉特氏为皇后。但时隔二年，皇帝以皇后是前摄政王多尔衮为了控制他而聘，与自己意志不合，下旨降为妃子，“改居侧室”。用现在流行的说法是包办婚姻，且有政治目的，感情不和，不再承认她是妻子，只能做姬妾。第二次是顺治十一年（1654 年），立蒙古科尔沁贝勒绰尔济之女博尔济吉特氏为皇后，但这次也没有经过选妃，而是将其由妃子晋封为皇后再举行大婚的，所以也没有陪选的令妃。

“级”是指妃嫔封号的级别，犹如文武百官的品级。皇后以下的妃嫔，可细别为九级：摄行六宫事（如道光帝的孝全皇后，在道光十三年晋皇贵妃，摄六宫事），皇贵妃、贵妃、妃、贵嫔、嫔、贵人、常在、答应。这九个级别一般都需逐级升迁受封。那拉氏入宫时封为贵人，属第七级，生子后晋为贵妃，属第三级，速度是很快的。

04 逃离北京

自那拉氏入宫那年起，清王朝长期处于内外交困的严重局面中。

国内，洪秀全领导的太平天国起义，自金田揭竿而起后，经湖南入湖北，顺江而下，长驱江南。咸丰三年（1853年）定都南京，旋即派兵北伐、西征，北伐军一度进至天津附近，清廷震动；西征军在长江中下游屡获大胜，清军望风披靡。北方的捻军活跃在河淮地区，积极灵活地打击清军。大江南北，战争硝烟烽起，搅得清王朝手足无措，疲于应对。

国外，外国侵略者为进一步打开中国大门，攫取更多特权，以“修约”为借口，向清王朝要挟。咸丰六年（1856年）九月，英国一手制造了“亚罗”号事件，进攻广州。十一月，一度攻占广州新城。第二年，英国伙同法国，组成英法联军，在沙俄、美国的支持下，再度攻占广州，俘虏两广总督叶名琛。咸丰八年（1858 年）打到天津郊外，迫使清政府签订屈辱的《天津条约》。

清政府一方面依靠汉族地主武装团练和曾国藩的湘军对抗太平军、捻军；一方面采取对外妥协的态度，同外国侵略者周旋。由于当时的清朝统治集团对侵略者的疑惧尚未消除，而侵略者对清政府的勒索也尚未满足，咸丰八年（1858 年），英法联军再起，打败了驻在大沽口的清军，向北京进逼。七月，天津失陷，清政府一片慌乱。咸丰帝一面假惺惺地发出上谕，表示要“亲统六师，直抵通州，大张挞伐，而伸天讨”，一面却派出议和代表，到天津与侵略者谈判妥协。

侵略者即将兵临城下，京城富绅大户纷纷出逃。咸丰帝心慌意乱，坐卧不安，决定采纳驻守通州的钦差大臣僧格林沁秘密建议“巡幸木兰”，逃离京师，到承德“避暑山庄”躲避战乱。

木兰在直隶承德府北四百里，属翁牛特旗（今内蒙古自治区乌丹城），是清王朝的皇家猎场。自康熙二十二年（1683 年）起，历代皇帝每年秋季都要来此围猎，即所谓“田猎讲武”，所以也称“木兰秋狝”。承德避暑山庄建成后，皇帝“秋狝”之际，在此召见蒙古王公，宣扬皇恩，讲求满蒙亲睦，成为定制。

僧格林沁建议巡幸木兰，正合皇帝畏敌逃难的心意。

尽管僧格林沁的建议是以密折的方式提出，奏折又“留中不发”，但是消息还是透露了出来。这无疑给慌乱的人心火上浇油。时人记载当时的情形称：连日来“扣车调马，道路汹汹，咸谓木兰之行，即在旦夕。以致城内纷纷迁移，莫能禁止，谣言四起，众怨沸腾”。京师乱成了一锅粥。

咸丰帝觉得如此混乱，怕自己出不了北京，于是来了个自我“辟谣”，说：“近日军务紧要，需用军马纷纷征调，不免啧有烦言。朕闻外间浮议，竟有谓朕将巡幸木兰举行秋狝者，以致人心疑惑，互相播扬……所有备用车马，着钦派王大臣等传谕各处，即行分别发还，勿得尽行扣留守候，以息浮议而定人心。”但是谎言掩不住畏敌怯懦的心态。当八月初七日僧格林沁通州战败的消息传来，咸丰帝逃意已决。当夜的御前会议上他宣布了巡幸木兰的决定，并任命皇弟恭亲王奕䜣为“钦差”便宜行事全权大臣，督办和局，留在北京，与洋人周旋。

次日，即八月初八日清晨，他匆匆地吃了两个煮鸡蛋，就带着皇后钮祜禄氏与懿贵妃那拉氏等后宫妃嫔，在一群亲信王公大臣簇拥下，从圆明园后门仓皇向热河行宫逃窜。清人笔记《庚申英夷入寇大变记略》记其出逃情状称：“是日晚，上在海淀闻败信，内外惊惧，彻夜匆忙，立传预备。圣驾遂于初八日巳刻偷走。及各衙门值日引见等官赴园，始知上已北行，銮舆不备，扈从无多，随行者惟惠王、怡王、端华、肃顺等，并军机穆荫、匡源、杜翰诸人。车马寥寥，宫眷后至，洵迫不及待矣。”出逃的匆忙和狼狈，跃然纸上。

对于这次出逃，懿贵妃那拉氏曾发表过不同看法。据翰林院侍读学士吴可读的日记：“当圣驾之行也，贵妃力阻。言皇上在京，可以震慑一切；圣驾若行，则宗庙无主，恐为夷人践毁。昔周室东迁，天子蒙尘，永为后世之羞，今若弃京城而去，辱莫甚焉。”这个见解，从事后实况看，不能不说颇有见地，但因咸丰帝逃意已定，没有被采纳。

不仅懿贵妃有过劝告，而且不少王公大臣在皇帝露出逃意时，也曾上奏劝阻，但都被咸丰帝拒绝。通州战败后，皇帝连夜开会宣布巡幸木兰时，大家都知道无可挽回，谁也不敢再说一句了。

这次出逃，开创了清代历史上皇帝逃离京城的记录，也是那拉氏一生经历中第一次逃离京师。四十年后，她又一次逃离北京。不同的是，第一次是皇帝带着她逃；第二次却是她带着皇帝逃。历史的精彩真令人叫绝！

当咸丰帝逃离圆明园时，他哪里想到：此次一走，就再也看不到这座消磨了他十年皇帝生涯的避暑胜景了。这座自康熙四十八年（1709 年）开始经营，历一百五十余年增修扩建，驰名中外、精美绝伦的“万园之园”，在他逃离之后的半个月，即咸丰十年八月二十二日（1860 年 10 月 6 日），就遭到了英法侵略军的毁灭性掠劫。九月初五日（10 月 18 日），又被英军放火焚烧。大火三日不息，把这座世界级名园烧剩了一堆残垣破瓦。

他又哪里想到，此次一走就再也回不了紫禁城的金銮宝殿。他的生命时间不多了，死神已悄悄地伸出手来。

咸丰帝之死

05

逃在热河行宫“避暑山庄”的咸丰帝，被风景如画、具有水乡格调的行宫建筑迷住了。在这水静山幽、远离战场的山庄中，他犹如身入桃源、心悬仙境，终日听戏酗酒，早把出逃的耻辱忘得一干二净。正当他优游竟日、纵情享乐的时候，接到了恭亲王奕䜣领衔的奏折，请皇帝回銮京师，亲理朝政。原来，留在京师负责督办和局的恭亲王不得不向英法侵略者彻底妥协，签署了丧权辱国的《北京条约》，英法联军于十月自北京撤出，退至天津并分批回国。留京的王公大臣遂敦请圣驾回京。不料，这个酒色皇帝竟不愿回去。他以外国公使亲递国书一节在条约上未能取消、恐有反复为托词，说：“二夷虽已换约，难保其明春必不反复。若不能将亲递国书一层消弭，祸将未艾；

即或暂时允许作为罢论，回銮后，复自津至今，要挟无已，朕惟尔是问。此次夷务步步不得手，致令夷酋面见朕弟，已属不成事体，若任其肆行无忌，我大清尚有人耶？”这个批谕，表面上是在训斥协同恭亲王奕䜣办理和局的大学士桂良（恭亲王奕䜣的岳父）、直隶总督恒祺等人，实际上却是指桑骂槐，对皇弟奕䜣办理和局不如己意施加压力。奕䜣没法，只得再请，说可以先让恒祺对洋人开导，随时设法“羁縻”。咸丰帝始则宣称回銮“为时尚早”，继则声明本年不再回京：“木兰巡幸，系循祖宗旧典，其地距京师尚不甚远，与在京无异，足资控制。朕意本年暂缓回京，俟夷务大定，再将回銮一切事宜办理。本年回銮之举，该王大臣等不准再行渎请。”声色俱厉，决心在行宫再舒服一阵子。

过了春节新年之后，咸丰帝仍然不愿回銮。咸丰十一年正月初二日，他曾下旨宣布将于二月十三日（3 月 23 日）回銮，但仅过一天就改变主意，宣旨：回京后将于三月初二日（4 月 11 日）出京去东陵祭奠，礼成后再回热河。

咸丰帝对热河行宫的留恋，与怡亲王载垣、郑亲王端华、御前大臣肃顺的极力促成大有关系。这帮宠臣既引诱皇帝纵情酒色，复在行在大兴土木，修建宫殿，想方设法让皇帝耽在热河，以遂其操纵政局的图谋。本来就很好色的咸丰帝，终日声色犬马，早把身体弄得很孱弱了。他经常痰中带红，像得了肺痨症。从北京逃到热河，一路上行旅匆匆，沿途地方官来不及准备供应，据说有一天连饭都吃不上。到了泺阳，便吐起血来。虽说抵达热河行在后逐渐好转，但在没有复原之时又纵情酒色，身体便一天天垮了下去。咸丰十一年六月中旬（1861 年 7 月中旬），曾一度发病，宫中顿时慌乱。经过诊治服药，接连躺了十多天，到七月初略见好转，仍然看戏打猎，不知将息。七月十五日，便一发不可收拾，连戏也看不动了。第二天晚膳后忽然晕倒，到了晚上才苏醒。十六日子初三刻（约晚上 11 时 45 分左右），他觉得自己将不久于人世，于是召集了在热河行宫的御前大臣们托付后事。当时传出了两道谕旨：一是立皇长子载淳为皇太子；二是派怡亲王载垣、郑亲王端华、御前大臣肃顺、兵部侍郎穆荫、吏部左侍郎匡源、右侍郎杜翰和太仆寺少卿焦祐瀛、额附景寿等八人赞襄一切政务。

谕旨是口述的，事关重大，口说无凭，御前诸臣当即请咸丰帝用朱笔手书。但这时的皇帝连握笔之力都已丧失，只轻轻地说了一句："著写来述旨"。于是，遗诏不是亲笔而只是"承写"，盖上了皇帝御玺作准。遗诏全文是：

> 咸丰十一年七月十六日奉朱笔：皇长子载淳现立为皇太子，著派载垣、端华、景寿、肃顺、穆荫、匡源、杜翰、焦祐瀛尽心辅弼，赞襄一切政务。特谕。

这时已是第二天凌晨。御膳房传上冰糖燕窝，咸丰帝只喝了几口，便“龙驭上宾”，呜呼哀哉了。时间是七月十七日（8月22日）卯时（约早晨5时至7时），享年三十岁，在位十一年。

皇帝一死，皇太子载淳接位。第二天即七月十八日（8月23日）“襄赞政务”八大臣上皇后钮祜禄氏尊号为“母后皇太后”。十九日，上懿贵妃那拉氏尊号为“圣母皇太后”。虽说两宫并尊，都是太后，但因嫡庶名分，上尊号的时间有一天的差别。尽管如此，那拉氏总算母以子贵，由贵妃晋为太后，朝权力的巅峰迈出了重要一步。

06 三个权臣

咸丰帝一死，清廷中央各派政治势力围绕着权力再分配，立即明争暗斗起来。

在热河行宫，八顾命与两宫太后的矛盾渐趋白热化。咸丰帝在位时期，对八顾命言听计从，尤其对载垣、端华、肃顺三人最为宠信。载垣是康熙帝第十三子胤祥的后代，袭爵怡亲王；端华是郑亲王乌尔恭阿的儿子，袭爵郑亲王。道光朝时，两人都担任内廷职务，先后任御前大臣，是所谓前朝老臣。但这两位王爷对咸丰帝不仅没有政治方策的积极建议，反而导以声色犬马，把这个年轻皇帝调教成酒色之徒。在理政上，他们毫无政治才干，贪鄙揽权，结党营私。肃顺则不同。此人是当时满洲贵族中一个心眼颇多、极为干练的人物，对咸丰帝的施政影响，远在怡、郑二王之上。咸丰帝对他也极为倚重，是一个握有实权、内外为之侧目的大臣。

肃顺字雨亭，郑亲王乌尔恭阿第六子，端华的同父异母弟。道光十六年（1836 年）受封为辅国将军，后委为散秩大臣，内阁学士兼礼部侍郎，正黄旗蒙古副都统、正红旗护军统领。咸丰四年（1854 年）授御前侍卫兼銮仪卫使，不久，升为工部侍郎，礼部、户部侍郎。咸丰七年升左都御史、理藩院尚书兼都统。理藩院是清朝负责对藩属各国交往事务的机构，尚书是其行政首长。咸丰八年调礼部尚书仍兼理藩院事，旋又调任户部尚书，成为管理全国财政的一把手。

从这张青云直上、一帆风顺的履历表中，足以看出肃顺是极得咸丰帝宠信的。之所以如此，究其本领，一是拍马有术。关于这点，肃顺的老友、著名的桐城派文人王闿运曾有诗曰：“二王不达政，顺乃颜敷腴”。“二王”系指怡、郑两人，“顺”即肃顺，“颜敷腴”可作拍马术解。在当时，肃顺如果不具备善于揣摩咸丰帝意图投其所好的本领，是很难得到皇帝重用的。他曾担任御前侍卫兼銮仪卫使，相当于皇帝的侍卫队长兼随銮掌灯（故热河行在的军机章京中，有人以“宫灯”隐指肃顺），所以对皇帝的隐私、爱好，了解得一清二楚，成了皇帝私生活中不可须臾离开的人物。二是心狠手辣。他针对咸丰帝好高自大的心理，以所谓“起积弊于衰靡之世”的姿态出现。这样，他的马屁术就使咸丰帝不觉其奸，反觉其忠。当然，这需要政治才干，而肃顺在昏聩庸碌的满洲贵族中，确实是个不可多得的干才，很有点政治头脑。他从当时八旗、绿营不堪太平军一击，只有汉族地主武装团练尚能与太平军周旋的实际情况出发，主张重用汉人如曾国藩、左宗棠等。咸丰十年（1860年），苏州、常州地区为太平军攻占。咸丰帝想调湖北巡抚胡林翼总督两江。肃顺极力劝阻，说："胡林翼在湖北措注尽善，未可挪动；不如用曾国藩督两江，则上下游俱得人矣。"咸丰帝同意了他的意见，遂使曾国藩、胡林翼在长江中下游遥相呼应，给太平军造成了很大威胁。平时，肃顺对满族中一些食禄无能之辈也常有微词。他曾感叹地说过："满人糊涂不通，不能为国家出力，惟知要钱耳。国家遇大疑难事，非重用汉人不可！"这也反映出在太平军打击下，清政府再也不能用老办法统治下去，在策略上到了非改不可的时候了。肃顺的言行，目的就是要调整统治阶级内部的相互关系，在不损害清王朝统治的前提下，适当向汉族地主阶级政治人物开放权力，通过满汉地主阶级来共保"大清"的基业。这一点，正如时人评论说："其识见实出当时诸人之上。"

肃顺为把自己打扮成革除积弊的英雄，采取的手段是狠毒的。咸丰八年（1858年），他为消除科场作弊的积习，把正、副主考及有关人员，不问青红皂白，一律套上行贿受贿的罪名。

正主考军机大臣、大学士柏葰被诬贪贿斩首，使当时很多人为之咋舌，“朝臣震悚，权势益张”。科场案方告结束，户部舞弊案又被他一手铸成。他借口户部有关官员化官款为私欠，大兴问罪之师。一时户部员司及商户被抄家者数十人，连户部尚书翁心存也受到降五级的处分，改为后补官革职留任。这两大案中，肃顺手不留情，大刀阔斧，一时也确实收到过些微效果，“科场秩序从此严肃，条子之风自此绝迹”。其实在当时，“以例文相涂饬而事皆内溃，非宽之失，颟顸之失也”。肃顺的这些措施，未必能产生“起积弊而振兴”的作用，反而招惹了不少人的反对。

肃顺因此而官运亨通，成为咸丰皇帝最亲信的大臣。别人受他的损害日多，对他的恶感也就与日俱增。咸丰帝一死，载垣、端华、肃顺等自以为受先帝托孤，大做其顾命大臣的好梦。他们万万没有想到，两宫太后与他们的矛盾，会一下子就激化起来，尤其是小皇帝生母、圣母皇太后那拉氏，千方百计地要拿下他们的脑袋。

结怨肃顺

07

那拉氏与肃顺的矛盾，早在咸丰帝逃离北京前就已产生。

咸丰帝接位于乱世，在位十一年中，清王朝正处于内忧外患的严重动荡中，没有一天安宁。他虽曾日夜殚精竭虑地处理军国大事，但局势仍一天天败坏下去。面对这不堪收拾的局面和大量需要批阅的奏折，他采取了今朝有酒今朝醉的消极办法，以醇酒妇人来麻痹自己。

自从那拉氏生下皇子后，咸丰帝身体日见衰弱，不少奏章常让她代笔批答。日子一久，咸丰帝渐渐觉察那拉氏太关心政事，对她反倒警觉起来。这一过程，近人笔记《慈禧传信录》有所提示：那拉氏“既生穆宗（沈按，即同治帝载淳），迺立为妃。时洪、杨乱炽，军书旁午，帝宵旰劳瘁，以后（沈按，即慈禧太后）书法端腴，常命其代笔批答章奏。然胥帝口授，后仅司朱而已。迨武汉再失，回捻交作，帝以焦忧致疾，遂颇倦勤。后窥状，渐思盗柄，时于上前道政事。帝寝厌之”。此书作者把那拉氏生子之后代批奏章，说成已有“渐思盗柄”的野心，言过其实。她只是在皇帝面前好议论政事，对时局常有抒述自己看法而已。但不论她的看法是对是错，单凭她常在皇帝面前恃宠表现自己，喋喋不休地发表政见，就足以使皇帝产生后宫干政的担心和警觉。咸丰帝为此曾对皇后钮祜禄氏说过对懿贵妃需要小心，也可能在不经意间向宠信肃顺谈过自己的担忧。肃顺揣摩到皇帝对懿贵妃既爱又忧的心态，便向咸丰帝建议：仿效汉武帝处决钩弋夫人的办法除掉懿贵妃，以免贻害后世。钩弋夫人是汉武帝的宠妃，名叫赵婕妤，因居于钩弋宫得名。她为汉武帝生了个儿子，即后来继位的昭帝弗陵。弗陵七岁时已长得体大、聪明，汉武帝极为喜爱，常逢人说“此儿像我”，一心想把弗陵立为皇太子。但他又考虑到儿子尚小，生母年轻，怕一旦立为皇位继承人后，钩弋夫人会因之弄权，所以借故把她处死了。

咸丰帝对肃顺的建议有些犹豫。毕竟那拉氏是自己的爱妃，代批奏章也是自己的主意；好道政事只是对自己说说而已，没有真正达到干政的地步。需要警惕，但还没到杀她的程度。让自己采取汉武帝的办法，他下不了手。于是肃顺的建议被搁置了下来。然而天下没有不透风的墙，君臣的这番密谈不知怎么竟然透露了出来，那拉氏得到消息后，又惊又恨。从此她与肃顺结下了怨仇。只是因皇帝在世、肃顺得宠，不敢发作而已。

逃亡热河途中，两人又添新恨。

那时，咸丰帝因逃得匆忙，只有宫车一辆自坐，后、妃等一概乘坐从百姓处征发的车辆。车既敝旧，骡尤羸弱，沿途颠簸，苦不胜言。那拉氏正在不堪之际，看到肃顺骑马自车旁经过，便撩起车帷喊住，请他设法弄一辆较好的车子。肃顺漫应一声说："中途哪有什么好车换？俟到前站再说罢。"说完，扬长而去。及至到了一个小镇，那拉氏派人请肃顺。他凶狠地对来人说："现在是什么时候？我还有什么闲工夫来办后妃们乘坐的车子？"那拉氏听到来人回报，心中已经不快。路上，又恰巧遇到肃顺，再次请他设法。这时肃顺厉色回答说："危难中哪比得承平时，这里何处能弄到新车？有旧的坐已经很好了。你不见皇后也坐雇来的街车么？她的车马与你的一模一样，都是破车老马，难道你还要超过皇后的待遇吗？"说完策马而去。那拉氏被数落得哑口无言，心中越发仇恨肃顺了。

在逃跑的路上，后妃们只能以豆乳充饭，而肃顺负责御膳，有食担伴随，内中有酒有肉，自可乘机享受，后妃们却无权获得酒肉待遇。由此，纷纷对肃顺切齿。

到了热河之后，供应仍然紧张。因为自老皇帝嘉庆皇帝于嘉庆二十五年（1820 年）病死于热河行宫后，大约四十年间没有一个皇帝来过行宫。咸丰帝一行匆匆来此，行宫并无事先准备，食物供应更难充裕。肃顺只能首先满足供奉皇帝，对后妃不免苛抑。皇后进食，只上肉一块、羹一盅、饭一碗；贵妃以下，月支膳钱仅五千，平均每天仅一百多枚铜钱，供应很差，怨愤自然不小。

肃顺因得皇帝宠信，不把懿贵妃放在眼里。那拉氏则对肃顺恨之入骨。她一面小心谨慎，以防不测；一面静候时机，决心搞掉以肃顺为首的那一伙人。

咸丰帝一死，两宫太后与八顾命的矛盾便围绕着权字斗了起来。那拉氏原是个对政事颇有主见，对权势十分热衷的人。自从为咸丰帝代批奏章后，对朝廷内外大事知之不少，对皇权的威严重要尤其心领神会。皇帝托孤给八顾命，意味着皇朝的命运揣在别人手里。她不甘心肃顺这样的人大权独揽，更担忧皇权旁落，便极力怂恿“母后皇太后”钮祜禄氏“议垂帘事”。

钮祜禄氏生性柔懦，没有主见，向来不愿过问政事，但对肃顺等八顾命不把两宫放在眼里，飞扬跋扈的作风确也厌恶。出于同样担心皇权削弱，顾命大臣专横的近忧远虑，钮祜禄氏答应了那拉氏临朝议事的请求，但又表示：主意要由那拉氏拿。

那么两宫何以敢议“垂帘”？那是因为她们握有“钤印”的特权。

原来，咸丰帝虽然将皇太子托孤给八顾命，但又怕八顾命因此专横弄权，便在临终前采取了一项前所未有的防范措施：赐皇后钮祜禄氏“御赏”印一枚，又给皇太子载淳“同道堂”印一钮，规定凡进拟诏旨及进御奏章，于首尾钤此二印，“以为信符”，降下施行。由于皇太子冲龄，年仅6岁，“同道堂”印由两宫掌管；又因为钮祜禄氏已有“御赏”印，所以“同道堂”印暂由生母那拉氏代钤。显然，大行皇帝生前的这一安排，实际上赋予了两宫太后裁决用人和行政的最高权力。

但是八顾命，尤其是计谋多端的肃顺，却认为奏折由他们阅看、谕旨由他们拟定后，只需分别请两宫钤印，不得更改谕旨，不能随意否决八大臣对奏折的处理意见。这一主张在七月十九日即咸丰帝死后第二天，八顾命进见太后讨论公文处理程式时就提了出来。这样，八顾命与两宫在权力运用上的矛盾便一下子暴露了。

两宫太后坚持要按先帝的遗志办理：凡经她们认可的拟旨及同意处理意见的奏疏，起首钤“御赏”印，文末钤“同道堂”印，以代朱批，发交军机处或内阁议行；凡不同意或不满意者，即不钤印或可留中不发。八顾命则认为太后阅看拟旨奏章并有权否决等于干政，不合顾命大臣辅弼朝政的本意。双方意见不一，僵持起来。

肃顺见两宫太后态度坚决，便动摇了。他觉得在君臣名分上，两宫代皇帝看折，顾命大臣毕竟是臣子；再说女流之辈，年纪又轻（钮祜禄氏当时二十四岁，那拉氏二十六岁），有多少本事能处理纷繁复杂的军国大政？到头来还不是要依靠自己这班老臣？不如暂且答应再说。于是，他同意了两宫的意见。肃顺是八顾命中的谋主，他一妥协，其他人也不好再说什么。

事情就这样定了下来：凡两宫阅后认可的拟旨及同意发交军机处、内阁议行的奏疏，起首钤“御赏”印，文末钤“同道堂”印，以代朱批；凡两宫不同意或不满意者，即不钤印或留中不发。两宫太后正是凭借先帝赋予的这份特权，才迫使八顾命将内外奏疏送两宫披览，拟就的谕旨，呈太后过目钤印；高级官员的任免，由枢臣拟议后交两宫太后裁定，一般官员的任用采取掣签后两宫太后批准的办法。时人对这种体制，说是“垂帘辅政，盖兼见之”。就是说，当时定下来的政事运作方式，已经是垂帘听政和托孤辅佐兼而有之。所以两宫之议“垂帘”，实在是先帝安排后事的题中原有之义。

两宫太后与肃顺等八顾命大臣，在咸丰帝死后展开的权力争斗中，虽然获得胜利，但对八顾命蔑视后宫，以辅政为名削弱皇权的忧虑铭刻在心。所以当那拉太后对钮祜禄太后谈起垂帘一事时，钮祜禄太后便同意了她的想法。

要削弱肃顺等八顾命对皇权的觊觎，达到由两宫垂帘听政的目的，光有钤印特权还不够。因为两宫和小皇帝还被八顾命困在热河行宫，与京师割断了联系，要冲破八顾命封锁，就需要京师方面有一个拥有强大实力的人支持和谋划。那拉氏想到了那个被撂在京师的小叔子恭亲王奕䜣。

08 叔嫂密谋

恭亲王奕䜣是咸丰帝的同父异母弟。他是道光皇帝的第六个儿子，生于道光十二年（1832年），母亲静贵妃博尔济吉特氏。咸丰帝奕詝是道光帝第四子，道光十一年由全贵妃钮祜禄氏所生，大奕䜣一岁。但在他十岁时，生母去世，由奕䜣生母静贵妃抚养，所以兄弟俩小时候关系亲密，有如同胞手足，长大后却在皇位继承问题上，渐渐明争暗斗，关系微妙起来。

原来，道光帝的前三个儿子都早死，老四奕詝成了事实上的长子。但老皇帝则比较喜欢老六奕䜣，觉得他比老四奕詝聪明能干。不过，奕詝毕竟居长，又无失德之处，因之对皇位传给谁，颇为犹豫。两兄弟也已看出内中奥妙，为争取皇位而暗中较劲。某次，道光帝命诸皇子到南苑打

恭亲王奕䜣

猎，目的是暗中观察各皇子的为人。当时，老四奕詝的老师杜受田献计说："今天围猎，你切勿发一矢，复命时可对万岁爷说：'儿子所以一箭未发，是因为不忍心伤害鸟兽的生命以丧天和，也无意与弟兄们在短短的一天内较量短长，以显示自己。'"奕詝便按师傅所教而行，道光帝闻听之后，深为感动，认为四子奕詝很有人君风度，于是暗中决定把皇位传给他了。

另有一种说法，当道光帝病重时，召奕詝、奕䜣两兄弟入内问话，准备考察两人理事能力的高下以决定传位。两人各向自己的师傅请教应对办法。奕䜣的师傅卓秉恬说："万一皇上有所垂询，你务必知无不言，言无不尽。"奕詝的师傅杜受田说："阿哥如条陈时政，智识万不及六爷，惟有一策，皇上若言老病将不久于此位，阿哥便伏地痛哭，以表孺慕之诚。"两人各按所教行事，结果，道光帝对四子奕詝印象极好，说皇四子仁孝，决心传位他。

以上两种传说不足尽信，但两人为得帝位各怀鬼胎确是事实。道光二十六年（1846 年），六十四岁的道光帝决定立储，亲写："皇六子奕䜣封为亲王，皇四子奕詝为皇太子"字条，藏入鐍匣。立储御书写入两人，在清朝历史上可谓空前绝后，没有第二例，足见道光帝对两人的喜爱程度。尽管皇四子成了储君，但皇六子在父皇心目中的地位仍分量不轻。道光三十年正月十四日（1850 年 2 月 25 日），道光帝临终前召宗人府宗令定郡王载铨，御前大臣载垣、端华、僧格林沁，军机大臣穆彰阿、赛尚阿等入寝宫，公启鐍匣。众人见御书后，对奕䜣在老皇帝心目中的地位，心知肚明。当天中午，道光帝殡天，奕詝继位。正月二十六日，奕詝行登基大典，改明年为咸丰元年。旋即封奕䜣为恭亲王，兄弟成了君臣。

虽然皇位之争的阴影，在俩兄弟心中久久不去，但表面上却装得融洽无间。奕䜣二十岁那年，咸丰帝按分府而居的祖制，将乾隆朝宠臣和珅的豪华宅第赐给奕䜣作为恭亲王府。次年（1853 年）任命他为署理领侍卫内大臣，办理京城巡防事宜，不久又任命为军机大臣，直接参与军国大政。自雍正年间设立军机处以来，除了当时的怡亲王胤祥外，还没有过亲王入值军机大臣的先例，咸丰帝此举，使臣下对皇上器重奕䜣的仁厚之心感佩不已。奕䜣自知乃兄芥蒂所在，表现得小心翼翼，恭敬有加。

表面上的融洽没有多久，矛盾便公开化了。

前面说过，咸丰帝的生母在他十岁那年病故之后，他一直由奕䜣生母静贵妃抚育。对这位养母，咸丰帝一直感激在心。登基后即尊为“皇考康慈皇贵太妃”，每天都去请安。咸丰五年（1855年），太妃病重。某日，咸丰帝照例去寝宫问安。太妃误认为是儿子奕䜣，拉着他的手说：当年皇上本意立你，今已如此，乃天命所定。皇帝这个人的心思不容易摸透，你要自爱，不可生什么嫌疑啊。说者无心，听者有意。咸丰帝加深了对奕䜣的猜疑。又一日，咸丰帝遇到奕䜣自太妃寝宫出来，便问起太妃病状。奕䜣边哭边说：看来已危在旦夕，只等万岁封号一下，便可瞑目了。弦外之音是要皇帝封其母为皇太后。清代历史上没有尊先帝妃嫔为皇太后的先例，尽管奕䜣生母已封为皇贵太妃、摄行六宫事，距太后仅一步之遥，但毕竟在名分上有差别。咸丰帝听了奕䜣的话并不表态，只是漫应“哦、哦”，回头就走。奕䜣却以“哦、哦”作为皇帝同意加封的表示，便回军机处具册礼，请咸丰帝加封。咸丰帝因其母对自己有十年的养育之恩，不便推辞，只得尊为“康慈皇太后”，但对奕䜣玩弄手段，逼使自己违心加封，极为怨恨。于是一面下令降低皇太后的丧仪规格，一面又下旨以“恭亲王奕䜣于一切仪礼多有疏略之处”，著革去军机大臣等一切职务，不准再办理丧仪，发回上书房“读书”。

两个月后，咸丰帝上养母博尔济吉特氏谥号为“孝静康慈弼天辅圣皇后”。大臣们发现谥号里少了一个“成”字。因为道光皇帝的谥号是“成皇帝”，少了个“成”字就不能升附太庙，即“不系宣宗谥，不附庙”。果然，后来奕䜣生母康慈皇太后的梓宫没有葬在道光帝的墓陵内，而是单独葬在墓陵之东，称“墓东陵”。兄弟俩的矛盾公开暴露出来了。正因为两人猜忌日深，积怨甚久，所以当咸丰帝逃离北京时，就不让乃弟同行，把他留在北京担任和谈代表。这一决策，很有可能是和肃顺等亲信大臣商量的结果：既可免去因奕䜣相随逃奔的不便，又可以重任相托而壮人观瞻。奕䜣和局办得妥善，咸丰帝可得个知人善任的美名；办理不善不妥，则可随时发作，使奕䜣左右为难。但是他不知道当时的局势已是洋人正在物色能够符合他们利益的谈判对手之时。咸丰帝的这一决策，无疑为奕䜣势力的抬头，大开方便之门。

恭亲王在同洋人的交涉中，团聚了一批在京重臣，力量逐渐雄厚，成了满洲贵族与洋人沟通的政治代表，被认为是“中国最好的外交家”；在京的重臣们对奕䜣的理政能力和才干也深表钦佩和认可，在咸丰帝“龙驭上宾”后，大家都把皇朝复兴的希望寄托在他的身上。即使在热河，他也有一批追随者和拥护者，只是慑于肃顺等权臣的淫威不敢公开表示。特别是几位军机章京如许庚身、曹毓英、方鼎锐等，常与留京的同党朱学勤、张德容等密札往还，把行在动态用隐语通报给京师（这批密信即后来传世的所谓《热河密札》），所以奕䜣对热河行宫的情况了如指掌。他对八顾命弄权专横早有不满，对肃顺尤有宿怨。咸丰九年肃顺一手制造的“户部舞弊案”，不仅严惩了一批大员，而且连奕䜣的家人也被牵连。《北京条约》订立后，奕䜣多次吁请皇帝回京，都因肃顺等人对咸丰帝的劝阻而未能成行。皇帝宾天后，不但自己未受托孤顾命重任，而且不准自己去热河奔丧。八顾命在行宫挟小皇帝自重，致使北京方面不得不以行在为政权中心，处处听命于肃顺等顾命的颐指气使。凡此都让他对肃顺等顾命大臣心怀怨恨。

相反，他对懿贵妃那拉氏却怀有知遇之心。咸丰十年英法联军打到天津，咸丰帝慌乱无策，据说懿贵妃向皇帝推荐奕䜣，说“恭王素明决，乞上召筹应付”，才使素不得志的他，在大局糜烂时一展抱负，奠定了今日的基础。加以小皇帝是懿贵妃所生，登极后一切用人、行政，必出于太后意志，支持两宫对八顾命斗法，于情于理、为国为己，都是上策。因此，当他得到两宫要他到热河行在参加大行皇帝“殷奠礼”的秘密传话时，心知内中必有奥妙，便毫不犹豫地具折请求赴热河行在哭奠梓宫。

恭亲王要来热河参加“殷奠礼”的奏折送到行在，肃顺、载垣、端华等顾命大臣们既不感到意外，又不便拦阻。因为奕䜣既然未能在先帝临终时奔丧，那么按丧礼规定死者在死后第十五天的祭奠大礼（即殷奠礼），作为御弟的恭亲王，要求到场哭奠，既符合礼制，又合于情理，谁也不能阻其不来。再说肃顺等自咸丰帝宾天以来，早已习惯于发号施令的权势地位，认为奕䜣既非顾命，又不为先帝宠爱器重，赞襄之权操在我手，亲王御弟又何足道哉！便拟旨同意其来热河行在。两宫太后、尤其是那拉太后看到拟旨，心中窃喜，知道奕䜣已经得到秘密传话，立即盖上两枚印信，发了下去。

咸丰十一年八月一日（1861 年 9 月 5 日），奕䜣准时赶到承德避暑山庄参加殷奠礼。他跪在皇兄咸丰帝的灵位前放声大哭，泣诉兄弟亲情和皇帝的眷顾关怀，在场者无不为之动容。

哭奠完后，两宫太后传旨，召恭亲王内廷相见。对此，八顾命颇感意外。素以智囊出名的署礼部右侍郎军机大臣杜翰立即表示：“叔嫂当避嫌，且先帝宾天，皇太后居丧，尤不宜召见亲王！”不让奕䜣入内陛见。杜翰是礼仪专家，语出有据，肃顺鼓掌称喜。但是两宫召见的态度坚决，太监数度传旨出宫，八顾命仍以礼制攸关为藉口挡旨。双方正僵持间，奕䜣谦恭地说：“那么能否请郑亲王陪同进见？”这出人意料的一问，把八顾命问哑了。郑亲王端华尤其不知所措，急得频频以眼示意肃顺。在一片慌乱尴尬的情景下，肃顺那原本微弱的心理防线被虚骄刚愎的个性彻底压垮，他笑笑说："老六，汝与两宫叔嫂耳，何必我辈陪哉？"肃顺开了绿灯，恭亲王乃得一人独进。

允许叔嫂相见，是肃顺犯下的一个致命错误，不仅使八顾命以前千方百计隔离热河与京师之间直接接触的图谋前功尽弃，而且亲手创造了太后与恭亲王密谋政变的良机。或许这就是天意，肃顺自己把脖子伸进了绞索！

恭亲王与两宫太后密谈了大约一个钟头。据时人笔记和《热河密札》披露的内容称，先是两宫太后向恭亲王哭诉了肃顺、端华、载垣等人的欺侮情状，然后那拉氏问恭亲王外国人的态度如何？奕䜣"力保无事，又恭请速回"。他一再强调两宫、皇上困在热河，决无办法摆脱肃顺等人的控制，只有速回京师才是最重要的"首着"。只要回到京师，"任何事情他都能办到"。他说外国公使已陆续到达京师，如果皇上迟迟不回，和局恐怕会有变化。"洋人并无可怕之处，这方面他对太后回京负完全的责任"。

在消除了两宫对外国人的疑惧之后，八月初六，奕䜣再次奉召拜见太后，双方进一步讨论了回銮日期、路线以及"周密商诛三奸之策"，其中包括拿问各人所拟的罪名。

由于密谈是在八顾命势力无法深入的内宫，且屏去了一切人等，所以肃顺等人毫不知情。初七日，恭亲王离开热河。据说他为了"释三奸之忌，兼程而行，州县备尖宿处皆不敢轻居，惧三奸之行刺也”。当时他的心情可想而知，及至赶回京师，居然无人知之。行踪诡秘到这种程度，可以想见双方争斗的严酷性了。

叔嫂热河密谋，标志着晚清史上一场影响深远的宫廷政变，即将拉开帷幕。

“好戏”开锣

09

叔嫂策划的这场宫廷政变，有如一部连台好戏，帷幕首先在京师拉开。

还在恭亲王奔赴热河期间，京师的一批重臣如体仁阁大学士周祖培、武英殿大学士贾桢等人就动了起来。周祖培授意他的门生山东道监察御史董元醇，于八月初五上了一份恭请太后垂帘、亲王辅政的奏折。奏折称：方今皇上冲龄，不能亲政，“军国事重，暂请皇太后垂帘听决，并派近支亲王一二人辅政，以系人心”。词头语尾，矛头直指八顾命，而所谓“近支亲王”，明眼人一看便知系指六王爷奕䜣和七王爷醇郡王奕譞。八月初九日，在奕䜣离开热河行宫的第三天，董折送到了行宫。两宫太后看了之后，即传八顾命，着照董元醇所奏议行。肃顺、载垣、端华都声言不可，勃然抗论。退下后，三人又以本朝从无太后垂帘先例，命军机拟旨批驳董折，并要求太后钤印下发，以为请垂帘者戒。太后阅拟旨后不但不钤印，反而将折、旨皆留中不发。

八月十一日，两宫太后再召八顾命重议垂帘事宜，肃顺等不以两宫为然，双方展开了激烈的争论。载垣说："臣等是赞襄幼主，不能听命于皇太后，请皇太后看折亦为多事"，干脆否定了太后看折的权力；肃顺更是当面驳斥那拉太后，气焰汹汹，"声震陛阶"，吓得西太后怀抱的小皇帝"遗溺后衣"，气得那拉氏两手发抖。不仅如此，八顾命还以"搁车"即停止办公相威胁。两宫孤立无援，只得在拟好的谕旨上钤印，连同董折发了下来，违心地以皇帝的名义，切责董元醇："我朝圣圣相承，向无皇太后垂帘之礼……该御史奏请皇太后暂时权理朝政，甚属非是。又遽请于亲王中简派一二人，令其辅弼一切事务。伏念皇考于七月十六日子刻，特召载垣等八人，令其尽心辅弼。朕仰体圣心，自有深意……该御史必欲于亲王中另行简派，是诚何心？所奏尤不可行。以上两端，关系甚重，非臣下所得妄议！"上谕发出之后，两宫余恨难消，抱头痛哭。

表面上看，肃顺等赢了一着。其实董折作为京师一派放出的一只测向气球，把两宫要求垂帘的私议公然作为朝臣议政提了出来，作为反对八顾命专横的旗帜而布告天下，无形中成了一种舆论动员。两宫钤印下发，不仅向朝廷内外明示了顾命大臣的欺压和跋扈，从而获得了舆论的广泛同情，为日后处置肃顺等人设下了伏笔；而且使她们明白了在热河斗争的艰苦与无奈，加强了必须回京的心理认同，坚定了按密谋的步骤走下去的决心。

八月十三日，皇帝下诏，定本年十月初九日举行登极大典。八顾命没有任何理由反对皇帝登极，那么同意登极也就等于同意皇帝与两宫太后回銮京师，因为登极典礼只能在京师举行。而回銮与否，又是能否实现政变的关键！这样，两宫太后与恭亲王奕䜣巧妙地利用成例赢了关键一着。由此开始，套在肃顺等人脖子上的绞索一步步地收紧了！

八月十四日，诏命本年九月二十二日举行“启奠礼”，二十三日大行皇帝梓宫回京。

同天，手握重兵的钦差大臣、督办皖豫间征捻事宜的胜保，竟然置前线军务于不顾，率本部精兵赶到热河，以奔丧为名，并以黄折向两宫太后叩安，对肃顺等八顾命施加压力。原来，咸丰帝死后，八顾命为了阻断京师内外大员借奔丧为名来热河向两宫太后表忠，曾经以谕旨方式明令各路统兵大臣、各省将军、督抚、都统等，“均不必奏请前来”。可是，胜保却不买账，他于八月初二日具折吁请准予北上奔丧、“哭谒梓宫”，并在折中申明：自己将不候谕旨是否同意，“拜折后即于本日起行”。八月初二是恭亲王到达热河行在的第二天，胜保恰恰选在这一天上奏并自行带兵启程，而且又在皇上下诏宣布梓宫回京这天及时赶到热河行宫，不能不使人怀疑他与奕䜣早有联络。胜保原与恭亲王过从甚密，现在又以类似“兵谏”的方式陈兵承德，显然是站在太后这一边，明目张胆地藐视八顾命权威。胜保率兵进屯热河，使两宫与八顾命之间斗法的形势发生微妙的变化。

八月十八日，两宫太后传谕内阁：皇太子载淳将在大行皇帝梓宫登舆后先行回京。这道谕旨表明：太后与小皇帝将不亲自护送咸丰帝的灵柩回京，而是自行回銮，先走一步。这就意味着她们将摆脱八顾命可能采取的监控，抢在肃顺等人之前到达京师，与恭亲王会合。这是政变密谋步骤中最为重要的一环，只有脱离八顾命才能摆脱监控，才有安全；只有先期到达京师，才有时间先下手，使肃顺等无所措手！

九月初一日，颁发谕旨，恭上母后皇太后徽号曰“慈安皇太后”，圣母皇太后徽号曰“慈禧皇太后”。自此，钮祜禄氏史称慈安太后，那拉氏史称慈禧太后。颁赐太后徽号本与政变无关，属于典章制度规定的成例，但若联系到垂帘听政一事，则恭上太后徽号又是垂帘所必需的一着，就像皇帝在位都有年号如道光、咸丰一样，皇太后也有自己的徽号，以示名义与身份。恭上徽号无疑加强了太后的尊崇。

在恭上徽号之后到启銮回京之前，两宫太后与八顾命之间还有一次争斗。为了何事，如何争执，史无明文，不得而知，但从九月初四日的上谕来看，载垣、端华、肃顺又以“搁车”相威胁。结果，太后们借此机会，顺水推舟，把三人的部分职务开革了。上谕称：

> 本日载垣、端华、肃顺面奏：因差务较繁，请将管理处所恳恩酌量改派等语，自系实在情形。著照所请，载垣着开銮仪卫、上虞备用处事务，端华着开步军统领缺，肃顺着开理藩院并响导处事务。

这一举措，大出八顾命意外。銮仪卫是主管圣驾乘舆秩序、一切仪仗的差使，上虞备用处职掌协卫扈从，两者都与皇帝有着“零距离”接触的特权，都是由皇帝特简的重要职务。步军统领亦称提督九门步军巡捕五营统领，是掌九门管钥，统帅八旗步军五营将弁、保卫京师安全的最高长官。理藩院是专掌藩属事务包括外交在内的专职衙门，响导处是掌管圣驾巡视时建修禁军驻屯营地，充当仪仗前导的机构。这些职差一看便知都与皇帝亲信有关，也是职掌者拥有可资利用的权力资源所在。尤其是步军统领，由于握有军权，在京师保卫中具有举足轻重的地位。载垣、端华、肃顺，正是因为他们这种本兼职务关系，才使三人在文武百僚中受人侧目，权位崇隆。他们本以为用自己的本兼各职作为与两宫争权的筹码，一定再次使太后屈伏于“搁车”的压力而同意顾命们的要挟。哪里料到，经过第一次“搁车”威胁而违心发下批驳董元醇奏折的两宫太后，在与恭亲王密谋之后会变得如此强硬，如此厉害。这道上谕表明：两宫太后利用载垣、端华、肃顺的自作聪明，顺利地解除了他们亲随圣驾的特权和剥夺了步军统领的兵权，为密谋中的政变赢了至关全局的重要一着。

至此，政变的主要部署已大体完成。太后与奕䜣利用皇帝威严和皇朝成例迫使肃顺等八顾命一步步就范。号称工于心计又虚骄刚愎的肃顺，既然无法改变君臣的名分，无力改变传统成例，那么失败的命运也就无可避免了。

辛酉政变

10

咸丰十一年九月二十三日（1861年10月26日），咸丰皇帝的灵柩由热河启行。小皇帝及两宫太后在热河行宫避暑山庄的丽正门外跪送梓宫登舆，然后由简道赶回京师。因为按照礼仪规定，先帝梓宫到达京城，小皇帝必须在东华门外跪迎，所以小皇帝与太后应先期抵京，以便安排迎拜梓宫的典礼。这样，按照太后与恭亲王叔嫂商定的计划，让肃顺护送灵柩，小皇帝、太后连同其他七名顾命大臣轻装简从先由简道回京，就显得顺理成章，天衣无缝。

载垣、端华等七人，缺少肃顺等于少了策划头脑；而被开去了銮仪卫、上虞备用处差使和步军统领职务，又成了无须沿途张罗的清闲王公，虽说与两宫同行，却毫无异常感觉。肃顺则因身负护送先帝梓宫的重任，只能走得很慢，既不能与太后等同走简道，同一速度，与太后等拉开了距离，又不能与七人在一起，难与联络商议，成了形单影只，两耳塞听的孤家寡人。

九月二十九日，小皇帝与两宫太后回到京师，受到在京王大臣及百官的隆重迎接。当天，大学士管理户部事务周祖培、大学士管理兵部事务贾桢、户部尚书沈兆霖、刑部尚书赵光等在京大臣合疏奏请太后听政。他们以“太阿之柄不可假人”为由，“请皇太后亲操政柄以振纲纪”，代表了在京大臣支持垂帘听政的呼声。大学士周祖培在太后哭诉肃顺等人欺藐之状后，奏曰：“何不治其重罪？”慈禧太后假惺惺地说：“他们都是赞襄王大臣，可以拿他们问罪吗？”周祖培立即说：“皇太后可以降旨先解除他们赞襄之任，再予拿问！”在京大臣的奏疏、周祖培的献策，使两宫太后深感支持垂帘、严惩肃顺等人的浓烈气氛已笼罩京师，恭亲王果然布置周密、牢牢控制着京师的局势。

九月三十日，两宫太后召见恭亲王奕䜣、大学士桂良、大学士周祖培和大学士军机大臣文祥，痛斥八顾命悖逆无道之后，下达了预先拟定的三件谕旨。

第一件，“以不能尽心和议、力阻大行皇帝回銮、于皇太后垂帘之议哓哓置辩，并擅自改写谕旨”等罪名，着将怡亲王载垣、郑亲王端华、协办大学士肃顺“解任革爵”；景寿、穆荫、匡源、杜翰、焦祐瀛退出军机处。

第二件，以载垣等“肆言不应召见外臣，擅行拦阻”恭亲王等入宫陛见为由，称“前旨仅予解任，实不足以蔽辜”，着恭亲王奕䜣、桂良、周祖培、文祥即行传旨：将载垣、端华、肃顺革去爵职拿问，交宗人府会同大学士、九卿、翰、詹、科、道严行议罪，并会议如何垂帘。

第三件，命睿亲王仁寿、醇郡王奕譞将肃顺即行拿押来京。

当奕䜣捧召宣旨时，载垣、端华拒不接旨，大声问：“我辈未入，诏从何来？”意思是说我们顾命大臣还没有入宫，更未拟旨，哪有什么诏旨下达？可怜死到临头，这两位王爷还在做赞襄的美梦。奕䜣喝令“拿下！”二王居然还说：“谁敢！”结果，被侍卫除去冠带，押至宗人府囚禁。

肃顺在政变当天，正护送梓宫到达北京郊外的密云。入夜，他已与二妾就寝，被仁寿、奕譞拿获，监送到宗人府下狱。

政变在没有任何反抗和流血的情况下，顺利获得成功。因为咸丰十一年（1861年）干支为辛酉年，所以这次政变史称“辛酉政变”；又因为政变在北京发生，所以也称“北京政变”。

十月初一日，参与支持两宫发动政变的人员，都获得了重赏：授恭亲王奕䜣为议政王，在军机处行走；支持垂帘的桂良、户部尚书沈兆霖、右侍郎宝鋆、户部左侍郎文祥，都入军机处；那位以密信方式将热河行在动静通报给北京恭亲王亲信的军机章京曹毓英，也因参与政变有功，被任命在军机大臣上学习行走。与此同时，肃顺被查抄家产。正合得上一句老话：几家欢乐几家愁！

十月初六日，两宫下诏，赐载垣、端华自尽，肃顺斩立决，景寿革去御前大臣，仍留公爵，兵部尚书穆荫发往军台，吏部右侍郎匡源、署礼部右侍郎杜翰、太仆寺卿焦祐瀛均被革职、免发遣。八人中景寿处分最轻，那是因为他是驸马爷，这个特殊身份使他保住了爵位和额驸的身份。至此，八顾命体制被彻底铲除。

据时人笔记，肃顺行刑时，京师人士皆交口称快，其怨家都驾车载酒去法场观看。肃顺一身白袍，载以无帷小车，亲属中无人临场送行。车过骡马市大街，被围观者痛骂之余以瓦砾泥土掷之，肥硕的身躯因为被反绑在牛车上无法躲避，以致白白胖胖的脸，顿时变得血肉模糊，莫可辨认。行刑时，立而不跪，破口大骂，“其悖逆之声，皆为人臣子者所不忍闻”，大概是说了许多宫闱内幕和脏话。刽子手见其不肯下跪，将其两胫敲断后斩之。辛酉政变至此落下帷幕。

政变迅速成功，固与恭亲王一派人支持有关，也和外国公使的态度不无关系。特别是英使卜鲁斯，早就对一心排外的肃顺不满，认为奕䜣是一位可以合作的开明外交家，多次对他表示友善，希望他能执掌外交；甚至通过使馆秘书威妥玛向他保证，对新皇帝与太后回京，决无冒犯之举，这才促使恭亲王采取断然行动，并把信息在热河密谋时告诉了两宫，消除了她们对外人的疑惧和不安。政变成功后，卜鲁斯不无得意地说：这一令人满意的结果，全是几个月来，他与恭亲王及其同僚私人交际所造成。正如一个历史学家在他的著作中说："在某种程度上，英国人已成为这个政府的顾问。"

辛酉政变在晚清史上，影响深远，意义重大。清王朝从此进入了慈禧太后的时代。

这是个不同于嘉道以来不思改革、墨守成规，在中世纪徘徊的新时代。在慈禧当政的近五十年内，虽说仍是专制腐败、民不聊生，但设工厂、造轮船、修铁路、办学堂、派留学生、编练新军等陆续进行。到20世纪初，甚至想进行政治体制改革如地方设谘议局，中央设资政院，实行预备立宪等。这些措施尽管主观动机、实施效果可以讨论，但毕竟出现了走出中世纪、实行近代化的新时代。

这也是一个不同于以往自我封闭而力图面向世界的新时代。慈禧当政后，外国公使驻京，中国派出驻外使节，理藩院外有总理衙门，后来又改总理衙门为外务部。虽说"天朝自大"变成了崇洋、恐洋、媚洋，但中国毕竟和世界连在了一起，知道了天朝之外还有一个广阔的世界。

这更是一个不同于以往思想禁锢，万马齐喑，而是新学盛行、新潮迭起、思想启蒙的新时代。

慈禧当政期，对内培植亲信、排斥异己，“削平发捻”，扼杀维新运动，镇压民主革命；对外妥协求和，“量中华之物力，结与国之欢心”，成了“洋人的朝廷”，因此受到时人和后世的严谴。但若从时代变化、社会变迁的大处着眼，那么对这个掌权的女人和这个女人掌权的时代，恐怕还需要作深入的分析和讨论。

11 垂帘听政

政敌消灭，大局一统，接下来便是筹备皇帝登极和怎样垂帘听政了。

皇帝登极之前，两宫先以谕旨形式改“祺祥”年号为“同治”。原来，咸丰帝驾崩皇太子载淳继位时，由八顾命拟定了新朝年号为“祺祥”。政变时既对八顾命革的革、杀的杀，就容不得再有肃顺等人留下的任何印记。于是在十月初五日下诏改“祺祥”为“同治”。

“同治”的含义十分明确：由皇帝和两宫太后共同治理朝政。这个年号不同于乾隆、嘉庆、道光、咸丰等含有吉庆、祈福等文化色彩，既显得平实无华，又明确地显示了两宫太后辅佐皇帝管治天下的事实。于是从次年元旦起，大清帝国第十代皇帝在位的年号为“同治”，史称同治朝和同治帝了。

慈禧太后像

登极大典定在十月初九日。届时，备大驾卤簿（即全套皇帝仪仗），帝御祭服，出大清门，去天坛、宗庙祭告天地和祖先。皇帝行三跪九叩礼，祈告受命。礼成后入天坛侧殿换穿礼服回宫，诣两太后居殿，各行三跪九叩礼，谢养育之恩。礼毕出乾清门，在中和殿先受内大臣、执事官行礼后，再赴太和殿登宝座，受王公百官上表、跪拜、恭贺。至此大典告成。原本还有宣贺表、作乐、赐宴。康熙帝登极时，改为赐茶，雍正登极时连赐茶也废除。所以此后历代皇帝登极大典，遵例不宣表，不作乐，不设宴，不赐茶。仪式虽然简化，但大典营造的气氛，仍庄严崇隆不减当年。经此大典，年仅六岁（虚岁）的载淳，完成了作为大清皇帝必经仪礼中最后也是最重要的一道认定环节，可以名正言顺地君临天下了。

十月十六日，由礼亲王世铎等王公、大学士、九卿、翰、詹、科、道会议拟定的《垂帘章程》十一条上奏，两宫太后阅后颁下懿旨："依议"。章程拟定了垂帘听政的一应仪礼。其中第五条称：

召见内外臣工：拟请两宫皇太后、皇上同御养心殿，皇太后前垂帘。于议政王、御前大臣内轮流派一人，将召见人员带领进见。

这一条设定了两宫召见内外官员的听政仪礼：召见地点为养心殿；太后前垂帘，隔帘听政；召见人员由议政王及御前大臣内轮流派一人带领。当时的议政王是恭亲王奕䜣，按此条规定，他将每次都与皇太后、皇帝在召见内外臣工时有零距离的接触，不仅得以了解两宫太后和皇上处理军国大政的旨意，而且在需要时备咨询应对，尽议政王之职。

第六条称：

京外官员引见：拟请两宫太后、皇上同御养心殿明殿。议政王、御前大臣带领御前、乾清门侍卫等照例排班站立。皇太后前垂帘设案，进各员名单一份，并将应拟谕旨分别注明。皇上前设案。带领之堂官照例进绿头笺，议政王、御前大臣捧进案上，引见如常仪。其如何简用，皇太后于单内钦定钤用御印交议政王、军机大臣传旨发下，该堂官照例述旨。

由这一条可知：京外官员的引见地点在养心殿明殿。殿内，议政王奕䜣及轮值的御前大臣带领御前侍卫、乾清门侍卫按例分班站立。皇帝座位前设几案，两宫太后在皇帝座位后设几案垂帘听政。皇帝引见的官员由负责带领觐见的堂官写成绿头笺，交议政王、御前大臣捧进放于帝座前的几案上，以便皇帝按笺列次序逐个点名入觐；同时，两宫太后也得到同样一份引见名单，名单内注明应拟的谕旨。听政后如何简用，两宫在拟定谕旨认可后于首尾钤“御赏”印和“同道堂”印，以为信符，交议政王、军机大臣传旨发下，由堂官宣读述旨。

正是有了这件《垂帘章程》，才使后人了解晚清史上皇太后垂帘听政的仪礼体制。因为中国历史上有过太后临朝听政的事实，如西汉时的吕后临朝称制，但《汉书》没有提及“垂帘”二字；东晋穆帝接位时仅二岁，皇太后设“白纱帏”于太极殿，抱帝听政。这或许是历史上最早类似“垂帘”的记录，但如何运作则无说明。就此而言，辛酉政变后议定的《垂帘章程》，堪称是最翔实的空前绝后之作。

不过，所谓“垂帘”一词，见之于当时被召见的翁同龢和被引见的曾国藩，在各自所写的日记中说，只是纱屏和黄幔而已。请看：

《翁同龢日记》咸丰十一年十一月廿四日：“黎明侍大人（沈按：即翁父翁心存）入内，辰正引见于养心殿，两宫皇太后垂帘（翁同龢注：用纱屏八扇，黄色。）皇上在帘前御榻坐，恭邸立于左，醇邸立于右，吏部堂官递绿头签，恭邸接呈案上。是日引见才二刻许即出。”

翁同龢的父亲翁心存，于咸丰十一年十一月十一日被登基不久的小皇帝起用为“以东阁大学士衔管理工部事务”；而翁同龢本人自咸丰六年中状元后，于八年授陕西学政，后乞病回京，在京闲赋。两宫太后大概想见见这位状元，因为他外放为陕西学政，应是京外官员，所以按例属于“引见”。日记反映的，正是《垂帘章程》第六条所定引见京外官员的仪礼。所可注意的是，翁同龢所见之“垂帘”，只是八扇黄色纱屏而非一般意义上的帘子。

曾国藩在同治七年十二月十四日（1869年1月26日）的日记中记载他被召见的情形称：“入养心殿之东间，皇上向西座，皇太后在黄幔之内；慈安太后在南，慈禧太后在北。余入门跪奏臣曾某恭请圣安，旋免冠叩头奏称臣曾某叩谢天恩毕，起行数步，跪于垫上。……”

曾氏被召见，所见养心殿东间皇太后坐于黄幔之后。东间即东暖阁，据清史专家朱家溍称：“在东暖阁因为东大墙前有一槽栏杆罩，罩上有一幅黄幔。”所以朱老说：“对‘垂帘’二字也不能刻板地按字面来解释”，“一屏一幔都不是帘。总而言之，不过有个象征性的分隔而已”。

明白了什么叫做“垂帘”之后，就可知道太后在听政时怎样处理朝政了。简单地说，年幼的同治帝只是坐在屏、幔前的摆设，真正握有实权的是两位太后。由于东宫慈安太后秉性忠厚，不关心政事，说白了就是无能，所以临朝称制的大权，实际上操在西宫慈禧太后的手里。但是刚刚掌握大权的慈禧太后，毕竟缺乏理政的经验，她必须借助恭亲王奕䜣和御前大臣的才能，以应付头绪众多、危机四伏的政情，顺利地使朝政运作起来。这就是为什么在处理八顾命之后要封奕䜣为议政王，为什么同意《垂帘章程》中规定议政王应随时侍立于皇帝和太后之侧；而奕䜣也因此获得了实际超过顾命大臣的权力，成了朝野倚重的王爷。这种相互倚重的关系，无形中结成了两宫太后与议政王之间的默契，以保证非常事变后的政治操作秩序。直白地说，就是慈禧太后需要向恭亲王学习理政的经验，恭亲王要在太后垂帘听政时，贡献自己的才能。

十一月初一凌晨，年幼的同治皇帝登极后第一次在养心殿召见内外臣工，两宫太后也由此开始了正规意义上的垂帘听政。对于慈禧太后来说，这是她步入清皇朝权力殿堂的漫长岁月的起点。“自是，日召议政王、军机大臣同入对”，开始了学习处理朝政的自我训练阶段。

在这一天，两宫太后以谕旨名义，发表了类似声明性质的上谕：

“垂帘非所乐为，惟以时事多艰，王大臣等不能无所禀承，是以如允所请。俟皇帝典学有成，即行归政。”

这道上谕，说了三个问题：一是“垂帘非所乐为”。说明两宫本心不是为了追求听政权力。从八顾命专横、皇权旁落的事实说，这一点确非虚言，不能由此解释是慈禧掩饰其权力野心的托词。二是垂帘是应王大臣等所请。这也是事实，试看政变前不少王公大臣、统兵大员对肃顺等八顾命切齿，纷纷主动要求太后垂帘的态势，可见垂帘深得人心，决非逆流而动。期间不排除慈禧个人要权的心态，但因无资料佐证，只能是一种道德评判，不能算作历史结论。第三，归政有期，条件是皇帝“典学有成”。这一点，再次强调了两宫并非恋权，垂帘只是一种不得已的过渡。至于“典学有成”，按旧例应是以皇帝成年，举行大婚礼为标志。届时，太后还政，皇帝亲政。

这道上谕，既表明了太后的心迹，又及时地消除了臣工们可能出现的疑虑。

像历史上一切新朝皇帝都想有所作为一样，垂帘之初的两宫太后采纳了御史徐启文奏疏中的请求：“令中外臣工于时事阙失，直言无隐”，即要求大家对政事运作上的得失各抒己见，提出批评建议，表示朝廷有开放言路的决心。接着又同意御史钟佩贤的奏请，发表上谕要求“崇节俭，重名器”。节俭一事，既对臣下，又对朝廷。乾隆朝以降，迄于道、咸，朝野奢靡之风有增无减，节俭不仅是政治需要，而且也是社会习尚更新的需要；重名器，则是针对内外臣工苟且因循、贪污成风、丧失气节、蔑视制度而言。在当时“发捻交乘”、政局不稳情况下，对刷新吏治确实重要。不久，又用御史卞宝第奏：“严赏罚、肃吏治、慎荐举”，表明朝廷有清明吏治的决心。至于“慎举荐”一条，是针对当时京内外臣工保举过滥、培植亲信和结成私党的现实而发。保举制度是清代在科举正途之外选拔人才的重要途径。自清初顺治六年起，历代对保举都有严格规定，凡保举非人，保举者要受连坐处分。但实际上自道、咸军兴以来，连坐的规定已成具文，滥保成风。众所周知，君主专制政治，本质上是人治。人才的好恶、多寡，直接影响政治清明与否。所以上谕把“慎举荐”作为重要一项，是有现实意义的。

俗语“新官上任三把火”，垂帘伊始的三道上谕，试图烧掉内政痼疾，树立新朝开放言路、整肃吏治的形象。至于能否切实做到，那就要看临朝女主和朝廷是否真有决心了。

调整内阁与军机班子

12

为保证朝政按垂帘体制运作，慈禧在奕䜣协助下，对内阁和军机处两套班子作了调整。

清代内阁，自乾隆十三年（1874 年）起，以三殿三阁即文华殿、武英殿、保和殿，文渊阁、东阁、体仁阁为定制。但由于保和殿不常置，实际上只有二殿三阁。内阁以大学士为首领，正一品。职责为“佐天子，理机务，得不时召见”；“天子有诏，则面授阁臣，退而具草以进”。设协办大学士为副职，从一品，协助大学士处理阁务。内阁位在中央六部（吏、户、礼、兵、刑、工）之上，名义上号称“行政总汇”，实际上只在皇帝授意下处理日常政务。自雍正初成立军机处后，不少处理机务乃至政务的职能被分割转交给了皇帝。内阁在高度君主集权下，已成事务性而非政务性机构，大学士只是荣衔，并无实权，与历代相权不能等同。尽管如此，内阁毕竟是处理本章、备咨询、宣纶音、治宪典、总均衡的中枢机构，在保证朝政正常运作中不可或缺；大学士是备随时召见，上情下达、下情上达的重要大员。对此，曾经为咸丰帝代批奏章的慈禧是心知肚明的。

两宫太后对内阁成员的调整，采取的办法是基本不动，只增不减，即所谓“登进老成”。因为咸丰帝逃离京师时，内阁班子没有带走，他们都留在京师，协助督办和局的恭亲王奕䜣处理政事，后来成了拥护太后垂帘听政的主要力量，都是太后可以信用的人物。不动他们，既对政局稳定有利，也可向他们示恩。增加的，一是将肃顺在户部舞弊案中受无辜牵连而遭降级处分的原户部尚书翁心存，于咸丰十一年十一月十一日授东阁大学士衔，命管理工部。二是于咸丰十一年十二月二十五日任祁寯藻为礼部尚书授东阁大学士。三是于同治元年正月授两江总督曾国藩及兵部尚书麟魁为协办大学士。新增的成员中，翁心存之起用，符合“敌人的敌人是朋友”的政治游戏规则。祁寯藻原本就是体仁阁大学士，于咸丰四年（1854 年）被休致，再次起用，可说是重用前朝老臣，借重他的管理经验。曾国藩、麟魁的任命，一看便知与军务有关。虽然曾国藩仍留任江督，但授协办大学士表明太后对其器重，激励他加紧镇压太平军，报效朝廷知遇之恩。

由于文华殿大学士桂良、东阁大学士翁心存，都在同治元年先后病故，再作调整后的内阁班子为：

文华殿大学士湖广总督官文（留湖督任）

武英殿大学士贾桢

文渊阁大学士倭仁

东阁大学士祁寯藻（礼部尚书）

体仁阁大学士周祖培

协办大学士瑞常（吏部尚书）

协办大学士曾国藩（江督留任）

这套内阁班子，新老结合、政军结合，都是太后垂帘听政的支持者和拥护者，可以保证垂帘听政体制的顺利运行，所以一直稳定到同治五年不变。此后，由于贾桢在同治七年致仕，便将曾国藩改授为武英殿大学士、留任直隶总督；另授镇压“发捻”有功、时任湖广总督的李鸿章为协办大学士、留任湖督。自此，李鸿章开始了他日后取代曾国藩，权倾朝野的显宦重臣历程。

军机处原是一个非常设性的机构，自雍正八年（1730年）因军务需要设立以来，历代沿而不废，变为行政体制外具有极大权限、超越内阁的重要部门，是清皇朝大政所出的宰辅之区。其职掌据《会典》所记，有：掌书谕旨，综军国之要以赞上治机务；议大政；谳大狱；军务则考其山川道里、兵马钱粮之数以备顾问；文武官员简放、换防、引见、记名、赐予，外藩之朝觐见者拟其颁赐等等。政务、军务、外藩、内政，无所不包，一切统抓。

与内阁相比，军机处办重要机密，内阁只办一般公文；内阁拟旨不当，下军机处审定、复核；凡"明发上谕"（或称"明谕"、"明降"）由内阁办妥后经驿递或专差发送；凡"寄信上谕"（或称"密谕"）则交军机处直接办妥后加封交兵部捷报处发送，封面指明"马上飞递"字样，每日限行三百里。若需急送，有四百、五百、六百里加急字样。这种方法称为"廷寄"，兼具密件和速件性质；在用人方面，军机处可以经办内阁所不能参与的某些手续，如高级文武官员应由皇帝特简者，由军机处呈上名单，呈请钦定；中级官员的"请旨缺"，也由军机处提出，官员已得"记名"的，称"军机处记名"，是升官的准备，遇有缺出，届时由军机处提名呈请。这些事务本该由内阁承担，但都被军机处分割，内阁不能过问。所以，大学士若不入值军机处，就只是荣衔，而军机大臣虽非大学士却备受百官钦羡。实际上，军机处所分割内阁的权力都转交给了皇帝，自身无权决定任何一件政事，也不能对朝野发出任何一项指令，都得按皇帝意志办事，只是充当皇帝的记室。在这个意义上，军机大臣只不过是皇帝的侍从秘书而已。

因为是由非常设的体制外的机构沿袭而来，所以军机处体制特殊，职官简练。它的全部工作由军机大臣主持，由满汉大学士，各部尚书、侍郎、总督等奉特旨应召入值成为兼差，但数额无限定。军机大臣以下，只设军机章京办理各项事务，成为“有官而无吏”的特殊机构。军机大臣俗称“大军机”，军机章京俗称“小军机”，他们都是朝廷中显赫人物。

两宫太后深知军机处的重要，所以对之作了大幅度调整：把原八顾命中任军机大臣的“肃党”穆荫、匡源、杜翰、焦祐瀛，统予革职、逐出军机处，留下不随去热河在京师的桂良、沈兆霖、宝鋆、文祥等一批老臣，特简原随去热河但支持垂帘、一直与“恭党”保持秘密联系的军机章京曹毓英为军机大臣；又将左都御史李棠阶特简为军机大臣。最重要一着是把议政王奕䜣作为首席军机大臣，领导机务。这样调整后的军机处成员为：

奕䜣（议政王）　　桂良（文华殿大学士）

沈兆霖（户部尚书）　　宝鋆（户部左侍郎）

文祥（工部尚书）　　曹毓英（大理寺卿）

李棠阶（左都御史）

到同治二年，由于桂良、沈兆霖先后病故，军机处仅五位大臣入值。但直到同治四年都未增加新人，足见运转得心应手，很让两宫满意。

经过调整后的两套班子，其成员大多是奕䜣留京督办和局的重要支持者，如内阁中的贾桢、周祖培、祁寯藻，军机处的文祥、沈兆霖、曹毓英，他们参与行政、机务，保证了恭亲王与两宫的政治合作，但同时也无形中壮大了奕䜣的个人政治资本，为后来慈禧与恭亲王之间的矛盾埋下了伏笔。这确为慈禧料想不及，她出于垂帘需要而酿成了恭亲王派系的形成。及至醒悟想消除时，已经难矣！

在调整班子的同时，慈禧继承了先帝“倚任将帅”之策，继续重用满汉族统兵大员。当时八旗绿营已不堪战守，面对这一不争的事实，咸丰帝先是默认了各地汉族地主举办武装团练的举措，后又接受肃顺的意见，于咸丰十年四月（1860年6月）赏曾国藩兵部尚书衔署两江总督。六月又实授两江总督，命为钦差大臣督办江南军务，大江南北诸军均归节制。这一任命，不仅彻底解决了以往曾国藩有兵无权、粮饷自筹的困境，而且开了重用汉族统兵大员以保卫皇朝的先例。两宫太后垂帘后遵例而行，继续重用曾国藩之外，于同治元年从曾国藩之请，命正在浙江与太平军厮杀的左宗棠督办浙江军务，半个多月后又任其为浙江巡抚；同年三月，任命统带淮军赴上海的李鸿章为署江苏巡抚，会同在上海的英法军队镇压江苏地区的太平军，十月，又实授江苏巡抚。从此，曾、左、李三人成为长江下游及浙江等省太平军的头号死敌，保证了大江以南战场的胜利走势。

经过这样的调整，朝廷的枢密机构完全在慈禧和恭亲王政治合作的体制下运作，战场的态势控制在忠于朝廷的满汉将帅手中，清王朝开始摆脱垂死困境，朝着起死回生的方向蹒跚而行了。

13 解散“阿思本舰队”

同治二年四月（1863年5月），北京正是春暖花开的时节。中国海关总税务司英国人李泰国，兴致勃勃地来到总理衙门，向首席总理衙门大臣恭亲王奕䜣报告他在英国为清政府购买军舰，组建“英中联合海军舰队”即“阿思本舰队”的一切。当他说到已经与舰队司令阿思本海军上校签订了十三条合同及制定了《英中联合舰队章程》时，恭亲王极为吃惊。因为李泰国的所作所为，完全与朝廷原来的意图不同，实属自作主张，“将中国兵权、利权，全行移于国外”，居心叵测。奕䜣当即断然表示不能接受。双方僵持几近一月。于是，阿思本舰队事件，成了慈禧太后和恭亲王政治合作中遇到的第一件棘手的对外交涉。

原来，自咸丰十年（1860年）《北京条约》订立后，清政府为了镇压太平天国、攻取金陵，开始酝酿购买外国船炮，组建新式水师以夺取水上优势。当时，担任中国海关总税务司的李泰国正在英国休养。代理海关总税务司的英国人赫德，建议可通过李泰国向英国购买兵舰，费用从海关关税中拨出。咸丰帝同意了这个计划，但不久因病逝世，事情就此拖延下来。

同治元年，奕䜣得到消息，说太平军李秀成部进取上海的目的之一，就是想在上海购买外洋船炮，保卫天京。这使奕䜣想到了以往的赫德建议，便向两宫上折请求加速先帝已经批准的购舰计划，以对付太平军。

两宫垂帘听政后，急需应付的仍是军事与外交两大问题。军事方面，慈禧太后有先帝“倚任将师”的方针可依；外交方面却一无所知，只能放手让奕䜣领导的总理衙门折冲应对。

总理衙门全称总理各国事务衙门，简称“总署”或称“译署”，是《北京条约》订立后为适应与外国交往需要，于咸丰十年十二月初十日（1861年1月20日）成立的外交机构，由咸丰帝钦派恭亲王奕䜣领衔管理。两宫在垂帘之初调整中枢机构班子时，因对外交事务毫无知识，所以总理衙门原班人员一个不动，仍让奕䜣领衔管理。两宫接到奕䜣奏折后，同意了奕䜣的请求。

二月十四日，总理衙门命赫德通知正在英国休养的李泰国，立即在英国订购并组成一支舰队，开赴中国。李泰国接到赫德通知后，认为这是控制中国海军的绝好机会。他一面在英订购舰船，一面和英国政府磋商。英国政府同意了他的计划，任命阿思本海军上校指挥这支“英中联合海军舰队”。

舰队共有大小炮舰六艘，供应船和快艇各一艘。购舰过程中，李泰国擅自以清政府名义，于同治元年十一月二十七日（1863年1月16日），与阿思本签订了合同共十三条。主要内容有：阿思本任舰队总统，任期四年；阿思本只执行由李泰国转交的中国皇帝的命令，不接受清政府直接下达的任何命令；舰队的员弁、水手，概由阿思本挑选，经李泰国批准后任用；舰队不用清皇朝旗帜，悬挂外国式样旗帜，旗式定为绿底、中有两黄条相交，心内画黄龙的尖旗。不仅如此，李、阿二人还擅自制定了所谓《英中联合舰队章程》，其中规定：凡捕获船、货，变价之银或原银，三分之一归清政府外，其余概由阿思本及舰队自行分配。显然，上述所谓“合同”和《章程》，完全是非法的、荒谬的，严重损害了中国的主权和利益。

在李泰国于大洋彼岸自作主张、妄图控制舰队的同时，大洋此岸的清政府，也正在为这支未来的新式水师忙碌着：总理衙门于同治元年闰八月二十四日奏准以“三角黄龙旗”为舰队旗帜。九月二十九日，又以赫德草拟的水师兵船官弁、水手、兵丁清单为底本，积极准备新舰队的船员配置。他们不仅对李泰国的所作所为一无所知，而且根本没有想到外国人会有乘机企图控制中国水师的阴暗心思。正因为毫不知情，又缺乏思想准备，所以当李泰国由英抵京，要求清政府承认他擅自私订的合同与章程时，奕䜣才会大吃一惊，断然拒绝。

同治二年八月初六日（1863 年 9 月 18 日），阿思本率舰队驶抵天津。阿思本稍作休息后即只身进京，与李泰国一起到总理衙门叫板。事情到了这个地步，奕䜣决定拒绝讹诈，他在向慈禧太后奏准后，下令革去李泰国海关总税务司职务，不批准他同阿思本签订的任何协议，解散阿思本舰队。

在总理衙门与英国公使卜鲁斯的协议下，阿思本结束了来华使命。他拿到了清政府给予舰队弁兵薪资、来往经费以及一万两赏银后，于十一月初二日率舰队离开天津，一个月后经香港回到了英国。同治初年的一场外交闹剧，终于结束。

后来，由阿思本带回的兵船，被英国政府作价卖给了印度和日本。清政府在组建舰队中，先后支付了包括购舰、外人俸饷，来回路费等项共一百七十三万二千两银子，收回一百零六万八千两，白白损失了六十七万两。

那么清政府何以会解散阿思本舰队，英国又何以会改变原先企图，对中国做出让步？

从奕䜣等同治二年十月初六日奏折看，促使清政府解散舰队的原因，一是身处镇压太平军第一线的湘淮军将帅如曾国藩、曾国荃、李鸿章等人极力反对与阿思本舰队的妥协；二是金陵已成合围之势，毋需依靠外国兵船会剿；三是担忧勉强从事，将来“胜则彼此争功，败则互相推诿，设一旦激而生变，于大局关系非轻”。

至于英国之一变初衷，据一位研究晚清海军史的学者认为，这是由于英国企图单独控制中国海军的阴谋遭到了美、法等国的嫉妒和反对，在华的其他英国人也认为李泰国过于狂妄刚愎，所以英国最后同意撤退舰队。这个看法是可取的。不过，若非清政府坚持主权在我、据理力争的强硬态度，英国也不会轻易收篷转向。这可以从卜鲁斯的照会中隐约看出。照会说：此事“自应归中国主持，他国不得与谋……本大臣既知贵亲王立意不行，若仍希必须照办，则与本大臣承准本国谕办中英交涉事件之意，不相吻合”。由此可见，清政府的强硬立场是促使英国同意撤退舰队的重要原因之一。

阿思本舰队事件，对两宫太后，尤其是实际主政的慈禧太后，对议政王总理衙门首席大臣奕䜣，对两江总督湘军大帅曾国藩，对江苏巡抚淮军统帅李鸿章等，都有极深的刺激和教训，使他们懂得了在引进西方船炮以图自强的过程中，必须警惕外国乘机控制；只有权操己手，才能借法自强。从此，如何自强的问题，被提到日程上来。

两宫太后在同治二年十月初六日（1863 年 11 月 16 日）的

上谕中称："至轮船既已不用，中国必须力求自强之策……著曾国藩、李鸿章，激励水陆各师，整饬船炮，务期精益求精，使江南地方，渐次全复，即外国亦必群相慑服，不致有所藉口"。这是以慈禧为主体的政府决策层第一次提出的自强要求。

同治三年四月二十八日（1864 年 6 月 2 日）恭亲王奕䜣上折称："查治国之道，在乎自强。而审时度势，则自强以练兵为要，练兵又以制器为先"。他从数十年的中外交往中悟出："洋人之向背，莫不以中国之强弱为衡……我能自强，可以彼此相安，潜慑其狡焉思逞之计。否则我无可恃，恐难保无轻我之心……今既知其取胜之资，即当穷其取胜之术"。这是清政府最高行政、军机、外交首脑第一次明确提出来的自强方针：自强以练兵为要，练兵又以制器为先！

奕䜣的奏折中附有李鸿章致总理衙门的信函，信中批评了士大夫以外国利器为"奇技淫巧"的传统思想，认为"中国欲自强，则莫如学习外国利器；欲学习外国利器，则莫如觅制器之器"。这是身处军事第一线的地方大员，从自己的切身体验中，正式向朝廷建议借法自强的主张。

至于曾国藩，早在同治元年五月初七日（1862 年 6 月 3 日）的日记里，就已写道："欲求自强之道，总以修政事、求贤才为急务，以学作炸炮、学造轮舟为下手功夫，但使彼之所长，我皆有之。"之后不久，他在安庆设立内军机械所，招致徐寿、华蘅芳等科技专家，开始试造新式兵轮。在奕䜣上奏提出练兵制器方针之前，就已造出了一艘小火轮的样品。

奕䜣的主张也得到了朝内一些言官的支持。翰林院编修赵树吉奏称：中外和议并不可恃，唯一办法在求所以自强之术。御史魏睦庭认为：火器为军营决胜之技，以西洋为最精，应向各国购买火器、轮船，并在上海等处设局学习。

朝廷内外的舆论主流，已经形成自强图存的共识。二十年前，由林则徐、魏源倡导的“师夷长技以制夷”的思想主张，开始在清王朝决策层面获得认同。作为最高统治者的慈禧太后，对自强之道有利于皇清大业是清楚的。在她支持下，从同治初年起，一个以“师夷长技”为宗旨的自强新政，次第开展起来。总理衙门因主持各项自强活动而被称作“洋务衙门”，它的命运与洋务运动紧紧联在一起了。

14

赐胜保"自尽"

两宫太后垂帘之初，做了一件令朝野人心大快的举措，即同治二年三月（1863年4月），赐钦差大臣督办陕西军务胜保自尽。胜保在辛酉政变前，陈兵热河，支持太后垂帘听政，是政变有功之臣，两宫，尤其是慈禧怎么忍心下手呢？个中原因，一是胜保咎由自取；二是政治需要，杀一儆百。

胜保，字克斋，苏完瓜尔佳氏，满洲镶白旗人。道光二十年（1840年）举人。历官詹事府赞善、翰林院侍读、国子监祭酒、光禄寺卿。咸丰二年迁内阁学士。

这个文人出身的京官，生性好谈兵事，又自持才高，任性骄纵，好表现自己。咸丰二年，正是太平军师出广西向湖南迅猛进军之际，清军挡之则糜。胜保曾上疏弹劾钦差大臣大学士赛尚阿“师久无功，溃围失利”，请治以重典。十一月，太平军攻陷汉阳，武昌告急，又上疏奏陈筹保金陵之策。他认为武昌备御难周，势必不守；太平军首在夺取金陵，次在荆蜀。荆、蜀之患浅而迟，金陵之患速而大。为此，他建议：（1）精练京口水师；（2）在沿江两岸扼要之处设立炮台，并以竹木铁器横亘中流以阻太平军顺江东下；（3）请朝廷下诏，无论城乡，广为劝谕，令其实行团练，互相守望。

这件奏疏，使朝廷觉得胜保有军事头脑，值此军务告急，用人孔亟之际，决定量才任用。便将他派往河南，交钦差大臣琦善差委。从此，胜保开始了军旅生涯。

胜保到了河南信阳，奉命随帮办琦善军务的直隶提督陈金绶，自信阳尾随追堵由武昌顺江东下的太平军。追至江浦，夺取浦口。清廷授胜保以内阁学士兼兵部侍郎衔，帮办钦差大臣琦善军务。

咸丰三年三月，琦善在扬州建立江北大营。五月，以太平军出师北伐，胜保受命率军往河南追击。由此开始了独立领兵作战的阶段。

在怀庆，胜保与太平军北伐军首次交锋，互有伤亡。此后双方呈胶着状态。战至七月，北伐军主动撤怀庆围进向山西。胜保以解围有功，赏加都统衔，受勇号。这时，他所统步马已超过四千，成为北方清军中较为强悍的一支。清廷于八月，授胜保钦差大臣，赐神雀刀，凡副将以下有先斩后奏之权。胜保成为北方统兵大员，被朝廷倚为镇压太平军北伐军的方面军统帅。

一朝得志后的胜保，不知自敛，反而日见骄纵。在与太平军北伐军的征战中，与另一统帅僧格林沁貌合神离，矛盾日积；在与北伐援军的征战中，又与山东巡抚张亮基相互攻讦，将临清失守之责诿过他人，指斥张用非所人、军报不实，致使张亮基被革职发往军台效力；在围困北伐军李开芳部于山东高唐州时，因师久无功屡受严谴之下，焦躁暴戾日甚一日，左右稍不如意，轻则侮骂，重则杀戮，以致人人自危。咸丰五年正月，咸丰帝见胜保面对千余太平军北伐军竟然束手无策，而僧格林沁却攻下直隶东、西连镇，俘获北伐军另一主帅林凤祥，便密谕僧格林沁移师高唐，将胜保押解京师。抵京后，胜保被发遣新疆。这是胜保统兵以来第一次受到的最重处分。

由于北方的捻军反清武装势焰日炽，而清廷统兵乏人，胜保于咸丰六年六月重新起用。胜保心知机会来之不易，在河南“剿捻”中作战卖力，接连攻占三河尖、霍丘、正阳关等重镇和战略要地。咸丰八年，又解固始之围，攻占六安州。清廷以其“剿捻”有功，于八年七月任其为钦差大臣，督办安徽军务，胜保再次达到事功的顶峰。

随着权势日张，胜保纵暴殃民、滥索犒费、蔑视忌妒同僚，骄纵任性痼习日盛。他在剿捻策略上取剿抚兼施，招抚了曾接受太平军封号的淮北团练头目苗沛霖和捻首李昭寿，受到顶头上司督办三省军务的袁甲三不满和反对。胜保极为恼怒，两人积怨日深。八年十月，太平军取得三河大捷，击毙湘军悍将李续宾。胜保乘机上疏弹劾并挤走了袁甲三。这时，他踌躇满志，督师安徽，侧重攻取两淮，以为北可追踪捻军于皖豫之间，南可钳制太平军于皖南地区。但实际上这一战略，不啻使自己腹背受敌，兵备而力分。到九年底，“庐、定未克，捻势蔓延”，皖北“剿捻”计划彻底失败。为免致获罪，他每败必以捷闻，搪塞谎报，屡受朝野参劾、讥议。咸丰十年正月，清廷解除其钦差大臣职务，调往河南督办“剿匪”事宜。不到半年，被解除兵权，调回京师，降授光禄寺卿。胜保第二次从事功顶峰跌至低谷，重新做了个清闲的京官。

胜保甫至京师，恰值英法联军进犯北京。朝廷命其以寺卿衔偕同僧格林沁等率军抵御。八里桥一战，胜保负伤，回京调养。《北京条约》签订后，他一度督练京兵，收集各路溃兵及“勤王”之师，共约万余人，很受“督办和局”的恭亲王奕䜣器重，也为日后东山再起奠定了基础。

十一年三月，胜保再次被起用钦差大臣督办山东军务。曾一度攻占安丘、馆陶、冠县、莘县，收降捻军宋景诗部。六月，受命督办豫皖间“剿捻”事宜。七月，咸丰帝去世。手握重兵的胜保，得知那拉太后暗中联络恭亲王与八顾命斗法，他默察时势，公然倒向太后一边，上演了一出陈兵热河、类似“兵谏”的活剧，成为政变的重要支持者。

这样一个贪赃枉法、任性骄纵、备受朝野参劾的统兵将领，若非前线乏帅，又因拥护太后垂帘有功，早该受到希望清明吏治的新朝议处。但是两宫太后仍卑以重任，倚为长城。十一月，授胜保镶黄旗满洲都统，把他由下五旗中的镶白旗抬入上三旗，仍主持山东、安徽的“剿捻”事宜。同治元年（1862年）正月，兼正蓝旗护军统领，改调督办皖豫间征捻事宜。

胜保自恃有拥戴垂帘之功，得意洋洋地自直隶移营安徽颍州。四月，苗沛霖在寿州诱执太平天国英王陈玉成，押至颍州胜保大营。胜保劝降不成，在槛送京师途经河南延津时，私自将陈玉成杀害。

从这年七月起，胜保以钦差大臣奉调入陕，督办陕西军务，镇压回民起义。八月间在华阴一战，军火车辆尽失，此后，每多失利，陷入进退不能的困境。这时，由他招抚的苗沛霖，在淮北时降时反；宋景诗更戕官据城，与清军对抗。凡此，都使朝野对他厌恶怨恨。而他治军以来的骄愎忌刻，又使受害的政敌耿耿于怀。光禄寺卿潘祖荫等先后参劾胜保“冒饷纳贿、拥兵纵寇”；河南巡抚严树声，多次奏参其“欺罔贻误”；袁甲三则参劾其“荒淫贪纵”。清廷在众口悠悠之下，不得不命科尔沁亲王僧格林沁将被参各款查明入奏。

僧格林沁接旨后，即派员查访，并咨询胜保任职的地方官员后奏覆，列出胜保“任性骄纵、滥耗军饷”；“收受贿赂”、“抽厘肥己”；“携妓随营”、“纳陈玉成之妻为妾”；“讳败为胜，擅报大捷多次”；“优伶冒充亲军，按月提银三千两，以致各营枵腹荷戈”等罪状。

两宫太后见胜保劣迹斑斑，朝野异口同声，心知无法再用。为实现垂帘之初广开言路、清明吏治的诺言，决定对胜保开刀。同治元年十一月（1863 年 1 月），传旨将胜保革职拿问，交刑部治罪，在京家产一并查抄。

二年三月（1863 年 4 月），胜保押来京师后，由议政王奕䜣会同刑部亲讯。胜保自恃支持垂帘有功，不但不肯认罪，反而气焰嚣张。除携带姬妾一条外，其余被参各款自以为无质证可对，概不承认，甚至反控原参各员诬告之罪，弄得恭亲王左右为难。这时，御史赵树吉上奏，认为胜保“罪状昭著，虽置重典，无以蔽辜，请特申宸断，以正刑章”。慈禧见胜保已成众怒，正好借机杀一儆百以维护新朝权威，便以谕旨形式宣布：“据胜保本日所递诉呈内，博引律例，妄欲将原参各员治以诬告之罪，尤属饰非乱是，胆大妄为，即立正刑诛，亦属咎所应得。特念其从前剿办发、捻有年，尚有战功足录，胜保着从宽赐令自尽。”

胜保之死，确实咎由自取。但平心而论，被参各款，在当时不少统兵大员身上多少都有，只是胜保伤害别人太狠，树敌过多，才招致杀身之祸。赐胜保自尽，既树立了太后权威，又可示朝廷念其曾经有功而保其全尸之恩，一举两得。胜保一案，第一次显示了慈禧恩威并用的政治手段。

15 革奕䜣议政王

在议政王、首席军机大臣奕䜣的参与帷幄下，依靠僧格林沁统率的八旗精锐和曾国藩等的湘淮军，南北两线的战场形势在垂帘听政之初，都出现了良好势头。在北方，僧格林沁率部攻陷雉河集捻军老巢，击杀张洛行。在南方，曾国藩在安庆坐镇指挥，统领苏、皖、赣、浙四省军务，其弟曾国荃率部于同治三年六月（1864 年 7 月）攻陷太平天国首都天京，李鸿章则统率淮军夺回苏南地区，左宗棠统率湘楚军重新控制了浙江。清王朝终于摆脱了面临覆灭的厄运，迎来了起死回生的所谓“同治中兴”的局面。

正当奕䜣陶醉于自己一手铸成的“中兴”大业时，一份参劾他的奏疏，秘密地进呈到慈禧太后手中。时间是同治四年三月初四日（1865 年 3 月

30日），距攻克天京不到九个月。参劾奕䜣的是翰林院编修蔡寿祺。此人原名蔡殿齐，江西德化人。道光二十年进士，入翰林院任编修。曾入胜保军营稽核军务。于咸丰七年（1857年）丁父忧回籍，因太平军驻在九江，未能返里，便流落秦晋四川一带，准备借道归里回乡。同治元年返京复职。四年二月署日讲官，不足一月，便上疏参劾奕䜣“贪墨、骄盈、揽权、徇私”四大罪状。蔡寿祺在奏疏的最后要求奕䜣辞官引退、打道回府；朝廷另请高明、任用懿亲老成。

现在还没有史料可以证明蔡寿祺这份奏疏受谁的指使而写，但它出笼的政治背景是清楚的：太后与恭亲王之间的合作已经出现了裂痕。

就奕䜣这方面说，自辛酉政变后，集议政王、首席军机大臣、总理各国事务衙门大臣、宗人府宗令、总管内务府大臣、领神机营、稽查弘德殿一切事务等要职于一身，政治、外交、军事、皇室事务一把抓，成为朝廷中权势最为显赫的王爷。按照他的才能和管理能力来说，他确实才智过人，政绩卓著，称得上晚清史上最具才能的满族王爷。可以说，没有奕䜣及其支持者，就不可能有“同治中兴”的局面，就没有垂帘听政之初的政绩。但是，过人的才智和卓著的成绩，却成了这位年仅三十三岁的王爷居功自傲的资本。面对两宫太后，言语行动中往往有忘乎所以、不知检点之处，有违君臣名分。时人王闿运

《祺祥故事》称：

> 王既被亲用，每日朝辙立谈移晷。宫监进茗饮，两宫必曰：给六爷茶。一日召对颇久，王立御案前，举瓯将饮，忽悟此御茶也，乃还置原处，两宫哂焉。

“晷”是古代测日影以定时刻的仪器。所谓“立谈移晷”，是指奕䜣站着侃侃而谈忘了时间；“哂”，可作讥笑解。这一记载，说明奕䜣在两宫面前忘乎所以、骄纵张狂之态，已经引起了太后的不快和警惕。

至于奕䜣是否清廉，朝廷内外早有流言。上述《祺祥故事》中有一则记曰：“奕䜣及入枢廷，需索尤繁，王恒忧之。福晋父（沈按：即奕䜣岳父桂良）故总督也，颇习外事，则以提门包为充常例。王试行之，而财足用，于是府中贿赂公行，珍货猥积，流言颇闻，福晋亦患之。”看来翁婿二人，生财有道，流言闻于内外，忌妒红眼者也大有人在。只是碍着他的权势如日中天，敢怒不敢言而已。

就两宫尤其是西宫慈禧太后言，确保儿子的皇权不受侵削，垂帘听政的权威不受任何势力挑战，是坚定不易的准则。她历尽肃顺等八顾命压制的艰苦，对权臣专擅弄权危及帝业，深恶痛绝。虽然奕䜣功勋卓著，但已经封赏有加。垂帘之初，封其为议政王，向其学习管理经验，也只是备咨询顾问而已，绝不希望再次出现藐视自己、非分僭越的隐患。加之“发匪”老巢已灭，战场形势已得控制，皇朝转危为安，更不能容忍奕䜣的浮躁张狂。慈禧的这种心态，想必在有意无意间有所流露，已在王公大臣中秘密流传。

蔡寿祺嗅出了此中味道，摸准了慈禧太后与奕䜣间已有裂痕的动向，才敢于写出这份没有任何具体材料佐证，全凭"疑虑"、"猜疑"、"疑惧"、"疑惑"立论的弹劾奏章。

对于蔡的奏疏，慈禧先是留中不发，她要当面看一下奕䜣的态度。据李慈铭《越缦堂日记》三月初五日记召见的情景说：

> 传是日王进见，太后谓王曰："有人劾汝！"示以折。王不谢，固问："何人"？慈禧言："蔡寿祺。"王失声曰："蔡寿祺非好人！"欲逮问之。两宫怒甚，即召见大学士周祖培、瑞常，吏部尚书朱凤标、户部侍郎吴廷栋、刑部侍郎王发桂，内阁学士桑春荣、殷兆镛等，垂泪谕诸臣曰："王植党擅政，渐不能堪，欲重治王罪！"诸臣莫敢对。太后复屡谕："诸臣当念先帝，无畏王。王罪不可逭，宜速议！"周祖培顿首曰："此惟两宫乾断，非臣等所敢知。"太后曰："若然，何用汝曹为？他日皇帝长成，汝等独无咎乎！"祖培因又曰："此事需有实据，容臣等退后详察以闻，并请大学士倭仁共治之。"太后始命退。诸臣均流汗沾衣，而外间亦藉藉，皆言有异常处分矣。

李慈铭这段日记生动具体地写出了奕䜣在太后面前的狂悖

和太后向周祖培等大臣的哭诉，一如四年前两宫向小叔子恭亲王哭诉肃顺等欺压情状的再现。女人爱哭，但以太后之尊而向非亲非故的大臣哭诉，谅必对奕䜣的狂傲放肆积郁甚久，忍无可忍而不得不宣泄出来。李慈铭虽非在场目睹者，但这个知识渊博、史学功力尤深的文人，向有将朝廷政事和读书心得逐日记录的习惯。他是当时朝廷权贵的座上客，消息灵通；且为人正直，尤重名节。所以他的日记决非捕风捉影的野史相类，所述皆多可信。

第二天，即三月初六日，大学士倭仁奉命会同周祖培等召讯蔡寿祺。在召讯中，蔡寿祺承认奏疏所列奕䜣四点，都仅是风闻，并无具体劣迹。根据蔡寿祺的供词，倭仁等覆奏，说明蔡折所参权是臆测并无实据，但恭亲王“如果平日律己谨敬，何至屡招物议？”奏折提出了处理意见：削减奕䜣的权力。削减是肯定的，但削减什么，削减多少则要由皇上（其实是慈禧太后）决定。

慈禧阅奏后，即将自己亲笔拟就再经别人润笔改定的上谕，发交内阁。从清史研究者抄录并订正过的上谕原文看，慈禧太后的原意是要将奕䜣的职务一撸到底。上谕称：

> ……恭亲王从议政以来，妄自尊大，诸多狂傲，依仗爵高权重，目无君上，看朕冲龄，诸多挟政，往往暗使离间，不可细问；每日召见，趾高气扬，言语之间许多取巧，

满口中胡言乱道。似此情形，以后何以能办国事！若不及早宣示，朕归政之时何以能用人行政？似此种种重大情形，姑免深究，方知朕宽大之恩！恭亲王著毋庸在军机处议政，革去一切差使，不准干预公事，方是朕保全之至意。特谕。

上谕虽经人修润，但仍可看出文句粗俗，没有通常所见由阁部属员或军机章京拟旨的官场用语，符合慈禧略通文墨、欠缺文采的实际。上述那些出自慈禧之手的种种指责，确实表明她与奕䜣的合作裂痕已生；所谓“朕归政之时何以能用人行政”，充分显示慈禧担忧皇权旁落的深谋远虑。为了自己，也为了儿子，她必须现在就要动手消除隐患，革去奕䜣一切差使。

但是，慈禧低估了奕䜣的影响和能量。上谕颁下后，被她选定替代奕䜣带领召见、引见内外臣工的惇亲王奕誴，竟于初八日上折为奕䜣鸣冤叫屈。奕誴是道光皇帝第五子，咸丰帝的弟弟、奕䜣的哥哥，在被慈禧选定轮流带领召见、引见内外臣工的四位王爷中，年齿最长、爵位最高，由他出面替奕䜣求情，等于代表了其他几位皇叔的意见，这使慈禧不得不考虑他的请求。当天，她传谕王公大臣并内阁詹翰等会议讨论，并命文祥口传懿旨。

初九日按谕旨集议。大学士倭仁传达太后初七日懿旨：“奕䜣狂肆已甚，必不可复用”。接着，文祥也传达了太后初八日召见时下达的懿旨，大意是：朝廷用人取舍，系秉公择定。你们认为国家“非王不治”，可以与外廷共同讨论。若大家认为可以复任，我听大家的意见可也。两人传达的懿旨居然大相径庭，众人哗然，无法成议。决定在十四日开会再作讨论。

十四日，内阁开会再议。会上对奕䜣的去留，意见纷纷。概括起来可分成二种：一种是以大学士倭仁为代表，认为奕䜣被参各款虽无实据，但决非事出无因；恭亲王屡招物议，岂尽子虚？倭仁坚持慈禧召见他时下达的懿旨：恭亲王“不可复用”。一种是以肃亲王、醇郡王为代表，坚持不能因查无实据的参劾为根据罢斥奕䜣。大概是参加会议的大臣们都有一种生怕被言官、台谏诬告而致获罪的心理认同，肃亲王、醇郡王的意见得到了多数人的支持。倭仁只好多次修改拟定的疏稿，供太后亲裁。

面对众多王公大臣的说情，慈禧采取了去其根本、留其枝叶的办法，于十六日颁明发上谕，声称此次将奕䜣之事交廷臣会议，正是为了“小惩大诫，曲为保全之意”。现在览阅王公大学士等所奏，恭亲王虽有错，但尚可录用，宣布恭亲王仍管理各国事务衙门事务。于是恭亲王重被录用，但免去了议政王和军机大臣两件最重要的差使。

朝廷这样的处理，使许多人不服，不时有人上奏为恭王说情。醇郡王奕譞于十八日上奏，指责倭仁将谕旨绕过军机处而直下内阁，有违祖制。御史洗斌、内阁学士王维珍奏折中，为奕䜣在咸丰十年间维持和局叫好，认为“现在各省军务尚未尽平，如军机处、总理各国事务衙门事繁任钜，该王素为中外所仰重，又为夷人所信服，万一夷人以此为请，从之则长其骄肆之心，不从或别启猜疑之渐”。言下之意，非奕䜣莫属。

果然，自奕䜣开除出军机处后，不仅一些驻京的外国使臣纷纷探询缘由，而且一应政务均呈脱节。因为长期来重大政务均经军机处接办，绕过它交由内阁处理，被认为有违祖制而使朝野疑惑；军机大臣文祥、宝鋆等都是奕䜣得力助手，奕䜣开缺后的一个月中，他们往往以缺了首席大臣难以正常运作为由，使这个皇帝的机要秘书处工作，常常呈现出脱节之状。

这一切，使慈禧懂得了欲速则不达的道理，也悟出了权威与造势间的微妙关系。她立即调头转向，于四月十四日，以两宫太后的身份召见奕䜣，大约对他重申了上谕中说的“小惩大诫，曲为保全”之类的安抚话；奕䜣当然不是傻蛋，听出了弦外之音，便以无地自容而伏地痛哭。双方都有了台阶可下。于是当天发布上谕仍著恭亲王在军机大臣上行走。历时三十九天的一场权力斗争，以革去奕䜣的议政王而落下帷幕。那个以参劾奕䜣而掀起轩然大波的蔡寿祺，只受到了降二级调用的处分。这种处理，令人不得不怀疑他的参劾是否与慈禧暗中指使有关。

经过这场斗争，慈禧丢掉了议政王的政治拐棍，开始迈开独立主政的步伐。尽管这场斗争未能实现她预设的目的，但她懂得了培植亲信和忠实奴才的重要。至于恭亲王奕䜣，经过这场风波，言行上确实有所收敛。但要他做个没有主见的平庸之辈，就他的才智和对皇朝的忠诚来说，无此可能。这就意味着他和太后的矛盾，还将在新的形势下再次爆发。不过到那时，太后已经成了人见人怕的“老佛爷”，再也不会像这次有这么多的人为他抱不平了。

京师同文馆之争

16

慈禧与奕䜣的权力争斗刚刚收场，奕䜣与倭仁在京师同文馆问题上的争论又掀起大波了。作为皇朝的最高决策者，慈禧必须在争论的天秤一端放上砝码。

京师同文馆是《北京条约》订立后，为了适应中外交往，培养通晓外文人才而于同治元年（1862年）设立的。最初只有英文馆，次年又开设法文馆与俄文馆。三馆各有学生十人，全是十四岁左右的八旗子弟。同文馆由总理衙门直接管理，是清政府中央最早办理的洋务事业。

随着洋务运动的开展，洋务思想家如冯桂芬，实践家如曾国藩、李鸿章等都悟出了要"借法自强"，必须从学习西法算学入手的道理。因为"一切西学皆从算学出"，"今欲采西学，自不可不学算”。洋务派把算学看成是西方制造机器的必备知识。作为清廷中央最热衷于借法自强的总理衙门首领，奕䜣深知同文馆仅学西文远远不够。他在和曾国藩、李鸿章、左宗棠、郭嵩焘、英桂、蒋益澧等“往返函商”后，决定在同文馆中添设天文算学馆。

曾国藩像

李鸿章像

同治五年十一月初五（1866年12月11日），恭亲王奕䜣正式上奏，请在京师同文馆增设天文算学馆，拟从满、汉举人及恩拔优贡和正途出身五品以下满、汉京外各官中招收学生，由总税务司赫德负责招聘西人在馆教习。十二月二十三日奕䜣再次上疏，申述了学习西学、借法自强的重要与急迫；同时建议扩大招生范围，凡翰林院编修、检讨、庶吉士及进士出身之五品以下京外各官均可报名入学，疏末附有《同文馆学习天文算学章程》六条。同治六年正月二十一日（1867年2月25日）奕䜣等第三次上疏，推荐曾在总理衙门上行走，时任太仆寺卿的老资格时务家徐继畬为总管同文馆事务大臣。

这个徐继畬还真是个人物。他是山西省五台人，字健男，号牧田，又号松龛。乾隆六十年（1795年）生。道光进士。道光二十四年（1844年）福州开埠，他作为福建布政使，直接负责处理该地发生的中英交涉事件，是鸦片战争后清政府第一代对外交涉的官员之一。由于他关心时务，了解外情，曾被道光皇帝召见，"询各国风土形势，奏对甚悉"。道光二十八年（1848年），徐继畬写成《瀛环志略》十卷，对世界各国，尤其是东南亚各国的风土人情、史地沿革与社会变迁详加阐述；书中附有在当时堪称精确一流的地图，成为晚清较早介绍世界地理及各国概况的史地专著，对时人开眼看世界有很大推动。书出之后，风行一时；传入日本后，影响巨大。徐继畬因此成为近代中国与魏源、梁廷枏齐名的著名时务家。奕䜣把这位历事三朝的老臣推荐出任总管同文馆事务大臣（相当今国立大学之校长），一来是借重他的声望、学问；二来是为了消除学生和社会舆论可能产生的"专以洋人为师"的疑虑，所以奏折中称他"老成持重，品学兼优，足为士林矜式"。

恭亲王上述三个奏折，都得到了两宫太后的首肯，以谕旨形式宣布批准。

不料朝廷中一批反对学习西方、反对开展洋务活动的保守派大臣，对此群起抨击，由此引发了一场针锋相对的争论。

正月二十九日，掌山东道监察御史张盛藻上奏，指责奕䜣让科甲正途出身的官员入同文馆学习天文历算，是提倡“重名利而轻气节”，“习机巧而入歧途”。疏上，慈禧太后阅罢不以为然。她认为这是胡说八道，让内阁拟旨驳斥，学习天文算学，“不过借西法以印证中学，并非舍圣道而入歧途，何至有碍于人心士习耶？”上谕驳得理正辞严，把保守派说得哑口无言。奕䜣等则踌躇满志，加快了开办的步伐。

二月十五日，保守派中德高望重的文渊阁大学士、同治帝师倭仁出场，上折反对开设天文算学馆。他指出“立国之道，尚礼仪不尚权谋；根本之图，在人心不在技艺”，把争论的重要性归结到何以立国，靠什么图强的高度；进而认为“师事夷人”的结果，必然是中国成了夷人的天下了。他气愤地指出“夷人吾仇也”，师事夷人就是“事仇”，是最为可耻的事。结论是以中国之大，人口之多，“必有精其术者，何必夷人，何必师事夷人？”

倭仁是著名的理学家，具有高尚的节操。他每天都作日课，“自朝至寝，一言一动，坐作饮食，皆有札记”，用作自我反省的借鉴，导向道德自我完善的至高境界。在国运日蹙，文人无行的情势下，通过修身正心，内省齐家治国平天下的圣人之道，把学术、心术、治术联为一体，成了著名的抱道君子。慈禧太后对他一向敬重，不仅授他大学士的高位，而且任命他做小皇帝的师傅，用他的人品、学问教导儿子成器。当她看到倭仁奏折后，立即于当天召见问话。据《翁同龢日记》二月十五日记称，当时慈禧召见问话时，“倭相未能悉畅，既而及书房功课，具以实对”。日记中称“倭相未能悉畅”，有两种可能：一是倭仁拙于言辞，不能畅所欲言；二是所讲与奏折大略相同，慈禧觉得了无新意，便转换话题。从事后情况看，第二种可能性较大。召询之后，慈禧将倭仁奏折发交总理衙门处理。

恭王读折之后，决定反击。三月二日，奕䜣等向皇帝上了一个长折，重申招收科甲正途学习天文算学的重要，同时提出“该大学士既以此举为窒碍，自必别有良图，如果实有妙策，可以制外国而不为外国所制，臣等自当追随该大学士之后”，“如别无良策，仅以忠信为甲胄，礼义为干橹等词，谓可折冲樽俎，足以制敌之命，臣等实未敢信”。很明显，奕䜣用以退为进，以守为攻的辩论策略，要倭仁拿出比自己更好的办法来谋自强之道，把“皮球”踢了过去。

倭仁于三月八日再上一折，绕过奕䜣的反诘，提出：若奕䜣“师夷长技以制夷”的办法真能有把握使中国自强，岂不是好事吗？如或不然，“又不如不行之为愈耳”，把“皮球”回踢给了奕䜣。

三月十九日，奕䜣上奏，实话实说：“是举之把握，本难预期。”然后话锋一转，抓倭仁奏折中“天下之大，不患无才”，不必师事夷人之说，要倭仁“酌保数员，即请择地另设一馆，由倭仁督饬以观厥成”。西太后接受了这一建议，让倭仁照此办理。于是，奕䜣的皮球经西太后一脚，打中倭仁的大门。倭仁不得不上折承认“奴才并无精于天文算学之人，不敢妄保”，前议只是“以理度之”；同文馆既不能中止，“则奴才前奏，已无足论”。但朝廷仍然下旨，要倭仁“随时留心，一俟谘访得人，即行保奏，设馆教习，以收实效”，似乎不让他认输下场。三月二十一日朝廷下旨：著倭仁在总理各国事务衙门行走。这道上谕，使倭仁极为难堪。李慈铭《越缦堂日记》认为以宰相之尊充总理衙门驱使之役，实在是太作践倭仁了。倭仁以维护天朝尊严的一片忠心，换来的却是难堪的侮辱。太伤心，太难过了，以致气出了毛病。倭仁病倒，同文馆争论虽余波犹在，但正面冲突已经结束。

慈禧太后作为朝廷的最高仲裁者和决策者，她把砝码投向天平两端的奕䜣一边。粗看似乎不可理解：她和奕䜣之间的权力斗争刚刚以互有胜负收场，而倭仁是坚定地支持太后，力主恭王“不可复用”的。太后在这场争论中为什么不偏向他而支持奕䜣？细想却自有道理：那时的慈禧，不愧是个以皇朝基业为重，头脑清醒的女政治家。她革去奕䜣议政王、保留其他职务，是为了削除重臣危及皇权的隐患而利于用其所长；她支持奕䜣开办天文算学馆，是为了借西法图自强以保大清长治久安。她从自己出逃京师的耻辱中，清醒地看到了西方船坚炮利和清军大刀长矛之不足恃，认定制器练兵、求强求富是有利于皇朝的强盛之举。她从不怀疑倭仁的忠心，却不同意他的迂腐保守。在支持什么、反对什么的问题上，她只有一条标准：看是否对皇朝强盛兴旺有利，不问亲疏，只论利害。正是这种理念和作派，才使兴起不久的洋务运动得到朝廷的支持而能历时弥久地进行。如果说，同治六年的同文馆之争，是一场革新和守旧之争，那么慈禧太后在这场争论中扮演的是革新力量保护者和仲裁者的角色！

17 宠监安德海被杀

同治八年七月（1869年8月），发生了一件令慈禧意想不到的事：她的宠信太监安德海在山东济南，被巡抚丁宝桢以“矫旨出都”、“招摇煽惑”为由，明正典刑，裸死暴市。

安德海何以出都，丁宝桢为什么敢于杀他？事情得从同治年间太监的地位变化说起。

原来，太后垂帘听政，在通常情况下，受“男女有别”的传统约束，是不能与臣工直接对话的。有事召见，必须由太监转达；而朝廷大员有事求见，更需太监传递信息，获准后再经太监传旨，才能被引进养心殿跪奏听旨。这样，太监的地位无形中变得越来越重要，成了太后与臣工信息沟通的中介。不法之徒，往往利用信息灵通的特权，收受贿赂、通风报信，乃至勾结内外官员，干预朝政，成为晚清史上一个具有潜在权势的特殊群体。

太监古已有之。作为宦官被授以品秩，则始于唐代。宦官干政，历代皆然，而以明代最烈。应该指出，有清一代，鉴于前明宦官之祸，对太监的管束是很严厉的。清初顺治年间，不仅下诏严禁臣工与宦官交结，而且特在交泰殿树立铁碑，明确规定若宦官犯法干政，“凌迟处死”。顺治至乾隆，历朝都有约束太监的则例。嘉、道以还，虽然有过数次太监犯法事件，但从未出现过太监干政的恶例。同治朝起，此风渐开，逐渐成为晚清弊政之一。

首开纪录的，就是慈禧的宠监安德海。

安德海，俗称“小安子”，直隶南皮人。以自宫入内为宫监，服侍懿贵妃那拉氏。由于为人机敏，善于察言观色，逐渐获得贵妃信任。咸丰十年随逃热河后，目睹两宫受八顾命压制，常在那拉太后前表示忠心，被太后视为心腹。据传两宫为了与在京师的恭亲王奕䜣取得联系，那拉太后设计，借故把安德海公开责打一顿，然后下令将他送回京师交内务府严处，其实让他秘密传话。安德海回京后果然设法把太后懿旨传给了奕䜣，恭王得旨后立即请求赴热河哭奠先帝梓宫，于是才有叔嫂密谋政变之事。这个传说是否可信，没有史料佐证，但两宫还京，政变之后，安德海成了慈禧宠信，在宫内招摇张扬，则是事实。

有好几种野史、笔记都说安德海常在慈禧太后面前对议政王奕䜣说三道四。联系到奕䜣在太后面前时有忘乎所以的骄纵之态，这种说法的可能性是存在的。安德海这种行为，显然违犯了祖宗所定宦官不得干政的铁律，是要受“凌迟处死”极刑的。但因为迎合了慈禧的政治需要，不但未受处分，反而益受宠信。慈禧爱看京戏，他就策划为之兴建戏园；慈禧爱穿戏装游于西苑，他不仅寸步不离随侍左右，而且将内务府所存贡缎裁制戏衣投太后之好。在太后宠信下，他招权纳贿，肆无忌惮；笼络朝士，结党营私。这一切，引起了朝廷内外有识之士的痛恶。山东巡抚丁宝桢，对安德海干政更是忧心忡忡，并拟借安德海出宫，过山东时“执而杀之”。

同治八年七月，安德海受慈禧太后指派去苏州织办龙袍。他乘船沿京杭大运河南下，山东是必经之地。安德海这次南下，气派非凡：船只是巨大平稳的平底船，船上高竖日形三足乌大旗，两旁插有龙凤彩旗，船内置丝竹乐队、女乐歌舞，一派皇家气象。沿途笙歌燕舞，观者如堵。丁宝桢得知安德海南下讯息，一面立即上奏朝廷请旨；一面发兵围捕安德海。八月初七谕旨到达，要求将安德海就地正法，当夜安德海及死党二十多人被杀于济南。

安德海不是慈禧的宠信吗？他出京织办龙衣不是受慈禧指派的吗？她怎么能同意下此谕旨呢？原来围绕安德海事件，朝廷曾经历着一场斗争。丁宝桢奏折递上，慈禧闻之惶骇无措。

她原以为自己垂帘听政，权威赫赫：小安子是奉命为皇帝办差，谁敢以太监出都违祖制为由与自己对抗？不料小安子如此招摇张物，丁宝桢如此敢于参奏，使她既吃惊，又无奈，只得硬着头皮与慈安太后一起召集军机大臣奕䜣等人讨论。奕䜣、文祥、李鸿藻等都表示严办。认为祖宗成法有规定，太监不得出都门，擅出者死无赦，应就地诛之。慈禧心知恭亲王以“擅出”为名杀安德海是别有企图：他明白无误知道小安子是奉懿旨办皇差，却用私自擅出来定罪，表面上是给自己台阶，实际上是使自己无法为安解辩。值得注意的是正宫慈安太后，也明知此事由来而竟主张治罪严办，给自己难堪。当时一致意见是“矫旨出都”，“就地正法”。从事后的情况推测，慈禧当场没有表态。因为谕旨拟好后，有两天未能下发。据说后来由于醇亲王的劝说，慈禧碍于祖宗成法，不得不表示：“此曹如此，‘该杀’二字”，才把谕旨发了下去。所以，就慈禧来说，杀安德海是无奈大于灭口；就奕䜣来说，是报复超过维护祖制；至于素不过问朝政的慈安太后，则可能对西宫的专擅独断已有芥蒂，借口祖制不可违而站在奕䜣一边。

围绕安德海事件，不仅表明清廷内部矛盾已在深层次逐渐积聚，而且显示以慈禧为主体的垂帘听政，已经结束了朝野拥戴的辉煌阶段，即将出现不利于女主临朝的潜流。

平心而论，安德海干政比之前明宦官专权，无论在影响上、程度上，相差甚远。时人把他与明末魏忠贤相提并论，有点言过其实。丁宝桢诛安，无非是朝野对女主临朝后太监地位变化担忧的一种反应。其实，慈禧垂帘听政，需要了解内外信息以便决策；必须掌握臣工真实动向与心态，预作防范。女人最敏感对自己的私议，何况乾纲独断的太后？但是她又被传统困于深宫，不能直接和臣工接触，缺乏可靠的信息资源。她比男性的万岁爷更需要使用亲信太监搜集情报以利用矛盾，操控驾驭。这不单是个人的权术，更重要的是君主专制制度使然。所以凡是专制体制，都有太监或类似太监的宵小之徒，更何况女主时代？包括奕䜣在内的朝廷重臣，既然请出了清代史上前所未有的垂帘听政，向慈禧太后顶礼膜拜，也就势必为女主时代的宦官干政提供滋生的土壤。了解这个道理，就会明白杀了安德海之后，何以又会出现超过安德海十倍的宠监李莲英？单纯指责慈禧深于权术，或许有一定的合理性，但若忘了太监干政是体制的痼疾，那么合理也就变得不合理起来，庶几近于盲人摸象了。

应时所需的举措

18

慈禧在垂帘听政期间，做了几件古之所无却又符合时代所需的大事，显示了她敢于走出传统的魄力。

一件是派遣同文馆学生赴泰西游历。

同治五年（1866年），主持洋务的总理衙门在总税务司英人赫德的建议下，上奏请派郎中斌椿率同文馆学生赴泰西游历，考察西方山川形势、风土人情，将之绘图贴说，带回中国，以资印证。慈禧阅奏后，感到这是符合借法自强、了解西方的需要，立即以上谕形式同意了奕䜣等人的请求，于是有了晚清史上第一次政府官员奉命出洋、考察游历的举措。当时率领考察的首席官员是六十三岁的旗人郎中斌椿，他带领自己的儿子内务府笔贴式广英，同文馆八品官凤仪、德彝，同文馆学生彦慧及仆从一行六人，于正月二十一日（1866年3月7日）离京启程，经天津，于二十九日乘船开行，驶向大洋彼岸。

斌椿父子一行在三月十八日到达法国马赛，开始了欧游之旅。先后游历了法国、英国、荷兰、汉堡、丹麦、瑞典、芬兰、俄国、普鲁士、汉诺威、比利时等十一个国家和地区。同年七月初十日离马赛回国，前后五个多月。虽然时间不长，所到只属走马观花，但毕竟是开了眼界，长了知识，改变了“中华官从无远出重洋者”的老例章程。斌椿归国后，将游历日记《乘槎笔记》恭录进呈，其中在欧洲的见闻约二万字，尽管闻见有限，知之不深，但它的价值，诚如历史学家钟叔河先生所说，“就在于冲破了两千年来一直未能克服的局限与偏见，对一直被认为是神秘荒唐的西方世界，开始有了直接的接触”。

一件是向西方国家派出第一个外交使团。

自从《北京条约》订立后，外国驻华公使先后进驻北京。按条约规定的对等原则，中国也应派出驻外使节。但一则风气未开，“天朝自大”和“夷夏之辨”的传统价值观念根深蒂固，阻碍着派遣使节的行动；二则缺乏懂得驻外知识的人才。尤其是不知驻外礼节，弄不好会使国家尊严受到损害。这两层原因使得清王朝迟迟不敢派出外交使团。

捱至同治六年（1867年），负责对外事务的总理衙门终于找到了解决办法：奕䜣看中了即将卸任回国的美国驻华公使蒲安臣（Anson Burlingame），认为他“处事和平，能知中外大体”，往年曾协助中国对付桀骜不驯的李泰国，准备请他权充办理中外交涉事务大臣。而蒲安臣也“意欲立名，毅然以此自任”，双方一拍即合。奕䜣立即于该年十一月初二日上奏。慈禧阅折后表示同意，并派记名海关道志刚、礼部郎中孙家谷，充办理中外交涉事务大臣，随同蒲安臣前往有约各国，组成了中国向欧美国家派出的第一个外交使团。

慈禧对蒲安臣使团出访各国极为重视。十二月初十日（1868年1月4日），特地在养心殿东暖阁与同治帝一起召见孙家谷和志刚，详细询问了启程日期、路线、见不见外国君主等问题；叮嘱他们管束随从，不要被外国人笑话；指出“办理外国事务，外间颇有闲言”的事实，鼓励他们坚持初衷、实心办事；甚至关切地询问两人有没有老亲在世，很有人情味。

蒲安臣使团于同治七年二月初三日（1868年2月25日）由上海虹口乘“格思达噶里”号轮船东行往日本，十四日在横滨换乘美国“斋纳”号驶向美国西海岸。三月初九日到达旧金山，受到加利福尼亚州州长的盛大欢迎。使团访问了纽约，在华盛顿会见了美国总统约翰生，并与美国议订了《中美天津条约续增条款》八条。然后由美赴英。于十月初七，拜会了英国维多利亚女王。十一月十五日，英国首相克拉兰敦勋爵发表声明，表示今后英国将不对中国的独立与安全作出妨害和不友好的压力，只有在英国臣民的生命财产受到直接威胁时才会使用武力。这个声明使英国直到义和团运动前基本上停止了它一贯使用的“炮舰外交”。

使团离英后，经瑞典、丹麦、荷兰，访问了普鲁士与俄国。拜会了普鲁士国王威廉、首相俾斯麦和俄皇亚历山大二世。同治九年正月十八日（1870 年 2 月 17 日），蒲安臣在应邀游览俄国皇宫、观赏古玩珍宝后，回到寓所便因感冒患病，二十四日逝世于异国。使团改由志刚接任首席大臣。

志刚接手后在与俄国谈判中，严正拒绝了俄方提出的侵略要求，维护了国家利益。三月二十日结束了俄国的访问，乘火车取道比利时与意大利。八月初九日在法国马赛港乘法轮“阿发”号入地中海。十月二十六日回京。从同治六年十二月十一日（1867 年 12 月 26 日）使团自总署乘公车启程，至九年十月二十六日，历时近三年，行路十二万二千六百余里，遍历欧美各国，近代中国第一个外交使团终于顺利地完成了肩负的使命。其间，作为客卿的蒲安臣在与英俄等国谈判中，能不屈于压力，所订《续增条约》也尽量维护中国利益，使之不吃大亏。这说明恭亲王奕䜣和垂帘听政的慈禧太后，在外界的压力下，敢于派出外交使团，既顺应时代潮流，也堪称颇有魄力。可以说，它为以后派驻各国外交使臣跨出了第一步。

一件是同意选派幼童出洋，赴美留学。

中国自唐宋以来，只有接受外国如日本等派遣留学生来华居留学习的事例，从未有派人出洋留学的举措。鸦片战争后虽有过几个穷苦孩子如容闳、黄胜等赴美留学，但都属于来华的外国传教士携带出洋的私人行为，并非政府公派。首开政府公派留学生之例的，正是慈禧听政之时。

事情起始于容闳的倡议。咸丰四年（1854 年），容闳在美国耶鲁大学毕业后，认定出洋留学是“中国复兴希望之所在”，归国后便立志促成此事。经过 20 余年努力，终于说动了时在天津办理教案的直隶总督曾国藩。同治九年（1870 年），曾国藩联合湖广总督李鸿章，按容闳拟就的留美计划，联衔上奏，吁请朝廷选派十二至十四岁的幼童赴美留学。计划首选一百二十名，分四批，每年每批三十人，按年递派；留学期限定为十五年，学成归国；为不使出洋幼童在外学习时荒废汉文，数典忘祖，规定出洋时应选派汉文教习同往，在学习西方知识的同时必须学习儒学经典；另设留学生监督，随时加以管理约束；留学经费可在关税项下提拨。

当时正是朝廷和地方借法图强、兴办洋务，急需外交和专业人才之际。慈禧阅折后旨准曾、李所奏。同治十一年正月（1872 年 2 月），曾、李再次上奏，奉旨确定了留学章程，选定由陈兰彬任出洋局委员、容闳为副委员，叶源濬为中文教习，幼童出洋前先在上海进行必要训练。到该年夏天，第一批三十名幼童考试合格，七月初八日由陈兰彬率领从上海启航，揭开了晚清公派留学生出洋的序幕。到光绪元年九月（1875 年 10 月），全部一百二十名幼童按期分批出洋。

这些幼童在美国从小学到大学，系统接受了西方现代科学技术知识的训练。到光绪七年（1881 年），除极少数已大学毕业外，多数人正在逐级学习。他们学习努力，成绩优良，与外人交际礼貌周至，持躬谦抑，无论在校内校外，“咸受美人之欢迎，而引为良友”。但是国内的保守势力却视为“以夏变夷”，大加攻击；历届留学生监督对幼童在服装、辫发、礼俗和生活方式方面的变化耿耿于怀，接连向朝廷上奏，请予撤回，认为他们若久居美国，“必致全失其爱国之心，他日纵能学成归国，非特无益于国家，亦且有害于社会”。

李鸿章和总理衙门虽认为撤回可惜，但又怕“沾其恶习”、“防范难周”，终于顶不住压力，请旨撤回。当时慈禧太后正在生病延医调治，主持朝政的慈安太后同意了奕䜣的意见。于是在该年七月下旨全部撤回了留美学生。

尽管幼童留美计划半途而废，但这批归国学生（除在美病故和中途停学回国者外共计 94 人）尔后大都成了近代中国政界、军界、商界和科技领域的骨干；从历史发展的视角看，幼童留美一事，开了以后政府公派留学生的先河，它的历史地位是无可置疑的。

这几件事，虽非慈禧主动提出，但如果没有她的准予施行，在当时“大臣不解，恶者甚多”的历史条件下，要顺利推出是不可能的。联系到创办江南制造局、福州船政局和船政学堂等举措，说她顺应潮流、支持洋务运动，是有根据的。

19 母子之间

时间真快。转眼间，坐在帘子前面的小皇帝到同治十一年（1872年）已经是个十七岁的青年了。慈禧太后每逢皇帝到自己居住的储秀宫请安时，瞅着儿子，总会生出无尽感慨。往事历历在目，仿佛就像昨天那样清晰。

她清楚记得怀胎后，宫内为迎产而忙碌的情景。咸丰五年十二月（1856年1月），她已怀孕七个多月，咸丰帝特旨准许其母进宫住宿照顾，开了清代妃嫔生子“遇喜”时娘家人可以进宫住宿的先例，从此成为则例列入档册。内殿总管韩来玉也为分娩作一系列准备：首先是择定吉地，刨了掩埋胎盘、脐带的喜坑，然后由宫内的二名姥姥在喜坑前念喜歌、安筷子（寓快生子之意）、红绸子及金银八宝，以“祈求”赐福、赐安；其次是请选“妈妈里”，慈禧挑中的都是镶黄、正黄旗披甲人或苏拉之妻，年龄最小者二十四岁，最大者四十岁，让她们从二月初三日随同姥姥两名，大夫六名开始轮班上夜守喜，直到分娩后第十二天即“小满月”为止；再次是为新生婴儿准备穿用的衣物；最后是为分娩时用的各种木槽、木盘、木刀、木碗等件及吉祥摇车一座。

林林总总，忙忙碌碌，到三月二十三日总算顺利生下了这个儿子。咸丰帝终于有了皇嗣，欣喜之情难以言表，当即亲笔朱谕：“懿嫔著封为懿妃。钦此。”连储秀宫太监也因此得到了提升。儿子带来了好运。

按清代祖宗家法，皇子一堕地，即由保姆抱出交乳媪哺乳。同治帝载淳生下后，懿妃那拉氏只见过一眼就被抱走了。不过产后的她身体与精神都不好，根本无法喂奶。直到四月初三基本好转，有奶可喂，但仍不得亲自哺乳。她无法像民家妇女那样对新生婴儿尽一份母爱，想到这点，总觉得亏欠了儿子，心头不是滋味。

与生俱来的母爱，使产后的她不断思念儿子。等到第三天大阿哥“洗三”那天，才见到了中午刚洗完浴的儿子。她顾不得看那些由皇帝、皇后、众嫔妃等送给儿子的各种珍宝礼物，抱着儿子看个没完，然后又无可奈何地交给乳母抱走。这样的场面，在“小满月”、“满月”、“百禄”即百日，都重复一次：

一面是无数的礼物，一面是母子短暂的相聚。这种不合人性的制度使得初为人母的懿妃受尽了思子的煎熬。

儿子周岁那天，按习俗要行“晬盘”试，即俗称“抓周”。大阿哥抓晬盘，“先抓书，次抓弧矢，后抓笔”。懿妃和万岁爷看了大为兴奋，感到儿子将来是个爱读书、喜弓箭的文武全才，完全符合祖宗对子孙读书明理、娴熟骑射的期望。

咸丰十年咸丰帝逃离京师时，带着儿子到了热河行在。那时大阿哥载淳已经五岁，聪明活泼，讨人欢喜。由于是在行在，宫中限制母子相见的规矩不像京师时严格，所以懿贵妃可以常常与儿子相聚说话。但儿子对她不如对皇后钮祜禄氏亲密，这使她稍有困惑与不快。她把这种现象归之于尚未读书启蒙所致，便在枕边向皇帝吹风，希望早点请个师傅教阿哥识字。皇帝感到有理，便下诏调河南学政李鸿藻到热河，教阿哥读书。

十一年三月初八日（1861 年 4 月 17 日），咸丰帝决定按祖制皇子六岁发蒙的规定，让儿子正式入学读书。派翰林院编修李鸿藻为大阿哥师傅，礼部侍郎伊精阿为谙达。前者为汉文师傅，后者谙达专授满文，地位在师傅之下。

像任何一个小孩子那样，载淳一开始对入学读书怀有新鲜感，坐得端正，读得认真。懿贵妃假装从窗外经过，向书房看上几眼（按规矩，不能进入以干扰师傅上课），见儿子认真就读，满心高兴。

读了一段时间后，载淳觉得摇头晃脑、死记硬背的教书方法极为枯燥乏味，逐渐不安分乃至不愿听讲起来。有一次想请假逃学，李鸿藻不准，载淳立即发脾气把书本怒掷于地。师傅气得发抖，为维护师道尊严、坚持要他把书本拾起来。双方僵持良久，载淳才勉强捡起入座听课。从此，载淳便身在书房，心不在焉，根本不愿用功了。懿贵妃得知儿子不肯认真读书，深以为忧。但当时因皇帝病重，心绪不宁，只对儿子略为叮咛几句作罢。

辛酉政变后，载淳登基成了同治皇帝。慈禧为了皇朝大业，决定对爱子加强教育。设置了一个庞大的教育群：有汉、满、蒙文师傅，有伴读者，有督导，有总稽查。目的只有一个：务必各尽其职，教好、管好小皇帝。

为了使皇帝学到所需的文武知识，奕䜣按太后旨意拟定了一份教学计划：每日至书房先习拉弓以增臂力，次习蒙古语、读满文书籍，然后读汉文书籍。先系半功课，至八岁时改为整功课。教学方法既有诵读、背书，又有讨论评说。武课方面在拉弓基础上，三年后练步射；十岁后习打枪。自入学后，每隔五天，下课后在宫中长街学习骑马。慈禧对这份计划表示满意，批准施行。二月十二日，皇帝入学。

皇帝的这些汉文师傅，都是满腹经纶、各有专长的饱学之士，但都不懂教学方法，只知满堂灌，不问学生听懂与否。特别是理学大师倭仁，大讲程朱，把周敦颐的《太极图说》那套玄之又玄的哲学理论和程颐改订的《西铭》篇所宣扬的乐天顺命思想，一股脑儿地塞给载淳，弄得这个六七岁的学生似丈二和尚摸不着头脑。每天读罢，皇帝都要谒见慈禧，太后总会关切地询问儿子的功课。听说倭仁教的内容，儿子“莫从获解”，便示意停授理性之学，每天只学四书五经、《通鉴辑览》，改变了初定的授课内容。同治三年五月，慈禧又命数人轮流进讲《治平宝鉴》，让儿子学习治国平天下的经国之术。师傅一有缺额，便立即补上，她对儿子的学业确实是够关心的。

在师傅的悉心讲授下，同治帝学业有了进步，朝野大臣也对之寄予厚望。但毕竟古文艰涩难懂，教学方法又枯燥乏味，小皇帝渐渐流露出顽皮厌倦的秉性与心态，曾经故意把“帝”字读成“屁”，说明这个当时年仅十二岁的小皇帝已经有了耻做傀儡的反感了。

慈禧太后爱子心切，她经常召见师傅，垂询课业情况，提醒师傅“讲书不必太多，以能记为主”；每日课后，听取儿子受业内容，常常考问此书、此句应作何解。一旦认为答非所问，便严辞告诫儿子，应为将来亲政而认真学习。但是说者谆谆，听者藐藐。过分严格要求，效果适得其反，儿子的逆反心理日见严重：皇帝越来越不愿读书，功课也就日见差错。到同治十年，已经十六岁的同治皇帝，对枯燥乏味的读书生活，对被当作摆设的傀儡地位，甚至对满眼黄色的宫廷空间，感觉索然无味，精神状态也萎靡不振。据师傅翁同龢在日记中透露，皇帝上课时或者嬉笑不停，或者倦不可支；读满书极吃力，汉语作文往往不能成篇；作诗亦不佳，急得师傅徒叹奈何。

两宫太后，尤其慈禧，当得知儿子上课只不过是“磨功夫”而已，感叹之外，叮嘱师傅“以后须字字斟酌，看折要紧”，只要能看懂奏折就行。慈禧知道儿子的秉性，也了解儿子的兴趣在哪里，对于读书，只好降格以求了。回想到儿子周岁那年抓晬盘时自己和咸丰帝的期望，真是大有回首何堪之叹。

儿子大了，大婚之事提上日程。慈禧与慈安在选后问题上意见不合，慈禧看中员外郎凤秀之女富察氏，慈安则看中户部尚书崇绮之女阿鲁特氏。在各持己见，无法统一之下，只得由皇帝亲自决定。不料同治帝挑中慈安太后中意的阿鲁特氏。慈禧表面上同意，内心着实恼火。她不明白自己时时处处为儿子着想，儿子为什么对自己不亲，反而和东太后亲？平常琐事犹可说，在婚姻大事上居然不从生母之意，不选生母中意之人。她认为这是东宫长期来挑拨自己和儿子关系的结果，是东宫瞧不起自己的侧室出身。在选后问题上，她觉得自己打了一场败仗。好胜心受到了伤害。从此慈禧对东宫的夺子之爱耿耿于怀，对儿子的爱心去了大半，对未来的儿媳更无好感。宫闱内的关系由此变得微妙复杂起来。后来，同治帝、后之死，与此不无关系。慈禧以爱子始，却又以害子、媳终。这段母子之情扭曲如此，从人伦的角度看，真可谓令人感慨不尽。

还政穆宗

20

同治十一年九月十四日（1872年10月15日），同治皇帝大婚。这年，同治帝十七岁，慈禧三十七岁，慈安三十五岁。

清代皇帝大婚的仪礼，始于顺治八年（1651年）。据《清史稿》所记，大婚礼共由纳采、大征、发册、奉迎四个过程构成，大致与民间娶妻相合，但仪礼要隆重复杂得多。

同治皇帝像

选定皇后之后便择定吉日行纳彩礼。纳采前一日，先遣官祭告宗庙社稷。届时，在太和殿设节案，采礼置于丹陛之上，披红绸的马匹驻于丹陛之下，行纳彩礼的正、副使站在丹陛之东。由鸣赞官宣布开始，使臣三跪九拜毕，升东阶，立陛上并跪听宣制官传制。制文曰："兹纳某氏某女为后，命卿等持节行纳彩礼。"宣毕，由大学士持节出，授正使；由执事官将采礼置于彩亭中，队伍开始出发。仪仗前导，卫士牵马随行，出太和中门，向皇后府邸进发。时皇后之父着朝服跪迎门外道右，使臣入后邸，将节杖置于中间之案，执事将仪物置于左右两案，陈马于庭。使臣传制后将仪物以次奉与后父。后父跪受毕，率子弟向皇宫方向行礼。礼毕送使臣出，跪送如初。

大征礼，即《仪礼》所称"纳征"，亦即民间娶女时下聘礼。其仪式与纳彩礼同，不同者在仪物内容、数量。

发册礼，在大婚前一日举行。先遣官祭告太庙、社稷。届期，备卤簿（仪仗）、悬乐器。皇帝登太和殿宝座，阅册宝，制辞："皇帝钦奉皇太后懿旨，纳某氏为皇后。兹当吉月令辰，备物典册，命卿等以礼奉迎。"时，王公百官序立，正副使立于丹陛上，面北；宣制官立殿中门左。宣制后，正副使持节前行，校尉舁册宝亭，自协和门出，去后邸。

奉迎礼。当发册礼进行时，皇后仪仗已先期抵达后邸，封使至，皇后著礼服迎于庭中；后母率家中诸妇人俱着朝服跪迎。

使臣奉册宝放于案上，皇后在案旁北面跪。使臣读册宝文后将之授予皇后左边女官，女官跪接献于皇后。皇后接后交右边女官，女官跪接陈于案上小盒内。皇后起立，行三跪三叩礼毕，登辇；女官奉小盒置于彩亭。鼓乐前导，次仪仗，次凤辇。后之父母跪送于门外道右。皇后凤辇行至协和门，仪仗等止。然后由女官奉盒前行，置于中宫；凤辇则入自中门入，至太和殿阶下，降辇入宫。

奉迎礼毕，皇帝在中和殿率诸王行至皇太后前行礼。礼毕，诸王退。皇帝回太和殿，御宝座，赐后父及亲属宴，王公百官俱与，即民俗“吃喜酒”；皇太后则在保和殿赐后母及亲属（女眷）宴，公主、福晋咸与。

三天之后，皇帝登太和殿宝座，王公百官上表庆贺。皇帝颁诏如制，赐皇后父母兄弟服物。至此，大婚礼结束。

同治帝大婚时，纳采、大征、发册、奉迎，一切都按成式进行。但在皇后登辇后略有不同。届时，皇后升辇，正副使臣乘马先行，内监扶辇，左右内大臣等骑马随行。至午门外，改为九凤曲盖前导，行至乾清门龙亭止，使臣等退，礼部官奉册宝陈于交泰殿左右案上。凤辇入乾清宫，执事者俱退，侍卫合隔扇。福晋、命妇侍辇入宫。宫中开合卺宴，礼成。读者若将此与前述顺治八年所定仪礼比较，可以发现同治大婚时不走协和门、太和殿一线，而走了午门、乾清门、乾清宫线路；合卺喜宴也不在太和殿举行，改在乾清宫；好像太后也没有在保和殿赐皇后母亲及女眷等宴。原来，早在同治八年即大婚前三年，两宫太后曾下懿旨："大婚典礼，力崇节俭。"后来在选后问题上慈禧被儿子弄得很不称意，届时也就不愿出面宴请皇后母亲及女眷了。总之慈禧不中意这个媳妇，借三年前"力崇节俭"的懿旨，故意降低皇后入宫的婚仪规格，给点颜色让她瞧瞧。

皇帝大婚，说明已经成人。按照垂帘之初在诏旨中提出"俟皇帝典学有成，即行归政"的声明，两宫太后于同治十二年正月（1873 年 2 月）宣布还政。懿旨勖勉皇帝"祗承家法，讲求用人行政，毋荒典学"；勉励内外臣工"公忠尽职，宏济艰难"。十二年来的垂帘听政至此结束。对于这段历史，《清史稿》中《后妃》传"慈禧本传"有如下一段话：

> 同治初，寇乱未弭，兵连不解，两太后同心求治，登进老成，倚任将帅，粤、捻荡平，滇、陇渐定。

这段话，不作褒贬，只讲事实，算作对垂帘听政十二年政绩的评价。事实上，在男尊女卑的价值取向下，两个女主，特别是起主要作用的慈禧太后，登进老成、倚靠将帅，能把接手时处于岌岌可危的烂摊子，调治成起死回生、咸称"中兴"的局面，不仅有手段，而且对清王朝有功劳，对社会稳定有利；支持制器练兵的自强运动，对历史进步有贡献。《清史稿》不肯多赞一辞，实在是遗老们为维护皇统的一种"春秋笔法"。

太后还政，皇帝亲政。正月二十六日，同治皇帝举行了史无前例的隆重的亲政典礼。为了让读者得知仪礼，不受当下某些清宫影视戏的误导，我在这里不嫌繁琐，述说一下亲政典礼的过程。

先期遣官祭告天、地、庙、社。届日，设皇太后仪仗和皇帝法驾卤簿。在慈宁宫门口设表案，门槛内铺皇帝拜褥。太和殿内东边设诏案、表案，丹陛中央设案。午门外设龙亭、香亭。由内阁学士将放置皇帝庆贺表文的木匣捧出，大学士随同行至永康左门外接表文木匣，捧至慈宁宫门口放于表案，退。内侍举案入，置于慈宁宫宝座东。内阁学士捧诏置于太和殿东所设之诏案；礼部官奉王公百官贺表置殿内所设之表案。凡将军提镇贺表置于午门外之龙亭内。朝内大臣各依品秩，分别集中：凡和硕亲王以下，入八分公以上，暨蒙古王公等，由鸿胪寺官引至隆宗门外集立；不入八分公以下，二品大臣以上，集长信门外；三品以下官员集于午门外。

典礼由钦天监报时辰已到开始。皇帝着礼服乘舆出隆宗门，至永康左门外下舆，王以下随行。至慈宁门，皇帝由东阶进门，在门左西向立。日讲官四人立于西阶，东向。这时，皇太后御仪驾，由前引大臣率侍卫在仪驾末分左右两队，扶持仪驾至慈宁宫，奏乐，升座。皇帝就拜位，丹陛乐作。王公大臣侍卫等依次站立。由司赞唱“跪拜”，皇帝即率群臣向太后三跪九拜。

时各门鸣赞官接续外传，长信门外，午门外各官随同行礼。鸣赞官唱“礼成”，皇帝及王大臣各复位站立，皇太后还宫。礼部尚书奏“礼成”，然后皇帝还宫。俄顷，皇帝复出至中和殿升座，执事官行礼毕，出殿就外朝立。皇帝出，至太和殿，乐作。升座，乐止。鸣鞭三响后，接受王公百官行礼，接着宣读贺表。皇帝颁诏，表示要“恪遵慈训，敬天法祖，勤政爱民”。亲政典礼至此结束，皇帝开始正式亲政，处理朝廷内外大事。慈禧则还居长春宫，准备颐养天年了。

平息修园风波

21

同治十二年九月（1873 年 10 月），亲政不到一年的皇帝，以让太后有个颐养娱乐的场所为名，下诏修葺被英法联军焚毁的圆明园，并要朝廷内外王公以下大小官员报效助修，由此引发了一场旷日持久的反对修园风波。期间，以奕䜣为首的十名满汉军机、御前大臣等，差一点被全部革职。在慈禧干预下，终于使皇帝收回成命，平息了晚清史上最大的一场政治风波。

对于圆明园，慈禧怀有深厚感情。她自应选入宫后，每年都随咸丰帝入园避暑。在这里，她度过了婚后最美好的岁月，尽情地享受着皇帝的宠爱，陶醉在江南水乡格调的亭台水榭、绿荫花丛之中。所以，知道儿子要为她修复圆明园，欣慰之余，立即派人前往历代承办园工的雷思起（外号“样式雷”）家，索取三园全图。亲自绘制修园图样，准备在十天之内，兴工拆除断壁残垣，克期修葺，务期速成。

修园诏旨一下，首席军机大臣奕䜣，带头报效，捐工银二万两。同治帝本以为必能得到臣工响应，不料事与愿违，朝臣同起力争。十月初一日，陕西道监察御史沈淮首先上疏，以军务孔亟、库帑不裕，吁请暂缓修理。皇帝颁谕称此举是为示“孝养两宫之意”，抬出太后压阵。谕旨刚下，御史游百川又上疏申谏，皇帝召入诘责，百川据理力争。十月初八日，内务府督民工拆除断垣残壁。百川再上疏，以“恐夷人生心”立言，谏阻修园，结果被革职。上谕不准群臣再行渎请，决心把园子修下去。

圆明园大水法石壁及水池

那么同治帝何以坚持要修园呢？有的学者认为是他厌恶生母慈禧对朝政及其个人生活的干涉，借修园养亲之名，把太后从身边支开。此说有理，但若联系到其父咸丰帝长年在圆明园醇酒女色的故事，则同治帝之修园，恐怕更多地出于为自己寻欢作乐营造一个宽松的环境，养亲只是借口。所以他在明知国库短缺的情况下，让内务府出面，作为内务府工程，并吁请王公大臣报效捐助，不用户部库款。而内务府则借口短缺经费，向国库借钱。不法员司向视工程为肥缺，勾结奸商，贪污肥己；奸商则虚报工料工价，混蒙诓骗。上下其手，只瞒着皇帝一人。这次修园工程，即广东无赖李光昭巨额行贿内务府官员，被任命为工程监督，出入宫禁，招摇撞骗。所以当臣工谏阻，同治帝以一己私利，拒谏不听，一意孤行。

十三年正月十九日（1874 年 3 月 7 日），各处工程正式开工。皇帝陪同慈禧太后亲临视察，盘桓整日，表示下次还要临园驻跸，督察园工。皇帝对修园表现出很大兴趣，对朝政却疏于过问，对读书更敷衍了事，朝臣和师傅们极为不满。奕䜣、奕劻、伯彦讷谟祜、景寿等御前大臣合疏劝阻。皇帝不听，并在四月初、五月中，两次视察园工，借机出外寻欢作乐。

朝臣对此议论纷纷，总师傅李鸿藻忍无可忍，于五月二十日上书力谏，指出皇帝“每月来书房不过数次，且时间匆促”，“召对臣工日仅一二人，每人仅泛问三数语”，对人才贤否，政事得失都不得深悉，长此以往，实堪忧虑。希望皇帝认真向学，以政事为重。翰林院侍讲学士李文田于六月初七日上疏，认为此举纯属劳民伤财，万不可行。疏奏中流露出对皇帝不问朝政，唯任内务府“朘削穷民”以自利之计的不满。

截止到十三年六月，朝臣谏阻已从国库不裕的角度渐渐转向对皇帝懈怠朝政、荒废学业的方面提出告诫，表现了对年轻皇帝不求图治、不严律己的忧虑。事情的性质起了变化，劝阻修园只是个由头，问题的实质变成了大清皇朝在这样一个皇帝的管治下，其前途将会如何？显然，矛头已丛集于皇帝一人。

在这样的背景下，原先捐款报效的恭亲王奕䜣，觉得有了避开太后，可以说话的条件。七月十六日，他上了《敬陈先烈请皇上及时定志用济艰危折》。奏折从详论列祖列宗创业艰难，后世之君守成不易说起，转到对皇帝亲政以来的表现和希望勤政、勤学、遵祖制、慎言动等问题，尽一个老臣的忠心和父执一辈教导的责任。奏折称：皇上亲政仅一年有余，已经渐有懈弛情状，如视朝太晏，太关注园工，臣工谏诤之折留中不发交讨论，财政匮乏犹复传用不已等等。奏折根据同治帝为政、为人方面之缺失与不足，提出恳切建议。列名奏折的，除奕䜣以外，还有御前大臣与军机大臣等十人，代表了朝廷中最有地位、最有发言权的一批重臣的共识。

同治帝阅后，既恨且怒。认为这是奕䜣策动，专与自己过不去，便立即召见列名奏折的军机、御前大臣，气急败坏地说："我停工如何？尔等尚有何饶舌？"奕䜣回答说："臣等所奏尚多，不止停工一条"，正欲具体陈述时被同治帝粗暴打断。皇帝大声斥责奕䜣培植私党，把持朝政，喝问："此位让尔如何？"惊得诸臣伏地叩头不断。奕䜣边哭边谏，指陈皇帝微服私行，失德失检之处。皇帝在事实面前无法自辩。只得自找台阶，以园工一事允为向太后代达，结束了这次长达两个半小时的廷争。奕䜣等悻悻而退；皇帝强抑怒火。事态向恶化方向发展。

这时，承办园工的广东商人李光昭诓骗工料银丑闻开始败露。他在订购法国木料时，将原价五万余两诳报成三十万两。事情揭出后，朝野哗然，纷纷指责内务府勾结奸商，营私中饱，户部也因此不肯支借。修园经费无从着落，园工处于实际停顿阶段。

七月二十九日，皇帝召见军机大臣、御前大臣及弘德殿师傅问话，先是责问师傅翁同龢为何不表示意见，保持沉默；继而与恭亲王奕䜣、醇亲王奕譞等，就园工一事反复辩难，斥责他们不体恤自己一片孝心；最后根据园工停顿状况，皇帝问："待十年或二十年，四海平定，库项充裕时，园工可许再修乎？"大臣们见皇帝已经自我转圜，便齐声同对"彼时必当兴修"。于是皇帝表示停修圆明园，改修三海。

不料，同治帝于当天下午三时许颁发朱谕，尽革恭亲王所兼军机大臣及一切差使，降为不入八分辅国公，交宗人府严处。七月三十日，再颁朱谕："朕自去岁正月二十六日亲政以来，每逢召对恭亲王时，语言之间，诸多失仪，着加恩改为革去亲王世袭罔替，降为郡王，仍在军机大臣上行走，并载澂（沈按：奕䜣之子）革去贝勒郡王衔，以示惩儆。"八月初一日，再写朱谕：革惇王奕誴、恭王奕䜣、醇王奕譞、御前大臣伯彦讷谟祜、景寿、奕劻及军机大臣文祥、宝鋆、沈桂芬、李鸿藻等十人官职，罪名是"朋比谋为不轨"，并召六部尚书、侍郎、左都御史、内阁学士在弘德殿听旨，准备当众宣布。

一直在幕后观察事态发展的慈禧太后，得知儿子准备把朝廷重臣一概罢斥的鲁莽轻率之举，极为恼怒紧张。她知道如果朱谕当众宣布并发下，不仅行政瘫痪、朝纲大乱，而且中外嚣然，无所底止。为了抢在宣布之前，她急忙赶赴东宫，把慈安太后请出，两人奔至弘德殿面见皇帝与群臣。同治帝见两宫骤至，慌忙下跪。太后不令叫起，当面指责儿子说："十年以来，无恭王何以有今日？皇上少未更事，昨谕著即撤销！"当时的情景，据清人笔记称："两宫垂涕于上，皇上长跪于下"。

当天，同治帝颁发上谕，改变了以往决定。上谕称："朕奉慈安端裕康庆皇太后、慈禧端佑康颐皇太后懿旨：皇帝昨经降旨，将恭亲王革去亲王世袭罔替，降为郡王，并载澂革去贝勒郡王衔。在恭王于召对时言语失仪，原属咎有应得。惟念该亲王自辅政以来，不无劳勋足录，著加恩赏还亲王世袭罔替、载澂贝勒郡王衔。该亲王当仰体朝廷训诫之意，嗣后益加谨慎，宏济艰难，用副委任。”

同天的另一道谕旨，宣布停止修葺圆明园工程，改为修葺三海。

由于太后的及时干预，终于避免了一场政治大地震。历时几近一年的修复圆明园之争，也到此结束。

慈禧从最初希望修园、支持园工，到反对开革奕䜣等人，同意停止圆明园工程，态度发生了一百八十度的大转变，是因为她看到谏阻有理，儿子无行；若坚挺初衷，拒谏塞听，放纵不管，任皇帝胡作非为，必将导致臣心瓦解，十年政绩毁于一旦。及时刹车，既可消解冲突，又可挽回人心。虽说皇帝权威一时受到影响，但从长远利益考虑，不仅有利于教育皇帝勤政恤民，而且有利于皇清大业之长治久安。她说没有恭王，何有今日？既是事实，又是安抚；他让儿子在上谕中指出已颁开革恭王爵职，只是一种训诫，而非寡恩薄情之举，既可维护天子尊严，又可示恩群臣。一举两得，一石二鸟。凡此都说明她经过十年磨练，已深得恩威并用、操纵驾驭之道。在治术上，她已经成熟了。

儿子无行，朝野私议纷纷，这固与宵小佞臣勾引教唆有关，也和自己偏袒溺爱、管教失度不无关系。期望与实际往往脱节。

她决心从此严加管束，务使儿子弃邪崇正，学做一个真正的人君。这或许是这场风波给她带来的重要教训。但是，这个教训为时已晚，她的儿子即将被死神攫走了。

22 中年丧子

自八月初一日下诏停止圆明园工程后，不到三个月，同治帝载淳便生病了。

据《翁同龢日记》所记：皇帝得病原因是在西苑怡游时着凉。十天后即十月三十日（1874 年 12 月 8 日）发疹。次日经御医李德立、庄守和诊断后，确定是天花。十一月初二，翁与师傅们到内务府大臣处询问，并会见了李、庄两人，得知皇帝自患天花后，三天来“脉沉细，口渴腰疼、懊憹，四日不得大便，项颈稠密，色紫滞于艳，证属重险云云。不思食，咽痛作呕”。此后，翁同龢每天进宫问安。皇帝病情似有起色。天花渐见放白行浆。至初七日，天花本身已在逐渐发出，但皇帝体质仍然虚弱。

初八日，传旨令翁师傅与军机、御前大臣同

起进见。这是自皇帝得病以来，翁同龢第一次面见，也是军机、御前大臣第一次被召见。诸臣先至养心殿东暖阁，见两宫太后俱坐于御榻，正手持蜡烛在察看皇帝天花病况。如果说，在此以前，翁师傅只是从御医的脉案和处方中了解皇帝的病情，那么，这次是他亲眼所见病中的皇帝。他看到了“花极稠密”的真相，看到了皇帝“天颜温睟”、“目光微露”的虚弱憔悴样子；看到了两宫太后秉烛观察的关爱和焦虑神态。这一切，在他的心头抹上了一层挥之不去的阴影，以致当天“彻夜不得寐”。

诸大臣退出东暖阁后，又被传入觐。这次是两宫太后召见，讨论皇帝天花期间政事如何运作。因为慈安不问朝政，召见臣工向例由慈禧主持料断。她说：“数日来圣心焦虑，论及奏章等事，裁决披览，上既未能恭亲，尔等当思办法，当有公论。”显然，太后要借臣工之口，说出自己要说的办法。大家心领神会，提出“一切奏章及必应请旨之事，拟请两宫太后权时训谕，俾有遵循”。慈禧同意，但要“诸臣具折奏请”，即作为“公论”，向皇帝建议。

召见中，慈禧又提出皇帝若龙体向安，必寻娱乐，“若偶以丝竹陶写，诸臣谅无议论？”这是一个君臣间极为敏感的问题。因为朝野早已私议纷纷，哄传皇帝常在宠臣和内监导引下微服出游、寻花问柳，只是碍于君臣名分，不敢直说而已。太后提出此事，估计也有所风闻，想用丝竹音乐为替代，转移皇帝兴趣。既然太后已婉转地提到此事，要求臣工体谅，于是“诸王跪向前，有语宫闱琐事”。其中，惇亲王奕誴如实地向太后反映了皇帝私生活的放浪，遭到太后诘问和训斥。问题实在太敏感，直白会使双方难堪，最后便不了了之。

这次召对，前后凡四刻钟。退出后诸臣同至枢廷拟稿，恭请两宫在皇帝天花期间代行摄政。奏折拟完正要散时，又传再见。大家便齐至西暖阁叩见太后。慈禧说：“此事体大，尔等当先奏明皇帝，不可径请。”估计是她怕皇帝对此有看法，会引起对自己不利的负面影响。考虑再三，决定再召廷臣，叮嘱他们要注意方式方法，见机行事，不可硬请。

第二天初九日，皇帝与太后又在东暖阁召见翁同龢与军机、御前大臣。《翁同龢日记》中记载，同治帝的天花“灌浆饱满”、“颗粒极足”，正在全面正常出痘，而且精神也较前为好，说话“声音有力”；慈禧顺利获得皇帝认可，代阅一切折件，但她还是再次强调系出自“臣工之请”。本来是件正常的事，何以一再隐瞒初衷，非得托言臣下请求？考虑到皇帝在太后垂帘时已对傀儡地位的反感，那么母子之间在权力归属上已有芥蒂，似乎是比较合理的解释。日记中还提及皇帝对恭亲王仍无好感，说话时声色俱厉。正是因为如此，皇帝不愿在自己病时让恭王代理朝政。按清代故事，皇帝有事出京如御驾亲征、巡察民情等，都有指定首揆代理政务的先例。奕䜣当时是首席军机，皇帝不让他代理政务，说明他对奕䜣成见颇深。而慈禧尽管可以说出无恭王无有今日之辞，但她也不愿劝导儿子让恭王暂摄政务，表明她和皇帝识见相同，对恭王只能用其所长，不可托付大政。皇帝、太后、恭王之间错综复杂的关系，在同治帝患天花期间，通过《翁同龢日记》的解读，可以悟出其中的微妙。

然而，这天皇帝的病情只是假象，天花其实并不顺利发出，而是因皇帝身体虚弱，逐渐向毒热内扰方向转化。到二十日，皇帝的脉案已是“头眩发热，余毒乘虚袭入盘络，腰间肿痛作痈流脓，项脖膝皆有溃烂处”。三天后，病症已十分凶险。

十一月二十九日（1875 年 1 月 6 日），翁同龢与军机大臣、御前大臣及内务府大臣同时被传召见。入养心殿东暖阁，见皇帝倚于病榻，面容憔悴，痂一半未落，自诉“胸中觉热”。视毕，诸臣与两宫太后同至东暖阁明间。慈禧说皇帝现在流汁过多，精神萎顿，大家有何良法？边说边哭，涕泗交下。大家认为“择医为上”。荣禄推荐一位八十九岁专治外症的名医祁仲，太后同意传来诊视。约在十一时，荣禄推荐的祁仲到达，与御医李德立等入内诊治。半个小时后视毕，命去西暖阁问状，两太后与恭王、醇王入，其他人均不得与闻而退。事后，翁同龢向荣禄打听，据告祁仲言，“此痘痈发处尚非肾俞穴，冀可治，药用十全大补汤”。但结果祁仲的处方未用，“存案而已”。

挨至十二月初五日（1875 年 1 月 12 日），同治帝终于无药可救。下午六时左右，一命呜呼。在清史上，他是清代十二朝皇帝中，死时最年轻的一个皇帝，只活了十九岁。

关于同治帝的死因，官书都说死于天花。当代研究清史的学者，更具体地说他由于痘毒内陷，导致“走马牙疳”而死。据说，“前几年，中国第一历史档案馆将档案中发现的《万岁爷进药用药底薄》送中医研究院和北京医院鉴定，专家们一致认为同治帝系患天花而死”。

但是，当时私议盛传同治帝系患淫创而死，而“太后不知恶疾，强以天花治之，愈治愈重”，结果误了时间，送掉性命。产生这类私议的背景可能与同治帝生活放浪、微服纵淫的传闻有关。有一则野史记此事的因果关系称：同治帝无家庭之乐，出而纵淫，“久之毒发，始犹不觉，继而见于面、盎于背，传太医院治之。太医院一见大惊知为梅毒而不敢言，反请命慈禧是何病症。慈禧传旨曰：恐天花耳！遂以治痘药治之，不效。帝躁怒骂曰：我非患天花，何得以天花治？太医奏曰：太后命也。帝乃不言，将死之前数日，下部溃烂，臭不可闻，至洞见腰肾而死”。

说同治帝无家庭之乐，出而纵淫，验之于慈禧对同治帝选后时不中意由她喜欢的侍郎凤秀之女，而选了崇绮之女为皇后的事实，参照慈禧干涉帝后亲热乃至性生活的传闻，说同治帝无家庭之乐，并不过分。

至于说同治帝微服私行，纵淫取乐，既合情理，也符事实。试想一个十七八岁的青年，精力旺盛又无处发泄。于是别寻他途，逍遥取乐，事在情理之中。他不敢去著名的青楼妓院，怕撞着狎妓取乐的臣工，有损天颜，只得找暗娼或下三滥的去处寻欢作乐，因为这些地方是有身份的大臣们不屑一顾之处，可以不被发觉而得保密。同治帝的这类放浪，当时已不是传闻而早为人知，参与其事的不止是一二小太监，还有恭亲王的儿子载澂。所以当奕䜣劝阻停修圆明园工程，君臣发生争执，同治帝坚持要奕䜣说出指责自己微服私行有何证据时，奕䜣以“臣子载澂”对，并具体地指出了时间、地点，皇帝为之语塞。这就是为什么下诏革去奕䜣亲王世袭罔替，降为郡王时，会一并把奕䜣的儿子载澂也革去贝勒郡王衔了；为什么皇帝即使在病中召见军机、御前大臣时，仍对奕䜣声色俱厉，没有丝毫好感了。

其实，知道同治帝微服纵欲的人，何止奕䜣？前面所说皇帝病重，太后召见军机、御前大臣，征询能否让皇帝“偶以丝竹陶写”寻求娱乐时，惇亲王奕誴被斥为“奏对失体”受到诘责。他奏对的就是这类不堪入耳之事。皇帝师傅翁同龢也曾看到过这位天子门生带着小太监骑马、乘轿飞速回皇宫的事实，只是他在日记中写得比较隐晦而已。由此，也就可以解读他在日记经常提到皇帝读书时常常“无精神则倦，有精神则嬉笑”

的记载了。皇帝晚上把精力发泄于寻花问柳之中，第二天读书当然就会疲乏倦怠、精神萎靡不振；若夜间未作风流，次日精力过剩便不愿听课，嬉笑玩忽，惹得师傅无可奈何。还有一个旁证：同治帝死后，那个曾经向皇帝“进诸小说淫词、秘戏图册”，又曾导引皇帝微服私行的翰林院侍讲、弘德殿授读的王庆祺，被立即革职。《清史稿》记此事时，只写“有罪、褫职”，没有写明什么罪，原因就是为尊者讳。

凡此，都可证明同治帝确实放浪纵欲，朝野乃至慈禧都心知肚明，只是碍着君臣名分，谁都不敢捅破这层窗户纸。既然如此，那么说他得了淫创，也就不足为怪了。否定这种可能性，反倒使人不可理解。

问题在于可能患了淫创的同治帝，是不是死于淫创？从《翁同龢日记》看，皇帝自十三年十月三十日（1874 年 12 月 8 日）发疹起到同年十一月二十日的二十天内，翁氏从太医李德立、庄守和处看到的脉案与处方，以及他被召见时亲眼所见皇帝的症状，确实都是患了天花和医治天花的用药。说慈禧一开始命太医以天花医淫创，不合事实，纯属谣传。但《翁同龢日记》自十一月二十日以后所记，更多的是腰、臀间的溃疡流脓日见严重，发展到肾水不济，牙龈黑肿糜烂等症状。这种病症，确实给人以淫创毒发的怀疑。不过，翁氏在同治帝死前三天。即十二月初二日被召见时，曾询问御医究竟如何，“则云所下（沈按：同治帝昨夜大便一昼夜八次）尽是余毒，口糜又虑成走马疳”。皇帝临死前，种种症状确实是毒热内陷，导致“走马牙疳”而死。说他死于淫创，既无文献依据，又无人证、物证，只能说是一种怀疑而已。

不过同治皇帝之死，与他放浪纵淫不无关系。若不是经常在夜间微服私行、寻花问柳，把身体掏空了，一个十九岁的青年，以其旺盛的生命力，加上良好的医疗条件，是决不会被天花击倒的。从《翁同龢日记》看，他患天花后，之所以痘花行浆不足，毒热内陷导致腰、臀溃烂，根本上是因为“阴分不足”，气虚肾亏所致。纵情淫乐送了他的性命。再作深一层分析，若不是慈禧太后经常干预儿子与儿媳间的私生活，同治帝在大婚后也不至于时时独宿于乾清宫，欲爱而无所可爱者。那么，说她害了儿子，当不属过苛。尤其是当她明知儿子行为不端、有失帝德而不加劝阻，甚至不准臣工议论此事，那么，说她过分溺爱儿子，不是一个好母亲，也是公允平实之论。这个堪称历史上不多见的政治女强人，在家庭问题上如此地专横和理性失落，不能不说她有着超越母性的权欲本能。臣工对她的畏惧，时人对她的讥刺和编派，也就可以理解了。

不管怎么说，慈禧中年丧子，总是件伤心之事。哀痛之余，当机立断地择立嗣君就成了头等大事，且看她如何动作。

第二次垂帘听政

23

皇帝龙驭上宾，养心殿东暖阁哭声震天。傍晚七点钟，距皇帝崩逝一个小时后，慈禧太后即传谕召各亲王、御前大臣、军机大臣、总管内务府大臣、弘德殿行走、南书房行走共二十九人，到养心殿西暖阁共商国是。

由于皇帝死时年轻，尚无子嗣；又由于咸丰皇帝只生同治帝载淳一人，别无其后。同治帝驾崩，朝政如何运作，皇位由谁继承，都成了必须迅速决断的大事。所召见者都是朝廷重臣，听取他们的意见，得到他们的同意，嗣后谁都不敢再有异议。

慈禧代表慈安，率先提出“此后垂帘如何？”主张仍由两宫垂帘听政。大臣们一时无言。稍顷，“枢臣中有言宗社为重，请择贤而立，然后恳乞垂帝”。很明显，枢臣们主张先立皇位继承人，决定后再恳请太后垂帘听政。在他们看来，确立入承大统者，是事关宗社赓续、香火绵延的头等大事，垂帘只是代皇帝行政而已。说白了，皇清大业只能由爱新觉罗氏世代相传，不能因垂帘听政而导致外姓替代。慈禧听出话中有话，当即厉声宣示：“文宗（沈按：指咸丰帝，庙号文宗）无次子，今遭此变，若承嗣年长者实不愿，须幼者乃可教育。现在一语即定，永无更移，我二人同一心，汝等敬听”，宣布立醇亲王奕譞之子载湉承继文宗显皇帝为子，入承大统。

悠悠万事，惟此为大。可以想见，当慈禧发话时全场必定鸦雀无声，寂静得连空气都像凝固了似的。慈禧说完，用凌厉的目光扫视群臣，诸大臣都不敢仰视，全场一片死寂。突然，一声干嚎，只见醇亲王奕譞“碰头痛哭，昏迷伏地，掖之不能起”。御前会议，顿时大乱，慈禧不屑一顾，喝令内监把他架出去。

太后主意既定，诸大臣谁都不敢说话。会后下军机处拟旨时，南书房行走潘祖荫和弘德殿行走翁同龢在如何拟旨问题上发生分歧。潘主张必须写明载湉为文宗咸丰皇帝嗣子，翁则认为应写为嗣皇帝，即为同治帝立嗣，庶不负大行皇帝付托。最后大家认为可“参用两人说定议”。当晚九时，懿旨拟好后请见。慈禧召见于西暖阁，看了递上的黄面红里本子，“哭而应之”，同意了所拟内容。与此同时，戈什爱班向西太后跪奏迎接嗣皇帝的种种礼节，太后同意后并立即命御前大臣伯彦讷谟祜、奕劻、景寿及孚郡王奕譓等，以暖舆往醇亲王府迎接。凌晨三点一刻，嗣皇帝爱新觉罗·载湉在前呼后拥之下被迎入宫中。当时年仅四岁的载湉被宫中盛大威严的场面吓得大哭。慈禧见状，一脸的不高兴，命令扈从大臣强把他按在座位里，算作正了尊位。这时天已微明，折腾了一夜，诸大臣才拖着疲乏的脚步退出皇宫，回府休息。

初五日，颁下昨夜拟就的两宫太后懿旨，一场拥立嗣君皇朝大事，被慈禧以凌厉果断的手段，别无争议地顺利解决。联系到历史上常有为争皇位而子弟间自相残杀的故事，慈禧的这次决断，不能不说做得漂亮。

那么两宫为何要选中载湉？醇亲王又为何伏地痛哭？个中原因，据溥仪《我的前半生》一书称：“按照祖制，皇帝无嗣就该从近支晚辈里选立皇太子。载淳死后，自然要选一个溥字辈的，但是那样一来，慈禧成了太皇太后，再去垂帘听政就不成了。因此她不给儿子立嗣，却把外甥载湉要去做儿子。”这一说法没错。载湉是慈禧妹妹（醇亲王奕譞的福晋）所生，是她的亲外甥。立他为嗣君，既在血缘上一脉相承，又可在名分上加以管束，垂帘听政便无可非议。若选比同治帝小一辈的溥字辈作嗣君成为同治帝嗣子，则皇后阿鲁特氏就成了皇太后，她和慈安都是太皇太后，再想垂帘听政便名不正、言不顺了。而要实现垂帘听政、乾纲独断，嗣皇帝必须是个幼童，容易控制摆布；若年长者立嗣，皇太后就难以操控驾驭。于是，醇亲王之子载湉既是外甥，又只有四岁，符合要求，便被选中。

慈禧这样考虑，除了权欲之外，还有充分的自信。她在同治朝垂帘十二年，环顾左右，除恭亲王奕䜣有才有智足堪大任外，其余宗室王公都属庸碌无能之辈。他们的后代更无足道哉，即使如恭王之子载澂，也是耽于酒色，胸无大志，无法肩膺皇清大业之人。她认为只有自己历经风浪、熟稔政事，恩威并用，可以震慑群臣、驾驭朝政。大权操在自己手里，才能使皇朝长治久安，对得起列祖列宗。她确实是晚清史上极有政治才干的女人。清王朝在她主政下，尽管风雨飘摇、颠危竭拙，但毕竟将近五十年而不倒，她一死，不足三年便垮掉了。这个事实，确实值得后人深思。那么，说她选个儿皇帝，更多的是为皇清社稷考虑，似不属过分之辞。

至于奕譞在御前会议上的表现，纯属为了自我保护而“作秀”。溥仪在《我的前半生》里说：“慈禧是个权势欲非常强烈的人，绝不愿丢开到手的任何权力。对她来说，所谓三纲五常、祖宗法制只能用来适应自己，决不能让它束缚自己。为了保住自己的权威和尊严，什么至亲骨肉、外戚内臣，一律顺我者昌，逆我者亡。同治帝后之死，可以说是慈禧面目的进一步暴露。

我祖父如果不是看得很清楚，他决不会一听说叫儿子去当皇帝就吓得魂不附体。”这段话只说对了一半。对于慈禧的为人，奕譞确实比任何宗室王公更清楚。因为他不仅是慈禧的妹夫，可以从夫人那里了解她的性格；而且他还是垂帘时负责带领引见、召见的王爷，与慈禧有零距离接触，了解太后当政的手段较别的王公大臣多而真切，深知太后的厉害。儿子被选为嗣君，做了皇帝，若顺了太后意志、甘作傀儡则无事，否则，太后一怒必牵连自己，吃不了兜着走。想到祸福相依的道理，奕譞便生了急流勇退、保全身家性命为上的念头，于是才有御前会议上这一幕。所以他不是如溥仪所说“吓得魂不附体”，而是装出一付担惊受怕的样子，是一种表演。他很清醒，某种意义上也可说是为了自保的一种东方式的狡猾。这可以理解，但作得太拙劣，精明过人的慈禧早就看出了他的意图。正如溥仪在书中所说：“从那以后，在我祖父的经历上，就出现了很有趣的记载。一方面是慈禧屡赐恩荣，一方面是祖父屡次的辞谢。光绪入宫那年，他把一切官职都辞掉了。”但是溥仪没有说到他的祖父醇亲王奕譞，后来成为对太后百依百顺、不敢说不的人。相比于他的哥哥恭亲王奕䜣敢说敢为，忠心体国，这位王爷的作派，似乎考虑自己太多了些。自保免谴，可谓用心良苦。

嗣君问题顺利解决之后，垂帘听政便手到擒来。初六日，六部、九卿、翰詹科道奉懿旨集议，拟定了吁请垂帘听政的奏折。初八日，以上谕形式发布，诚惶诚恐地恳求垂帘，把两宫太后请进皇朝的权力殿堂。

十二月十五日（1875 年 1 月 22 日），嗣皇帝颁诏：以明年为光绪元年。正月二十日，载湉在太和殿接皇帝位，史称光绪帝，成为清代史上第十一代皇帝。而两宫太后从这一天起，也开始了她们的第二次垂帘听政的历程。

垂帘之初，两宫太后颁布了一系列懿旨，颇有弃旧图新的姿态。综其大要有如下几个方面：

第一，承袭本朝“广开言路、谏议时闻”的承诺，表示要兼听并观，以通上下之情；博采谠言，用资治理。希望中外臣工于用人行政一切事宜据实直陈、各抒己见，不得徒托空言。

第二，“敦崇节俭，力祛浮华”。表示去奢崇实，端宜始自宫中，自后纷华浮丽之品、耳目玩好之娱一概不准呈进，一切服用之具，俱以朴实为先，以期移风易俗。

第三，“勤求闾阎疾苦，加意抚恤”。近来各省时有偏灾，疮痍未复，民生凋敝，时事艰难，要求各省督抚“体仰朝廷爱民之习，勤求闾阎疾苦，加意抚恤，如清讼狱、勤缉捕，并办赈积谷等事，均宜饬地方官实力奉行”。

第四，“各省营伍，整顿训练，以备不虞”。命令修明武备，将各营积习，悉力剪除，“庶得一兵可得一兵之用，而饷亦不至虚糜”。

第五，“整饬吏治，以挽颓风”。要求各省督抚实心任事，共济时艰；甄别属同，加以举劾，尤其应留心选择州县牧令，任用贤能。“牧令为亲民之官，得人则治，尤宜留心选择，任用贤能，与民休息，不得以滥竽充数，贻误地方。”

以上五条都是历代帝王常唸的装点门面的“金刚经”。至于能不能驱邪得福，连念经者自己也全无把握。但不论是否有效，“经文”一旦宣布，今后若要查办离经叛道者便有了执法的“紧箍咒”，谁也不敢叫屈了。

24 皇后阿鲁特氏的命运

同治帝去世，皇后阿鲁特氏的命运如何？

她没有子嗣，嗣皇帝载湉又入继给了她的公公咸丰帝为子，成了她名义上的小叔子，因此未能成为皇太后；婆婆慈禧早在选后时就不喜欢她，大婚后，处处瞧她不顺眼，婆媳关系从来没有融洽过。作为同治帝的遗孀，日子很不好过。

阿鲁特氏虽非出自侯门，但也是世宦之家的闺秀。父亲崇绮，不仅官至户部尚书，是“从一品”的中央六部堂官之一；而且是清代历史上第一个以满族考取状元的人。在家里，她自小受到知书达理的传统教育，雍容端庄的气度，一望而知是个有德行、知礼节的淑女。大婚之后，深得皇帝心仪。载淳见她气度端凝，不苟言笑，始终敬爱有加。每当宫中无事时，载淳常以唐诗考她，她不仅背诵如流，而且常能指陈诗义，使得皇帝既惊讶其诗文知识，又愧惭自己读书无多，益发对她既敬且爱，两人感情敦笃。

同治皇帝的皇后阿鲁特氏像

但是慈禧出于儿子不从己意、不选自己看中的女子，对儿子敬重皇后颇为厌恶，不仅对两人恩爱时加干涉，而且当面斥责她“狐媚惑主”。皇后明知婆婆无理发泄，仍时时按礼行事，请安问候如常。当她逐渐看出婆婆不欲皇帝亲近自己之后，便婉言劝告丈夫少来相伴，自己也常常故意疏远皇帝，独宿寝宫。可怜这份贤德，不仅没有使慈禧感动，反而在客观上助长了皇帝另觅爱欲的放浪行为。她太年轻，不懂得男人都需要妻子关爱和管束的人伦哲理。

宫廷里的人际关系极为势利，向来以是否得皇帝或太后的宠幸为转移。得宠时，前呼后拥，左右逢源，失宠后冷眼相向，乏人问津。皇帝生前，内侍宫婢知道皇后虽不为慈禧中意，但碍于皇帝对她的敬爱，尚不敢冷待她；皇帝宾天后，对她的态度便一落千丈。据一则清人笔记称：同治帝的三个妃子在皇帝死后，“皆寓禁城中，为太后作女红，以消磨岁月”。皇后虽然无此遭遇，但周围的白眼、冷漠所叠成的浓重氛围，仍压得她喘不过气来。

十二月十九日（1875 年 1 月 26 日），即皇帝丧仪“二七”过后的第一天，嗣皇帝载湉奉两宫懿旨封她为“嘉顺皇后”。她知道这只是循旧例而已，丝毫改变不了自己的处境。她心已冷，不愿与这个充满着争斗、倾轧、冷嘲热讽的污秽世界相伴，只愿一个人枯坐深宫，让自己浸润在冥想和回忆的幻境中，像一个入定的僧尼，与世隔绝。渐渐地，茶饭不思，以泪洗面，形同枯槁，生命的灯油日渐枯竭。终于在光绪元年二月二十日（1875 年 3 月 27 日），距同治帝逝世七十五天，一缕冤魂飘然而去，这位年仅一十九岁的皇后，到西天去和待她不薄的短命皇帝相会了。

皇后之死，没有唤醒婆婆对儿媳应有的良知，慈禧迟迟不愿给皇后赐谥号。按清代祖制，皇后若不赐谥号，就不能升附太庙，意味着不配作为穆宗毅皇帝的皇后。这就使得卫道的言官台谏狐疑丛生。等了一年多，仍不见谥号颁下，他们发急了。其中，一位叫潘敦俨的御史，借岁旱上言，称：“后崩在穆宗升遐百日内，道路传闻，或称伤悲致疾，或云绝粒霣生，奇节不彰，何以副兆民之望？”要求为皇后更定谥号。结果，“太后以其言无据，斥为谬妄，夺官”，丢了乌纱帽。

既然不是因悲伤致疾病死，也不是绝食而亡，那么皇后究竟死于何因，就成为人们酒余饭后议论的热点。有关此事的野史、笔记，众口一词地说是被慈禧逼死的。但如何逼死，则又众说纷纭，莫衷一是。

一种说法是“吞金以殉”。恽毓鼎《崇陵传信录》称：

惠陵上仙（沈按：同治帝葬于惠陵。此处以其陵代称其人。上仙，即喻其去世），实系患痘症，外传花柳毒者，非也。甲戌十二月初四日，痘已结痂，是日，太医院判李德立入请脉，已报大安，两宫且许以厚赏矣。夜半复急诏促入诊……则见帝色大变，痘疮溃陷，其气甚恶。……未久即传帝崩矣，嗣后始有泄其事者：孝哲毅皇后为侍郎崇绮之女，明慧得帝心，而不见悦于姑慈禧太后，待之奇虐。初四日，不知何事，复受谴责。后省帝疾于乾清宫，泣诉冤苦。……慈禧侦后至帝所，窃尾之。宫监将入启，摇手令勿声。去履袜行，伏幕外听之，适闻后语。帝慰之曰：“卿暂忍耐，终有出头日也。”慈禧大怒，揭幕入，牵后发以出，且行且痛挞之，传内廷备大杖。帝惊恐且悲，坠于地，昏晕移时始苏，痘遂变。慈禧闻帝疾剧，始释后，而诬以房帷不谨致圣躬骤危云。德宗（沈按：指光绪帝）嗣祚，上徽号曰“嘉顺皇后”。后悲郁不欲生，遂于次年二月二十日吞金以殉。

此说称同治帝十二月初四日痘已结痂，太医李德立已报大安，与《翁同龢日记》所记病况及李德立对病症趋势的判断和担忧，完全不符，则文中写慈禧偷听了儿子儿媳对话、揪住皇后头发、传旨准备杖刑、吓得皇帝病变而死云云，便因前提虚假而不能成立，纯属编造臆测。由此论定皇后受诬而吞金以殉，令人难以认同。

更多的说法是因同治帝立有遗诏，皇后知道此事而被慈禧逼死。收于《清朝野史大观》卷一《清宫遗闻》中，有《毅皇后之被逼死》一则，文称：

> ……及帝弥留之际，后不待召，哭而往，问有遗旨否？且手为拭浓血。帝力疾书一纸与之，尚未阅竟，忽慈禧至。见后悲惨，手批帝秽，大骂曰：妖婢此时尔犹狐媚，必欲死尔夫耶？皇帝与尔何物，可与我！后不敢匿，慈禧阅讫，冷笑曰：尔竟敢如此大胆！立焚之。或曰言继续事也。顺手批其颊无数。慈禧手戴金指甲，致后面血痕缕缕。帝为缓颊，慈禧乃斥令退，不使之送终也。须臾帝崩。故后以片纸请命于父崇绮，父批一死字，殉节之志遂决。慈禧之残忍淫凶无人理如此。

写得颇有声色，宛如作者亲眼目睹。其实，前半段尚可参酌，后半段破绽甚多。写同治帝弥留时手书继承人的遗诏交付皇后，则完全不符当时皇帝病情实际。他“扶坐瞑目”，“牙关不能下”，哪能有铺纸研墨、手书遗诏的气力？明乎此，则下文称慈禧当场烧毁遗诏并批刮皇后面颊云云，便成无可傍依的捏造了。

另一则《毅皇后之惨死》，所说略同，但皇后父亲崇绮的表现大不相同，变为皇后是由慈禧赐死的。

至于遗诏，又有别一种说法。《清朝野史大观》卷一有《穆宗垂殁之状》一篇，称遗诏不是同治帝弥留时写给皇后，而是皇帝病重时单独召见军机大臣李鸿藻，由皇帝口述，“以贝勒载澍入继大统”，当时皇后在场，鸿藻草成。“鸿藻既出宫，战栗无人色，即驰至慈禧后宫，请急对。慈禧后召之入，既见，即出袖中草诏以进。慈禧阅毕，怒不可遏，立碎其纸，掷于地，叱鸿藻出。旋命尽断医药饮膳，不许入乾清宫，移时穆宗崩耗闻于外矣。”

若据此说，遗诏就不是慈禧强令皇后当着皇帝面交出，不是当场“立焚之”，也没有什么批皇后面颊，致使血痕缕缕等情节。李鸿藻成了向太后告密、出卖皇帝的宵小之徒，慈禧成了以“断医药饮膳”、直接害死同治帝的凶手！

由此可见，野史所说皇后死因，在主要情节上，不仅不合事实，而且矛盾百出，不能作为历史依据予以采信。应该说慈禧确实不喜欢这个儿媳，同治帝死后，对她斥责，甚至虐待姑或有之，不及时给予谥号就是一例，但说她逼死皇后，则于史无征。比较可以相信的，倒是李慈铭在日记中所说：

闻昨夜漏三下，穆宗皇后阿鲁特氏崩，年止十九。后幼读书，知大义，端静婉肃，内外称贤。……然道路之言，谓入选时圣母意在慧妃，而母后意在庄重，力赞成之。圣母终不慊也。故宫中服食供御，妃后略等。去冬十一月，穆宗以天花将愈，加恩宫廷，即晋妃为皇贵妃。及穆宗病甚，圣母颇责让后。上崩，后即服金屑，欲自杀以殉，救之而解。……然自大丧后即寝疾，屡闻危殆，竟以弗疗从先帝于地下。

这段日记，写于皇后逝世的次日。按梁启超《中国历史研究法》所言："凡同一史迹而史料矛盾者，论原则，自当以最先、最近者为最可信。"则李慈铭所记，当然较后出的诸种野史距皇后之死最近，符合梁氏所说最近之记载最可信的史料鉴别之法。从所记内容看，也符合慈禧对皇后一贯的态度。由日记可知，皇后吞金以殉之事确实发生过，但被发现后获救。她是在同治帝死后哀痛致疾，无药可救而死。当然，"竟以弗疗"，也可解释为"不愿治疗"而死。两种说法，都可理解为哀伤过度、以死殉节。

光绪五年三月（1879 年 4 月），皇帝载湉奉懿旨下诏，赐皇后"孝哲毅皇后"谥号，并将她和同治帝合葬于惠陵。一段恩怨，至此结束。

立嗣招来争议

25

野史、笔记提到的同治帝遗诏，究竟是否实有其事，史无确证，难以明断。众口悠悠，无非反映了朝野对慈禧选外甥为嗣君的怀疑和怕造成皇统改易的担忧。这种心态，在当时确实普遍存在。光绪初年喧嚣一时的立嗣问题，就是明证。

按照清代祖制，皇位继承的惯例都是父死子承。同治帝无子，则应由近支中选立一位比他小一辈的人过继给他为嗣子，这才是合理合法。但慈禧选了同治帝的堂弟入继咸丰帝为嗣子，明显违反了祖制。这一举措，虽然御前会议上宣布时，与会的重臣都不敢异议，但其他臣工仍心有疑虑，私议颇多。特别是肩负“以天下是非为是非”的言官、台谏，觉得骨鲠在喉，非吐出不可。

光绪元年正月十五日（1875 年 2 月 20 日），

内阁侍读学士广安，不计后果，上折请皇上就立嗣一事，颁立铁券以为永不改易的凭证。奏折就皇太后懿旨所称：“俟嗣皇帝生有皇子，即承继大行皇帝（沈按：指同治帝）为嗣”之说，加以肯定，认为这样做“不但大行皇帝得有皇子，即大行皇帝统绪，亦得相承勿替矣，计之万全，未有过于此者”。然后笔锋一转，以宋太祖遵母命传弟不传子的决定，到太宗时被臣子赵普说动，变成传子而未传侄，引起无穷斥驳的史实，指出：如果当时将母后成命铸成铁券，“如九鼎泰山，万无转移之理，赵普安得一言间之”？最后，奏折要求将“我皇上生有皇子，自必承继大行皇帝为嗣，接承统绪”的懿旨，颁立铁券，以防“事久年湮，或有以普言引用”，辜负两宫皇太后“诒厥孙谋之至意”。

很明显，广安的奏折借古谕今，敲钉转脚，反映了他担忧将来有人如宋代赵普那样，一言间之，改变目前所定“俟嗣皇帝生有皇子，即承继大行皇帝为嗣”的诺言，造成同治帝无子可嗣，皇统更易的局面。可以说，这种心态，代表了当时不少臣工对慈禧选立外甥为嗣君，担心将来皇朝统绪落于旁支的共同忧虑。

慈禧阅折后，明知广安话中有话，词头语尾充溢着对自己承诺的怀疑，但又深知决非广安一人之见，加以奏折本身无懈可击，为稳住大局，只能稍予薄惩，命皇帝下旨申饬。广安虽被申饬，但立嗣问题由此被提了出来。问题的实质是为同治帝争嗣。被议论最多的“问题人物”，其实并非慈禧，而是光绪帝生父醇亲王奕譞。虽然立载湉为嗣君的决定出自太后，但她已再次作出承诺，保证将来载湉生子，作为同治帝嗣子。即使以后有变，臣工谁也不敢公然说三道四。她大权在握，乾纲独断，根本不怕任何人非议。奕譞作为光绪帝生父，又是近支亲王，一旦别有企图，就能对皇帝产生难以估量的重大影响。此中难言之隐，朝臣和奕譞都心照不宣。

自从御前会议上宣布立载湉为君那一刻起，奕譞就已深知自己成了千夫所指的对象。他立即有了痛哭昏迷的一场表演，不仅向慈禧作秀，而且向同僚作态，以示自己别无野心、惟求无事的保全之意。之后，又在懿旨宣布立载湉为嗣皇帝的第二天即十二月初七日上折称病，“惟有哀恳皇太后恩施格外，洞照无遗，曲赐矜全，许乞骸骨，为天地容一虚糜爵位之人，为宣宗成皇帝留一庸纯无才之子……”

慈禧太了解这位妹夫的作秀心态，也心知臣工可能产生的疑虑，为了他，也为了自己，就把奕譞奏疏发交王大臣、六部九卿妥议具奏。会议结果是落得顺水推舟，建议开除奕譞各项差使，象征性地保留“如遇朝廷大政，仍宜时备顾问，倘有条奏事件，亦可于两宫前呈递”。若联系立嗣问题，就能读出这个讨论结果蕴含的别样意义。可以说，它是当时朝内臣工在这个问题上有所忧虑的曲折反映。慈禧读出了此中的潜台词，接受了建议，但又赐奕譞“亲王世袭罔替”。对于这个结果，奕譞自在预料之中，某种意义上也可说他试出了太后与同僚对自己处境的态度。他只能作秀到底，上奏请求免去亲王世袭罔替恩典。懿旨不准，命“毋庸固辞”，并“赏假一月，安心调理”。慈禧明知奕譞称身体不好是托辞，则赏假调理之赐便另有用意。这一切如果不是联系为同治帝争嗣问题，就难以理解奕譞、慈禧、朝廷重臣之间微妙的三角关系。其实，这个信息，早在立嗣拟懿旨时，就已由李鸿藻和翁同龢在如何措辞上的分歧透露了出来。当时，只有参加御前会议的王大臣知道，奕譞已被抬回醇王府了。

明白了问题的症结所在，就更能理解奕譞在光绪二年正月八日（1875 年 2 月 13 日）所上的那份堪称晚清史上最奇特的密折了。溥仪在《我的前半生》写道：

> 最有意思的是，他在光绪二年写了一个奏折，控告一个没有具体对象的被告，说是将来可能有人由于他的身份，要援引明朝的某些例子，想给他加上什么尊崇；如果有这样的事，就该把倡议人视为小人。他还要求把这奏折存在宫里，以便对付未来的那种小人。过了十几年，果然发生了他预料到的事情。光绪十五年，河道总督吴大澂上疏请尊崇皇帝本生父以称号，慈禧见疏大怒，吓得吴大澂忙借

母丧为由，在家里呆了三年没敢出来。

溥仪只写了事情的经过，没有道及奏折的潜意和奕譞的心态。奏折原文有如下一段话值得深思：

惟思此时垂帘听政，简用贤良。廷议既属，执中邪说，自必潜匿。倘将来亲政后或有草茅新进，趋六年拜相捷径，以危言故事耸动宸听。不幸稍一夷犹，则朝廷多事矣。……

所谓“执中邪说，自必潜匿”，难道仅指不同意太后立载湉为嗣君的决定吗？联系下文，则奕譞担忧的是有人可能向光绪帝进言：皇帝生有皇子，不应入嗣同治帝，而应作为自己的子嗣，即变更太后及廷臣的原议。于是他向太后预作声明自己决无此意，也反对这类做法，希望太后将奏折留作凭证，以验后效。

试问如果当时没有为同治帝争嗣的私议，没有朝野担忧皇统将会更易的舆论，奕譞怎能一而再、再而三地作此不可思议的事？为什么会有广安请将太后懿旨颁立铁券，永世遵循的奏折？

广安被申饬后，一时再无类似的奏折出现，但朝野担忧皇统会不会发生变易的私议，仍无时不在。光绪五年发生的吴可读尸谏，即是明证。

吴可读，字柳堂，甘肃皋兰人。道光三十年进士，授刑部主事。在御史任上时，因屡劾乌鲁木齐提督成禄滥杀民人且语过戆直，被降三级回原衙门行走。愤而归，掌兰山书院。光绪初，起用为吏部主事。五年三月（1879 年 4 月），自请随光绪帝、两宫太后护送同治皇帝、皇后阿鲁特氏梓宫奉安惠陵。大葬礼成还京途中，吴可读于闰三月初五日（4 月 25 日），在蓟州马伸桥三义庙服毒自尽。死后从其怀中搜得《遗疏》和《诀儿书》各一件，世人始知他是为了替同治帝争嗣而尸谏。

在《遗疏》中，吴可读所忧虑者就是怕皇统更易，所以死相争者就是必需敲定将来光绪帝生子必定要入继同治帝为子。他用宋、明两个使皇统更易变化的典故，与广安奏折如出一辙，说明当时朝野确实忧虑时过境迁之后有人会借机变易初衷。所以他"迫不及待"地以死相争，尽其愚忠之诚。

吴可读的尸谏，一时朝野哄传，影响巨大。今天读来虽觉其事有点迂腐得可悲，但字里行间流露出来的视死如归、以忠义为重的节操，仍然使人肃然起敬。在当时，更是惊世骇俗的以忠殉节的表现。吏部将其事及《遗疏》上奏，太后与皇帝都深为感动，下诏表彰他的忠心，并给予优恤。又将此事交给群臣讨论。大家一致认定"以继德宗之统为穆宗之子，无异论。"吴可读尸谏的结果，换来了上下一致为同治帝立嗣的认同，就此而言，他总算没有白死。他的儿子，遵照《诀儿书》中的遗言："出蓟州一步即非死所"，把他葬在"惠陵左近"，让他长侍同治帝于九泉。

还有一位叫潘敦俨的御史，也是因为同治帝的统嗣“未有定议”，皇后又仰药殉节，便上疏请表扬皇后，定谥号，“并解醇亲王奕譞职任”。结果被上谕严斥，罢官。

可见立嗣问题从宣布之日起，至少到光绪五年，一直是朝野，特别是言官、台谏的关注中心。由此可以想见慈禧和醇亲王奕譞，在这些年内的神经必定是紧张兮兮的。

平心而论，慈禧之立光绪，除了权欲外，皇后阿鲁特氏确实不具备以皇太后垂帘听政的才能、胆识和魄力。在乏人可择的情况下，立载湉为嗣君确如懿旨所称“不得已”而为之。慈禧是咸丰帝的妃子，同治帝的生母，无论从个人感情、家庭关系，还是皇统世系上说，她决然不会因立侄子为嗣君而传侄不传子，使皇统更易的。所以立嗣懿旨称“俟嗣皇帝生有皇子，即承继大行皇帝为嗣”，既是她的真心话，也是她的真意愿。就醇亲王奕譞说，他早已深知自己处于舆论的焦点，所以屡次表态自己别无野心，也预作申明，反对今后有人像赵普那样进谗，改变两宫决定。应该说他的心迹已为太后、同僚所知。那么何以还会出现立嗣问题呢？原因还是在选外甥为嗣君的做法不合父死子继的传统。传统是一种巨大的历史惰性，也是一种深沉的文化积淀。特别在有着数千年皇朝统绪“万世一系”价值取向的中国，尤其如此。说到权欲，试问自古以来，哪一个统治者没有对权力的渴求？哪一个统治者不用权术？用这类道德价值去评判慈禧立嗣的功过是非，是很难有说服力的。历史表明，她在立嗣问题上的作为，不仅符合当时的实际，也是有利于社会稳定的。

26 调教小皇帝载湉

四岁的载湉被作为咸丰帝嗣子，立为大清第十一代皇帝后，如何育其成长，调教其帝王之道，成了慈禧关注的大事。

有鉴于以往无法自幼抚育儿子载淳，致使后来缺乏母子亲情的痛苦经历和教训，这次她决定不顾宫闱旧制的约束，亲自抚养幼小体弱的外甥。当时载湉体气不充实，“脐间常流湿不干”，慈禧不仅每天亲为涤拭，而且每夜抱拥同宿，关心他的冷暖和饮食。载湉在家时，即有“胆怯畏闻声震”的习惯，入宫后每当夜间稍有声响就会吓得大哭，慈禧常抱着他多方安慰护持，直至魂安入睡。早年未曾经历的母性，在外甥身上有了充分体现。

作为嗣母，她不仅把真感情给了嗣子，而且还要让嗣子把她当作“亲爸爸”对待。德龄公主在《瀛台泣血记》一书中曾有这样的记载：自从载湉入宫时起，慈禧一再嘱咐宫里的太监与宫女，“必须教导光绪称她‘亲爸爸’，她非但要做爸爸，简直还要做亲生的爸爸咧！”德龄公主说：慈禧她“时常很骄傲地说，她把大清帝国统治得非常出色，决不逊于任何一个男性的统治者，如今有人可以叫她‘亲爸爸’了，她久欲转女为男的愿望，可说是‘得此差足自慰’了。后来这个称呼便始终沿用着，直到光绪长大成人，还是叫慈禧为亲爸爸。”从这一异常的称呼中，也可体察出慈禧对小皇帝的亲爱。她确实是把外甥当作儿子看待的。

有鉴于往年忽略对儿子载淳进行帝王尊严的教育，慈禧“特地嘱咐那几个被指定服侍光绪的大太监，要他们必须尽力设法教导小载湉，使他知道自己的尊严”。从载湉被抬入宫中接位的那一天起，那些太监们便七嘴八舌地向他说：“皇上，从今以后，你必须这样做，那样做……因为你如今已是我们的万岁爷了。”载湉太小，不懂“万岁爷”一词包含的尊严，自不免有天真率性的举动。一次吃饭时，他爬上桌，小嘴塞满着食物，衣裳贱满了油渍。慈禧见了老大不高兴，但她“已好久不曾见过小孩子的顽皮相了，所以偶然瞧见，心上忍不住就觉得很好笑。一笑和一恼，恰巧抵过。使她不但不发作，反觉得笑又不是，恼又不是了”，只说了一声“你下来吧”，便走了。从此，两宫对近侍太监的挑选更加谨慎，规定“所有左右近侍，止宜老成质朴数人，凡年少轻佻者，概不准其服役”。目的显然是希望用老成质朴又懂得宫内规矩的太监，来潜移默化地影响小皇帝品性的养成。

为了让小皇帝“裕养正之功而端出治之本”，慈禧对载湉的典学授读，也极为关心。两宫太后尤其是慈禧接受了同治帝读书时的教训：那时授读的师傅过多，以致出了如王庆祺那样调教同治帝寻花问柳的丑事。这次，仅选派了翁同龢、夏同善两人，都是学问人品靠得住的汉文师傅，此其一；其二，有鉴于以往服侍同治帝读书的近侍太监中，有人导引皇帝微服私访、出入妓寮之所的恶例，这次特别对此警惕，务选老成谨慎之人入侍，并要奕譞“随时稽查”，防止类似之事发生。通过典学授读，务必使光绪帝自小成为“养正端治”的有道君子，做一个靠得住的好皇帝。

按照钦天监择定的吉日，光绪二年四月二十一日（1876 年 5 月 14 日），六岁的小皇帝载湉，在毓庆宫开始了读书生涯。从六岁授读到十六岁“亲政”（1876 ～ 1886 年）的十年间，光绪帝的功课主要有以下几项内容：

（1）汉文方面：以《钦定四书》为主要教材，此外有《诗经》《二十四孝》及《孝经》《左传》《列圣遗训》等启蒙读本、儒家经典和清代祖训；

（2）清文、蒙文方面：主要有满文《满洲实录》、清世祖御制《劝善要言》以及蒙古语言文字；

（3）骑射技勇方面：大体与同治帝时相同。

以上课程，若与同治帝读书时比较，削去了过于深奥艰涩的性理之书，改为传统蒙学的儒家经典；着重于忠孝仁义的教育和学习修齐治平的内圣外王之道。师傅中由于夏同善是浙江仁和（今杭州）人，乡音太重，小皇帝听不清楚，授读效果不理想，便改为课余辅导教师。光绪四年（1878 年）又增加孙家鼐“在毓庆宫行走，与尚书翁同龢授上读”。但对光绪帝影响最深、关系最密切的则要推翁同龢了。

翁师傅有过给同治帝授读的经验，懂得讲授过多、课业过重欲速不达的道理。所以他采取循序渐进、重在启发的教法。第一年授《四书》，每次只讲四至六句，然后教写描红大楷，小皇帝听得认真，“写仿皆佳”。第二年起，课业逐渐加重，授读《诗经》和《开国方略》，第三年开讲《左传》，背诵、朗读和写大小楷都增加了。等到载湉十一二岁时，世事渐明，心智渐开。翁同龢便在授读时对光绪帝“于列圣遗训，古今治乱反复陈说，曲尽其理，阐明政要，以忧勤为先”，启发小皇帝关心政事，忧国忧民，这对于光绪帝的成长产生了重要影响。所以梁启超说：“皇上自幼年即从之受学，交情最深，倚为性命”，迨至光绪帝亲政后，“每事必问同龢，眷倚尤重”，结成了深厚的师生之谊。

小皇帝的日常生活，按慈禧的安排，起居饮食极有规律，但也委实刻板无味。每天早餐后，在太监陪同伺候下，先向两宫太后请安，然后跟着太后上朝。据说他“随着太后上了几次朝，便马上理会得一切动作了”。他坐在龙椅上，一双穿着小靴的脚，稳稳地搁在专为他特备的搁凳上，板着小脸，“装着一派非常庄严肃静的态度，使每一个见到他的人都不免十二分的诧异”。

退朝下来，就到上书房读书，按师傅要求念读背诵、练习写字、学习画图。载湉对作画很有兴趣，在醇亲王府自己家里时，就喜欢画画。他的寝室里贴满了自己画的各种画作，虽属涂鸦，但有稚趣。进宫之后，有专职画师教导，兴趣更浓。但太后不让老师教得过多，转移了皇帝学习功课的注意力，每天只规定半个小时左右，所以小皇帝的图画很难有大进步。

课程结束后距午餐还有一个小时的时间，小皇帝按太后规定先午睡后午餐。慈禧认为他每天六点起床，半天下来必须先补上一觉，而且饭后睡觉，也有碍消化。所以务必利用饭前这一小时，让小皇帝先上床睡一觉，睡醒后再进餐。几个月实行下来，小皇帝养成了先午睡后午餐的习惯。且不论这样做是否有益于身心健康，但出发点确实是一种关爱。

午饭后是练习骑射的时间。小皇帝有一匹驯良美丽的小马。马鞍镶着水晶绿玉，马蹬嵌有银片，马鞭子的柄用珊瑚做成，显得华美气派。骑马时，近侍太监和谙达们悉心照料，生怕皇帝从马背上翻落下来，闹出大乱子，所以全都小心翼翼，有人看护，有人拉着嚼铁环，不让小马奔走，把这一有趣的活动弄得索然寡味。过分关爱，扼杀了小皇帝喜欢活动的天性。他在亲政后某次观看兵操时，曾不无感叹地说过："我也是很喜欢骑马的，假使我小时候没有他们这些人在旁边纠缠着的话，我相信此刻一定可以比他们骑得更好。"

骑马之外，就是学习射箭、击弹。骑射是满族的传统，定鼎中原后，沿而不废。皇室尤其对之严格要求，所以从皇帝到贝勒、贝子，自小养成善骑、善射的本领。载湉虽然体弱，但智力很高，学得也很认真。不用多久，他的射箭击弹都能得心应手，甚至"可以用左右两手替换着表演"。

用过晚餐后，是小皇帝一天中最快乐的时间。宫里的晚餐比宫外人家早，约在下午六点钟进膳。膳后，小皇帝便可以像普通百姓家的小孩一样，自己寻求快乐。他总是在寝宫里同太监们一起摆弄各种各样的玩具，任意站坐，甚至在地上打滚、大喊大叫，尽情率真地露出被压抑了一天的稚性。"这样约摸可以容许他惬意两个钟头，一到八点钟，他就非上床去睡觉不可了。"

慈禧逢到高兴的时候，晚膳后便派人把小皇帝召到自己的寝宫里去玩。德龄说："当光绪在玩的时候，她自己便抹抹骨牌，或是召几个她所瞧得起的女侍上去伴着她掷掷骰子，斗斗纸牌。这种情形，倒还多少表现着几分天伦之乐。所以光绪的幼年时代，实际上真可以说是他一生的黄金时代。”

慈禧虽然关爱外甥，但管教很严。每天早晨小皇帝向两宫太后请安时，慈禧总要问饮食、睡觉、冷暖之类的话，要他注意宫内规矩，不可贪玩荒废了功课。随着光绪年岁增长，对他的约束也益发严格，逢到慈禧不满意时，就不让他起立，“稍不如意，罚令长跪”。光绪因之自小养成对慈禧的敬畏，“不命之起，不敢起”；慈禧也往往“以威钳制”，使皇帝驯服听话。

至于上朝，小皇帝完全受太后摆布，时间无定，全由太后决定。遇到有重大决策时，上朝直至中午才罢。小皇帝只好尽力约束自己，端正规矩地坐着，等待慈禧宣布退朝的命令。“这些繁琐的朝仪，对小皇帝来说，简直是受罪。”

她十分关切小皇帝的学业，经常召翁师傅到东暖阁询问皇帝受读情况，有时小皇帝也在座。当她听翁师傅禀报皇帝课读不够好时，常“怒以训，词急切”，小皇帝往往会吓得浑身颤栗。以致对读书失去了初时的兴趣，有时“静坐不开口”，有时忽然流泪。翁同龢对此常在日记中流露出既同情又无奈的感叹。光绪七年十月初四（1881年11月25日）日记写道：“上近来不平之意居多，从不肯自悔。臣等云将启奏，亦毫不介意。”十六日的日记称：“勉强写清字一行而罢，生书前廿遍尚可，忽涕下如縻，遂不可收拾。”类似记载在日记中甚多，可知载湉在受压下的痛苦心态和暗自倔强的性格。

正因为有这样的记载，后人对慈禧与光绪之间的关系，往往过分渲染，说成常加虐待，母子感情不和。影响最大的，莫过于梁启超《戊戌政变记》一文：

> 西后待皇上无不疾声厉色，少年时每日呵斥之声不绝，稍不如意常加鞭挞，或罚令长跪，故积威既久，皇上对西后如对狮虎，战战兢兢，因此胆为之破。至今每闻锣鼓之声；或闻吆喝之声；或闻雷，辄变色之。皇上每日必至西后前跪而请安，惟西后与皇上接谈甚少，不命之起，则不敢起。……每日必跪至两点钟之久，始命之起。

梁启超这段文字，明眼人一看便知夸大其词，甚至捏造出“常加鞭挞”来危言耸听。后来，他自己承认：“吾二十年前所著《戊戌政变记》……然谓所记悉为信史，吾已不敢自承，何则？感情作用所支配，不免将真迹放大也。”就慈禧对小皇帝的调教而言，应该实事求是地看到，关心和爱护是基本方面。只是关爱中伴着严格要求，而严格有时过于严厉而已。她既是慈母，又是严父，一身二任，目的是为了把自己的亲外甥调教成为一个合格的皇帝。

27 以妥协处理边疆危机

慈禧第二次垂帘听政前后，正逢列强觊觎中国边疆之时。

先是日本一手制造了所谓“琉球事件”。同治十二年（1873年），日本借口琉球船民遭风漂至台湾被高山族人杀死为由，向清政府提出交涉。

与琉球事件同时，又有英国觊觎我国西南边疆引发的“马嘉理案”。

英国在19世纪50年代占领缅甸后，处心积虑地想把触角伸向我国云南。同治十三年（1874年），英国为了实现其侵占我国西南边疆的野心，派遣一支武装探路队，在柏郎上校率领下，从缅甸八莫出发，企图开辟滇缅交通，把势力伸入云南。驻北京的英国使馆翻译官马嘉理奉命取道湘桂赴云南，转往缅甸八莫接引柏郎入滇。该年十一月八日，马嘉理行抵云南南甸，受到当时驻军参将李珍国款待。二十九日（1875 年 1 月 6 日），马嘉理自腾越赴缅甸八莫。其时，腾越绅众致函李珍国，称相约七地土司联为一气，不让英人再入其地，请李前来合团。光绪元年一月一日（1875 年 2 月 6 日），马嘉理偕柏郎探路队自缅甸八莫分往云南蛮允、猛卯。次日，李珍国自猛卯致书腾越绅众，称已将要隘封堵阻截，若蛮允有事，望迅速接应。十三日（2 月 18 日），柏郎、马嘉理等抵云南南平河，路人劝阻前进，不听。马嘉理径自出发探路。十六日（21 日），马嘉理行抵户宋河，被当地民众所杀，同行四华人亦被杀死。

柏郎在翌日行抵云南班西山遭二千余人围堵，他将围攻者击退后，于二十一日率队退回八莫。

英使威妥玛得悉马嘉理被杀，于二月六日照会总理衙门，要求共同调查此案，提出再次入滇、赔银抚恤、免征超额税等要求。

慈禧接到奕䜣奏折后，深怕由此引起边衅，即以上谕命军机处加意筹防，著署云贵总督、云南巡抚岑毓英将马嘉理案确切查办。上谕全文如下：

谕军机大臣等，英国注意云南等处，已非一日。现欲借此开衅，以为要挟之计，亟应加意筹防。著岑毓英将此案确切查办，并著刘嶽昭迅即回任，会同该抚持平办理，毋得稍涉含糊。一面遴派明干之员，带领得力弁兵前往就近驻扎，借弹压土司为名，暗杜彼族不测之谋，或腾越一带本有兵勇屯戍，即由该督抚相机密筹，不可过涉张皇，亦不可稍涉疏忽，总期边衅可息，后患无虞，方为妥善。

这件上谕，说明慈禧对英国觊觎中国边疆的图谋是清楚的，她也知道英国是借马嘉理案挑起边衅，实行要挟。但她既希望当地督抚在“确切查办”时不要扩大事态，造成民族纠纷；又要求在对外谈判时采取“持平办理”，不要轻启边衅，造成后患。可以说，这件上谕为马嘉理案的处理奠定了基调。

二月十五日，总理衙门根据上谕的批示精神复照英使威妥玛，对马嘉理案允作调查、赔款，但拒绝谈判觐见问题及其他修约要求。英使接总署照会后递交节略，坚持马嘉理案必须在英国所派官员到滇后始得提讯，要总署发出护照以便英人从印度派出探险队再度入滇，并请立即付给抚恤金。二月二十一日，又照会总署，限于翌日前答应其所提要求，否则断绝国交，退出北京。在这份最后通牒压力下，总署只好同意威妥玛的要求。

四月二十六日，慈禧接各省督抚奏报，知云南、四川、广东、广西、福建各边境都有洋人窥伺，即以上谕命该省督抚整顿吏治，留意交涉事件，“毋得轻启衅端”。五月，岑毓英奏查办马嘉理案情况，称如果英国仍要求通商云南，即正言拒绝，如派兵滋扰，惟有竭力堵击。慈禧阅折后十分不满，下诏申斥，

"命其自固边防，切勿冒昧行事"。六月岑毓英奏，查明马嘉理实被土著劫杀。慈禧再次颁上谕指出，"事关中外交涉，不可含混"；至于威妥玛欲带兵赴滇，命云贵总督刘嶽昭，"当约束绅团，毋再启衅"。她生怕当地大吏求功心切，造成边衅；又怕当地民人同仇敌忾，无法约束，扩大事态。她一心求稳怕乱，在中外交涉中准备以吃亏妥协，保全和平，求得中外相安。

与慈禧一味求稳怕乱形成鲜明对照的是英国态度。英国决心利用马嘉理案穷追猛压。英国外交部训令驻华公使威妥玛，滇案必须彻底根究，必须派英国官员协同中方，共同查办，威妥玛一面派使馆参赞格维纳前赴云南听审，一面在天津和直隶总督李鸿章谈判，向清政府施加压力。他先是向总理衙门指控马案系由腾越参将李珍国唆使引起，由其侄调兵攻击实施；清方官员的调查系属虚饰，而马之被害及柏郎被围，都由中国官员造成，要求严办。继而向李鸿章提出更换总署大臣，解决马案六项条件，并要清政府派出一二品实任钦差大臣到英国说明滇案，否则将与中国绝交。

在英国压力下，清政府只得派湖广总督李瀚章往云南查办马嘉理案。旋又加派熟悉与洋人交往的前侍郎薛焕赴滇协助李瀚章。八月，岑毓英上奏称已拿获杀害马嘉理凶犯九名。慈禧命其将同知吴启亮、参将李珍国押解来省听候讯问。十一月，又从李瀚章、薛焕等奏，以绅民聚团时未能开导弹压，以致马嘉理被害，命将腾越同知吴启亮、腾越镇总兵蒋宗汉先行撤任，一个月后，谕令将李珍国、吴启亮、蒋宗汉分别研鞫。这些动作，无非是向英国表示清廷对马嘉理案确实在“持平办理”，希望英国能“平心商谈”。然而越是妥协退让，英国越加压力。光绪二年二月十一日（1876 年 3 月 6 日）英使馆参赞格维纳抵达昆明。二十五日起，观听李瀚章等提审马嘉理案人犯。五月十一日，英使威妥玛照会总理衙门，提出了处理办法，主要有：各处张贴总署惋惜马嘉理及保护洋人告示；英国派人往各处查看告示；今后若有伤害英人案件，准英国派员观审；会商滇边商务；英派员驻住大理、重庆；速开宜昌等口岸，英商纳完进口税后入内地不再另行纳税；赔款数目另定等。后来又坚持要求尽快将滇案人员解京提审；提出增开北海、温州、芜湖三口。否则英国将独自办理滇案。

慈禧接到总署报告后，当即谕令李鸿章在津与威妥玛谈判，早日了结滇案。六月八日（7 月 28 日），正式任命李鸿章为全权大臣迅即赴烟台与威妥玛会谈。

在威妥玛不断要挟下，双方于光绪二年七月二十六日（1876 年 9 月 13 日）订立了《中英烟台条约》三端十六款，主要内容有：（1）关于云南问题：赔偿恤款二十万两；派出使大臣赴英谢罪；准英国派员在大理府或其他相宜地方驻寓，考察商情，俾商定通商章程。（2）扩大领事裁判权：凡遇各地有关英人案件，应由英国派员观审；被告者为何国之人，即赴何国官员处控告，原告者为何国之人，其本国官员只可赴承审官员处观审，观审员以为办理不妥，可逐细辩论。（3）扩大通商特权：增开宜昌、芜湖、温州、北海为商埠；准许英人派员驻寓重庆，察看川省英商事宜；准许英商在大通、安庆、湖口、武穴、陆溪、沙市等处停泊轮船上下货物；新旧口岸租界未定各处，由英国领事会同各国领事及中国地方官商议，画定界址；洋货入内地，领半税单照；准英国派员由北京起程前往甘肃、青海一带，或由重庆等处入藏，以抵印度，探访路程。

《烟台条约》不仅使英国获得莫大利益，而且使列强在“一体均沾”下得以扩张侵略特权。正如《远东国际关系史》作者评论所说：“这一条约，是中国国际关系的第三阶段，其重要性仅次于1842年及1858年的条约”，即仅次于《南京条约》与《天津条约》。以慈禧为代表的清政府奉行妥协外交，使中国的民族尊严和国家利益，再一次受到了巨大伤害。

此外，还有日本侵略朝鲜，法国侵略越南，都因清政府未能及时正确处置而为以后留下大患。

命左宗棠规复新疆

28

边疆危机声中，最让慈禧和清政府深感不安的是沙俄和英国窥伺新疆。

如果说琉球是海外的小岛，她与李鸿章都认为失去它只是失去了一份朝贡，觉得无所谓；朝鲜和越南虽与中国唇齿相依，但毕竟都是藩属，两国都有各自政府折冲应付，还不到火烧眉毛的程度。新疆不同，它不仅是皇清版图中最大一块，而且是祖宗长期经营之处。它地连蒙古，在战略上成为京师北方的重要屏障。新疆一失，蒙古势必受到极大威胁；蒙古危急，京师将直接受到影响。所以新疆危机，不能不使慈禧和她的政府格外关注。

新疆危机的产生，与浩罕汗国的阿古柏入侵有关，而阿古柏入侵，又导源于新疆回民起义的复杂形势。

原来，在同治三年五月（1864 年 6 月），新疆回民爆发了大规模反清起义，起义军迅速向天山南北路扩展，吐鲁番、乌鲁木齐（时称迪化）、伊犁、喀什噶尔回城等均被攻克。当时清政府正命陕甘总督左宗棠全力镇压陕甘回民起义，无力顾及新疆，新疆事态几近失控。期间，起义军领导权逐渐被回民上层势力取代，形成两大势力集团：一是阿訇妥明为首，以乌鲁木齐为中心的政权，势力遍及北疆；一是以金相印为首，以喀什噶尔为中心的政权，占有南疆大部分地区。

金相印在攻占喀什噶尔回城（疏附）后，久攻喀什噶尔汉城（疏勒）不下。情急中，他向邻近的浩罕汗国求助。浩罕早对南疆的富饶有所垂涎，便于同治四年（1865 年）派帕夏（总司令）阿古柏率军入疆。

阿古柏侵入新疆之后，立即把持了南疆政权，自称“毕条勒特汗”，并于同治九年（1870 年）挥兵北进，攻占达坂城、吐鲁番和乌鲁木齐，赶走阿訇妥明，建立了所谓“哲得沙尔”（意为七城）汗国，控制了天山南北路大部分地区。从此，新疆回、汉、维吾尔等各族人民，生活在阿古柏殖民政权的水深火热之中。

为了防止清政府出兵收复新疆，阿古柏又积极投靠英国和沙俄。其时，英、俄正为了实现各自东进和南下的扩张战略而在争夺中亚。英国不仅给予阿古柏军火枪械支持，而且派员为阿古柏训练军队，承认阿古柏政权为“合法的独立王国”；沙俄为遏止英国东进，于同治十年（1870年）乘机出兵占领了伊犁；英、俄两国都想通过阿古柏把新疆从我国割裂出去，变成他们的殖民地。

新疆危机引发了清廷内部关于“塞防”和“海防”的大争论。争论的焦点是中国国防建设的重点应何者为先?

以李鸿章为首的一派，从日本侵略琉球、台湾的事实中悟出加强海防、建设新式舰队的重要。他们认为当今的国防建设已从西北边塞转为东南海防，朝廷财力不裕，经营西北，无法筹措万里饷运，“而新疆不复，于肢体之元气无伤；海疆不守，则腹心之大患愈棘”。为此，他们提出“已经出塞及尚未出塞各军须略加核减，可撤即撤，可停即停，其停撤之饷即匀作海防之用”。

以左宗棠为首的一派，则从新疆、蒙古、京师三者关系出发，认为保新疆所以保蒙古，保蒙古所以卫京师。他认为目前西方列强还不到在东南沿海挑起战争的时候，而塞外则有燃眉之急。乘英、俄尚不至于介入平定叛乱之际，应及时收复新疆，此时若弃置不顾，后患无穷。他认为海防本有经常之费，所缺无多，而塞防经费不足，官兵连年欠饷已达八百余万两。以区区塞防之费移作海防之用，既不济用，又贻患于边塞安全，实

左宗棠像

在是得不偿失之举。

由于左宗棠自同治五年（1866年）起一直处于镇压陕甘回民起义的第一线，到同治十二年（1873年）压平起义之后，已有一部进入新疆，所以他对西北形势与蒙古、京师之间客观存在的战略态势知之甚深。他的新疆—蒙古—京师之说，获得了较多人的赞同。

慈禧对两派意见经反复权衡后，决定先对新疆用兵，之后再顾海防。光绪元年三月二十八日（1875年5月3日），她以皇帝名义发布上谕：命陕甘总督左宗棠以钦差大臣督办新疆军务；调金顺为乌鲁木齐都统，帮办军务，所在进兵机宜，随时会商左宗棠酌办；西征粮台，谕左宗棠责成陕西藩司经理，应行奏催及咨行各省事件，呈由陕西巡抚核办；关外转运事宜，即在哈密、巴里坤各处设立粮饷分局，由左宗棠派员经理；现在关外兵事、饷事并转运事宜，均归左宗棠督办。“关外军食，务当源源运济，以期士饱马腾，毋令停军待哺，致有藉口”。

这道上谕最显著之处，是在解决进军新疆的粮饷运济问题。

由于新疆幅员辽阔，战线过长，后勤保障尤其是粮饷征集及转运，成为头等大事。慈禧在上谕中不仅授予左宗棠军事全权，而且在粮饷征集、设局管理及转运等方面也授予全权。这就从体制上保证了进军新疆的粮饷供应。

光绪二年二月（1876 年 3 月），左宗棠率军西征。十天后，慈禧又颁上谕称：左宗棠军现正大举深入，着于户部库存四成洋税项下拨给银二百万两，并准其借用洋款五百万两，各省应解西征饷项提前拨解三百万两，以足一千万两之数，以供军用。足见慈禧对新疆用兵的关切和支持。她对外妥协，对内用兵是不惜血本的。有学者估计，左宗棠从出兵新疆的光绪二年到收回伊犁、调离陕甘总督改任两江总督的光绪七年（1881 年）间，在朝廷和各省支持下，共获得了五千二百余万两的协饷，平均每年七百四十余万两。

左宗棠不负朝廷重托，苦心经营、运筹帷幄、精心指挥，在出兵作战的当年，即攻克乌鲁木齐，收复天山北路。翌年又渐次收复吐鲁番、攻克安集延，击溃阿古柏主力，阿古柏服毒自杀。光绪三年十一月（1878 年 1 月）攻取和阗，除伊犁地区外，新疆全部收复。

慈禧阅左宗棠捷报后极为高兴，于光绪四年二月（1878 年 3 月）下诏晋左宗棠二等侯，部下大将刘锦棠等一百五十余人皆升赏有差。该年十一月，又从左宗棠新疆设立行省之议，着左宗棠将新疆设省次第兴办，俟诸事办有眉目，然后设官分职，改立郡县。光绪五年，慈禧又命各省自本年起每年共七百余万两协饷，均按十成拨解，“以资新疆善后事宜”。左宗棠在朝廷支持下，在新疆大力兴革，如革除柏克制度、改革田粮制度，废弃旧有的军府体制等，为新疆建省奠定了基础。光绪十年（1884 年）新疆终于开置为行省。

29 收回被沙俄侵占的伊犁

新疆底定后，慈禧接着考虑的就是如何收回被俄国侵占的伊犁地区了。

伊犁地处新疆西北部，是中国和中亚间的主要通道。自从乾隆二十七年（1762年）设立伊犁将军以来，除阿尔泰地区以外，今新疆其他地区均属伊犁将军管辖。这里盛产粮食、矿藏丰富、水草繁茂、牛羊成群，是一个富庶的农牧区，有新疆"粮仓"之称；又因地理位置重要，被视作新疆的一大"炮台"。

长期对中国贸易的经验，使沙俄懂得最好的贸易路线，是从西伯利亚通过中国新疆的准噶尔盆地到甘肃，进入中国的腹地汉口。而伊犁西南的穆扎尔山口，正是准噶尔盆地和塔里木盆地的纽带，因此，伊犁地区早就成为沙俄垂涎的目标。

19 世纪 60 年代，随着沙俄逐一吞并中亚各小汗国后，乘阿古柏入侵新疆之机，沙俄以“代管”为名，发兵三千，于同治十年五月十七日（1871 年 7 月 4 日）占领了伊犁地区。紧接着又毁去了伊犁九城中的惠远、惠宁等七个大城，把塔尔奇、绥宁两城作为收容当地居民之所，宣称将永远归并伊犁。

慈禧得知沙俄侵占伊犁后，曾谕令伊犁将军荣全前往交涉，但谈判破裂。当时清政府尚未对新疆用兵，收回伊犁力所不逮，事情遂暂搁置。及至光绪四年（1878 年）新疆底定，慈禧太后决定重开谈判。经总理衙门推荐，慈禧于该年五月二十二日（6 月 22 日），召见了署盛京将军、吏部右侍郎崇厚，派充出使俄国钦差大臣。一个月后，又授以全权大臣、便宜行事权。

任命发表后，朝野颇为关注，“清流”党人尤为注目。该年九月，著名清流健将、翰林院侍讲张佩纶上奏，指出崇厚赴俄谈判，目的在修约定界、索回伊犁，那就应该由陆路前往，以便身历新疆，体察形势，也可先与左宗棠商议办法，做到心中有数，才能在对俄谈判中知己知彼。考虑到谈判地点远在俄京，俄国又不甘拱手让出伊犁，必定诸多掣肘。奏折提议：请朝廷勿可轻易授其全权便宜行事名目，以利订约。张佩纶的这件奏折，说明“清流”们对崇厚能否胜任出使俄国的全权大臣是存有疑问的。由于当时正是“清流”议政、主导舆论的时候，张折在朝臣中影响很大。但被时人目为“浊流”的洋务中枢总理衙门却不以张折为然，仍放手让崇厚如期出使。崇厚也没有按张佩纶的建议走陆路，而是从上海乘轮船走海路径往俄国。该年十二月八日（12月31日），经法、德，抵达俄京圣彼得堡。

崇厚选择海路，既失去了实地考察沙俄侵占伊犁的机会，又放弃了事先与熟知新疆形势的左宗棠讨论如何收回伊犁方法的必要准备，两眼一抹黑，为后来的对俄谈判埋下了祸根。

光绪四年十二月，崇厚被俄方高规格接待。崇厚受宠若惊，认为这是俄国“稔知朝廷以和好为念”，故“相待如礼”。其实这是沙俄的惑人伎俩，包藏着祸心。被弄昏了头的他，接着与俄国外务副大臣兼亚洲司司长格尔斯开始谈判伊犁问题。

光绪五年八月十七日（1879年10月2日），崇厚在俄国克里米亚半岛的里瓦几亚，擅自与俄国签订《交还伊犁条约》（又称《里瓦几亚条约》）十八款。其主要内容为：

第一，割地。根据条约规定，收回的仅是伊犁部分地区，作为伊犁屏障而且最富饶的霍尔果斯河以西及特克河河谷一带地区概由俄国占领。结果沙俄“有归地之名”，清朝“无得地之实”。同时，条约规定将喀什噶尔和塔尔巴哈台两地所属疆界，按俄方要求重加调整。这意味着一旦实行，中国将在这两个地区又要丧失大片领土。

第二，赔款。清政府赔偿俄国“代守伊犁所需兵费”

五百万卢布（约合库平银二百八十余万两）。实际上据沙俄将领估计，占领伊犁费用最多不超过二百二十七万卢布。要清政府赔五百万卢布，无异勒索之上再加勒索。

第三，通商贸易。俄国除按旧约在伊犁、喀什噶尔、塔尔巴哈台、库伦设领事通商外，又取得在嘉峪关、科布多、乌里雅苏台、哈密、吐鲁番、乌鲁木齐、古城酌设领事的特权；增辟北路由科布多过张家口至天津，西路由嘉峪关经西安或汉中至汉口的陆路通商路线，凡陆路进口的俄货，进口税较海路减低三分之一；俄国可在新疆全境及蒙古地区实行免税贸易。

《里瓦几亚条约》咨送回国，朝野骇然。先是总理衙门不知所措，认为赔款尚不算过多，但通商则事多纠葛，分界则弊难枚举，亟宜饬请疆臣复议，筹画布置，迅图补救。推荐崇厚出使俄国谈判的军机大臣沈桂芬，尤其惶惶不可终日。

接着是慈禧太后也大惑不解，感到左右为难。她允也不是，翻也不是，乱了方寸，只得命左宗棠等“将商务界务各款悉心酌复”；让李鸿章、沈葆桢“除商务各条详加筹划外，其界务如何办理始臻周妥，分别详细密陈”。

然后是朝野上下一片哗然。清流们如翰林院修撰王仁堪、庶吉士盛昱、詹事府洗马张之洞，交章参奏。张之洞奏折分析了《里瓦几亚条约》有十不可许之后，称：“俄人索之，可谓至贪至横，崇厚许之，可谓至谬至愚。”他认为“必改此议，不能无事，不改此议，不能为国”，主张改订条约，将“国人皆曰可杀”之崇厚明正典刑；加强战备。奏折义正辞严，代表了当时朝野反对沙俄侵略、斥责崇厚“误国媚敌”、坚决要求改订条约的呼声。

十一月五日（12月17日），身处新疆第一线的陕甘总督左宗棠上奏，也主张界务、商务不可许。

十二月十日（1880年1月21日），大学士、直隶总督李鸿章等上奏，称崇所订条约有四不可。表面看来，他也是属于改订条约派，但实际上他在三个星期前致总理衙门的一份函件里论伊犁界务时，认为西北军心不固，外强中干，主张依崇厚所订条约，早日了结为好。只是迫于舆论，假作主张改约而已。

群情嚣然，慈禧仍犹疑不决。她一方面迫于舆论，下旨将刚回北京的崇厚革职拿问，交部议处；一方面还想听听更多人的意见。

廷臣会议的一致意见是另派使臣赴俄谈判，将崇厚所订条约有违越权之窒碍原委，向俄国君臣详细剖辩。会议推荐时任驻英、法公使的曾纪泽出使俄国，进行修约谈判。光绪六年正月初三（1880年2月12日），慈禧采纳廷臣会议意见，颁发谕旨，命一等勇毅侯大理寺少卿曾纪泽充出使俄国钦差大臣。

曾纪泽是已故大学士、两江总督、一等侯爵曾国藩的长子。他“少负隽才”，长善思辩，熟悉外情、老成持重。当时正在英国伦敦，就朝鲜问题与英外交官员晤谈。

光绪六年正月二十三日（1880年3月3日），经廷臣会议讨论，定崇厚斩监候。慈禧懿旨照此办理。二月初一日（3月11日），下谕旨命：曾纪泽到俄国后，“察看如何情形，先行具奏”。这道谕旨总的精神是吸取崇厚任沙俄要求，越权订约的教训，不给曾纪泽全权；重大问题，必须得到总理衙门指示后再定；谈判中要从容、妥慎，不卑不亢，顾全大局。所谓“大局”，实际上就是不可因改约而激生边衅。

对于崇厚的处置，早在革职拿问时，就遭到了各国公使的抗议，俄国驻华公使馆代办更是到总署实行恫吓。与此同时，俄国还在伊犁边境调集兵力，并在日本长崎海面结集舰只，准备封锁中国海面，进行武力威胁。

在此情况下，李鸿章致函曾纪泽，告诉他朝廷内情。称：目前枢廷无人主政，慈禧肝疾未愈，月余不能临朝；慈安敷衍行事，不能作主；沈桂芬因保荐崇厚出使，懊恼成病请假，总署仅李鸿藻秉笔洋务，甚为隔膜；郭嵩焘因与李鸿藻、王文韶等意见不合未能进入军机处，请曾纪泽能否上奏宽免崇厚？同时，李鸿章又暗示郭嵩焘上奏。郭即于四月五日（5月13日），上奏伊犁事件，称可由总理衙门饬令驻俄公使转达俄外交部：伊犁条约暂缓核准，权听俄兵驻扎伊犁，以俟续议。他在奏折中主张听任沙俄在伊犁驻兵，赦免崇厚，批评廷臣主战言论，生怕造成列强挑衅，肇始战祸。可以说，这件出自李鸿章暗示的奏折，反映了李鸿章因自忖无实力与列强较量而在对外交涉上采取妥协退让的真实心态。

慈禧与李鸿章一样，也是求稳怕乱，不敢和洋人抗争。她读了郭折后立即颁下谕旨，认为郭嵩焘一折，不为无见，“操之太蹙，易启衅端，若徒往返辩论，亦恐久无成议”。为此，她要军机处以“密谕”形式转告曾纪泽，在谈判中以原订条约关系中国利害、万难批准的理由告知对方，看其如何答复，“如彼以条约不允，不能交还伊犁，亦只可暂时缓议，两作罢论。但需相机引导，归宿到此，即可暂作了局”，至于旧约分界通商事宜，慈禧将收回伊犁与分界通商分开。在收回伊犁问题上，她划了一道底线：能收回最好；若俄国拒不交还，曾纪泽只要将中国不能批准条约的原因说清楚，就可暂作了局，不必强求，以免激起对方不满而开启边衅；至于分界通商，与交收伊犁无关，俟将来再作处理。

在这样的心态下，清廷决定暂免崇厚罪名，仍收监以俟谈判进展的结果再说，并让曾纪泽将此决定知照俄国。

六月七日（7月13日），曾纪泽自伦敦经巴黎到达俄国。接着和俄国外务副大臣格尔斯开始谈判。格尔斯拒绝改约，并指责中国处置的态度和方法，提到了不满意对崇厚的处理，曾纪泽向总理衙门作了汇报，清廷同意曾纪泽意见，即将崇厚开释。

七月十七日（8月22日），曾纪泽向沙皇呈递国书，次日又与格尔斯谈判，提出改约六条意见。几经周折，历尽艰难，终于在光绪七年正月二十六日（1881年2月24日）与沙俄签订了《中俄伊犁条约》和《中俄改订陆路通商章程》。

新条约的主要内容：（1）在领土方面，沙俄同意归还特克斯河谷和通往南疆的穆扎尔山口，但以安插移民为借口，将霍尔果斯河以西划入俄国。（2）通商方面，取消了原约中由嘉峪关经西安或汉中直达汉口的商路，仅同意俄商至嘉峪关贸易，一切待遇按照天津情况处理。（3）增设领事方面，减为嘉峪关和吐鲁番两处，其余科布多、乌里雅苏台、哈密、乌鲁木齐、古城五处俟将来商务需要时再议。四、赔款增至九百万卢布。

新约比崇厚所订条约略胜一筹。慈禧看到曾纪泽禀报谈判经过的奏折及条约章程、地图等件后，终于松了一口气。立即将此发交惇亲王奕誴、醇亲王奕譞、潘祖荫、翁同龢会同总理衙门王大臣妥核具奏。经讨论，请予批准。四月十八日（5月15日）慈禧发布批准上谕。

七月二十五日（8月19日），曾纪泽在俄京圣彼得堡互换了新订《中俄伊犁条约》(俄文称《圣彼得堡条约》)。光绪八年正月（1882年2月），“残缺的伊犁地区”归还中国。

伊犁收回虽不尽如人意，但毕竟从沙俄口中夺回了大部分领土，为新疆建省创造了必要条件。尽管慈禧出于求稳怕乱，常有变更朝廷训令的举措，但总的说，基本上保住了收回伊犁的初衷。就此而言，她在保全新疆不被外国侵略势力分裂出皇清的版图上，还是有所贡献的。

30 创建新式海军

在“海防”和“塞防”大讨论中，慈禧尽管首先采纳了左宗棠加强塞防、收复新疆的主张，但对李鸿章有关海防重要性的言论，也颇为心仪。

自从道光中叶，西方列强依靠坚船利炮的优势，打开清朝闭关锁国的大门之后，无论是她的丈夫咸丰皇帝，或是她自己，都体悟到建立新式水师、保卫海疆的重要。特别是近年来日本兵船侵犯台湾、霸占琉球一事，对她刺激尤深。作为帝国的最高统治者，她何尝不想扬威海外，尽宗主国保护藩属琉球的道义，无奈手中没有一支可以跨海作战的舰队。那些旧式水师，不仅积习已深，而且装备简陋，船只都是木板钉成，连吓唬海盗都不行，更遑论远涉重洋进行海战了。她只得听取李鸿章所谓“争区区之贡，非惟不暇，亦且无谓”等自欺欺人的屁话，眼睁睁地看着日本将琉球抢去。可以说，日本侵台一事，使慈禧和朝内不少有识之士意识到日本将是中国未来的大敌，加深了重视海防、发展海军的认识。

就在光绪元年三月，慈禧以皇帝上谕任命左宗棠为钦差大臣督办新疆军务的一个月之后，她又颁谕旨，派李鸿章督办北洋海防，沈葆桢督办南洋海防，启动了晚清近代化国防建设的重大决策。从此开始，原先以造船和军火生产为重点的洋务运动，转移到以购舰为中心的创建新式海军的方向上来。

洋务运动初期，奕䜣和地方实力派曾国藩、李鸿章、左宗棠等人，都奉行自强之道以制器为先的方针，“从学作炸炮、学造轮舟等具下手”，开办了诸如江南机器制造总局、福州船政局、天津机器局、广州机器局等一批军火工厂和造船厂，开了近代中国机器制造工业的先河。但是日本侵台引发了洋务领袖的深长忧虑，他们加紧了筹议海防、建立新式水师的构想。

其实，早在台湾之役以前的同治六年（1867年），时任江苏巡抚的丁日昌，就已考虑改革水师旧制、创建三洋水师的设想。他建议制造中等炮船三十艘，分别由北洋提督、中洋提督、南洋提督统帅。北洋提督驻大沽口，辖直隶、盛京、山东各海口（沈案：相当今之渤海湾、黄海一带）；中洋提督驻吴淞口，辖江苏、浙江各海口（相当今之东海区域）；南洋提督驻厦门，辖福建、广东各海口（相当今之东海及南海部分区域）。无事出洋巡逻，有事则一路为正兵，两路为奇兵，飞驰应援。翌年又拟《海洋水师章程》六条，将三洋水师的驻地辖区，改为北洋以山东益直隶驻节天津，东洋以浙江益江苏驻节吴淞，南洋以广东益福建驻节南澳。李鸿章将丁日昌的建议报告总理衙门，总署即把丁日昌所拟《海洋水师章程》发交王大臣及沿江沿海督抚，作为归入海防建设的文件进行讨论。讨论中，恭亲王得力助手、中央洋务集团的重要人物、大学士文祥，从“惟防日本为尤亟”的战略高度着眼，支持加强新式水师建设。左宗棠以“海防一水可通，若划三洋，畛域攸分，彼此势均力敌，意见难同”为由，反对分设三洋水师之议。其他大臣则有支持，有对驻地和分洋持修改意见者。李鸿章则对水师舰船来源提出购买为主，辅以自造，认为“目前各项船械，购买贱于自造”，但若自己不能造船，“终受人把持，终无自强之日”。所以在“海防”、“塞防”大争论前，朝廷内外，包括慈禧太后和恭亲王奕䜣，已对筹建新式水师有了大体认同，才会有光绪元年四月任命李鸿章、沈葆桢督办南、北洋海防的上谕。

值得注意的是这道上谕把原来筹议中的三洋水师改成为南、北二洋，“所有分洋、分任练军、设局及招诸海岛华人诸议，统归该大臣等择要筹办”，即南北二洋同时并进。慈禧太后何以要这么做，史无明文可以论断。大概是怕分设三洋，牵制过多，难以统一指挥；而齐头并进，则不偏不倚，有利于相互竞争吧！这只是推测而已。借用时下流行的用语：这个中国的“铁娘子”，在不透明的决策中显出了女主的权威。

办理北洋海防的李鸿章，是洋务活动最积极的倡导者和推行者。截至光绪元年，他一手创办了江南机器制造局及附设译书局（同治四年）、天津机器局（同治九年）、轮船招商局（同治十一年）等大型洋务企业，成为办洋务的高手。期间虽曾遭到不少守旧派大臣的掣肘和诟病，但却得到慈禧和主持总理衙门的恭亲王奕䜣的青睐和信任。

办理南洋海防事务的沈葆桢是林则徐的女婿。道光进士。咸丰十一年（1861 年）任江西巡抚。同治五年（1866 年）经左宗棠推荐，出任福建船政大臣，专主福州船政局，是一个对造船练兵极为关心的时务家。同治十三年（1874 年）日本侵略台湾时，被派为钦差大臣，办理台湾等处海防。日军撤退后，又采购机器，主持开采基隆煤矿。光绪元年（1875 年）升任两江总督兼南洋通商大臣，和北方的直隶总督兼北洋通商大臣的李鸿章遥相呼应，都是海防事务方面的专家。两人经常相互磋商，在造船、购舰（铁甲舰）等问题上，识见相同。李鸿章对沈葆桢也很推崇，在上年（同治十三年）底和军机大臣、大学士文祥讨论海防人选时，一力推荐沈葆桢。当时沈葆桢在福建船政大臣任上，三个月后即被升任两江总督，同天派为督办南洋海防。这项任命，估计与李鸿章的推荐有一定关系。

提出三洋水师建议的丁日昌，于同治九年（1870年）丁忧离任，在原籍广东丰顺守制养病。光绪元年五月，朝廷命他赴天津帮同李鸿章商办海防事务。他以旧病体弱、需要调理为由，请假回籍。五月二十一日（6月24日），慈禧特在养心殿东暖阁召见丁日昌。据他所写的《入觐承恩记》，慈禧与他有一段颇为推心置腹的交谈，当时她确实对加强海防寄予厚望，表示在时势艰难中，君臣一心，上下一致，卧薪尝胆，办好海防。为此，她作了三点指示：第一要讲求练兵，第二要讲求制器造船，第三要讲求筹饷、用人。这些虽都属于操作层面的内容，但对于创办新式海军来说，确实是抓住了起步时的主要环节。丁日昌退下后将太后谕旨向李鸿章作了禀报，李鸿章后来在办理北洋海防时，就是按此办理的。

光绪元年五月，丁日昌奉旨帮同北洋商办事务。同年八月下旬，改调督理福州船政，成了南洋沈葆桢办理海防的助手。十二月初奉旨兼署福建巡抚，次年三月实授。这样，当时中国三个最热心筹办海防的大臣，各得其所，站到了创办近代海军的关键岗位。

按照当时中国的分省实际，南北洋分洋情况是：北洋辖奉天（今辽宁）、直隶（今河北）、山东各海口，大体上相当于今渤海、黄海一带，南洋辖江苏、浙江、福建、广东四省，大体上相当于今东海、南海一带。由于北洋在李鸿章长期治理下，已经粗具规模，三省整合没有多大问题；南洋沈葆桢刚刚担任两江总督，辖洋辽阔、省区又多，除江苏一省尚可控驭外，其他省份很难整合。加上丁日昌因病于光绪四年（1878 年）开缺，沈葆桢于次年病死，所以原定南北洋并进的方针，结果变成北洋一枝独秀。

光绪十四年（1888 年），北洋海军正式成军，拥有大小 25 艘船舰。其中包括“定远”、“镇远”两艘 7 300 多吨的铁甲舰（重巡洋舰），“经远”、“来远”、“济远”等七艘重 1 350—2 900 吨的巡洋舰以及六艘炮舰，六艘鱼雷艇，成为当时远东第一流的大型舰队。建成了旅顺、威海卫两大海军基地，旅顺修建了船坞，成为北洋舰队的修船之所。同时又颁布了新型的《海军章程》。

花了十多年功夫，清王朝终于有了一支飘扬着龙旗的舰队，驰骋在广阔的海洋中。尽管那时已经是光绪皇帝亲政的时期，但坐在颐和园石舫中啜茗怡情的慈禧太后，想到当年为加强海防作出的决定，还是觉得很自豪的。

31 烦心揪心的天灾人祸

对慈禧来说，二度垂帘的最初几年，是个多事之秋的揪心年代。内有言官、台谏对“立嗣”问题的窃窃私议和公然直谏；外有列强觊觎中国边疆引发的种种交涉，而最使她头痛的，则是灾荒连年造成的社会危机。如果说“立嗣”上的争议她可以运用个人权威予以摆平，那些嗡嗡嘤嘤之声虽然烦心，但毕竟无损于既定的立嗣决策。边疆危机引发的对外交涉，只要妥协退让，也可以破财消灾，求得不开边衅中外相安局面，惟独老天爷的施虐，谁也无法抗衡。她只好眼睁睁地看着老天爷发威。据史籍记载，从光绪二年起，中国连年遭灾：

这一年五月，近畿一带旱灾频仍。直隶、山东、河南等所属府县被旱地方广阔。

同年闰五月，福州水灾，闽县、侯官二县城乡田园道路均被淹没；闽清县大水比道光十四年大水时还要高出一尺，衙署民房都淹在水中。

八月，杭州府属之余杭等县淫雨连日，田庐多被大水淹没；台州府属之临海等县遭飓风袭击，海潮陡涨，平地水深数尺，居民淹毙不少。

十月，江苏苏北地区旱灾。饥民四出就食，络绎过江者不下数万人；加之邻近的山东、安徽灾民纷纷出境，流及淮扬一带。

旱、水、海三灾齐发，南北数省的被灾地区哀鸿遍野，目击心伤。时人记述灾民惨状称："有的是活剥剥地饿死的，有的因为死人不能埋葬，腐尸堆积、臭气熏蒸，酿成瘟疫染病而亡的；也有怨叹命薄而自杀的，情形真是非常的惨痛。"

面对如此天灾，慈禧只得采取截漕开仓、赈济灾民一法。光绪二年五月，当北方旱灾奏报上达后，她就以上谕形式命户部拨库银十万两交顺天府尹、直隶总督分领给赈；山东、河南地方著该督抚饬藩司酌量仓库存项、被灾轻重，筹划妥办。

同月再颁上谕，所有山东后帮粟米，尽数截留，并将奉天本届牛庄运通粟米二千九百余万石，锦、宁、广、义四州运通粟米一万一千七百余石一并截留，以备赈济之用。

她希望藉此安抚灾民，渡过难关。不料光绪三年，一场百年未遇的特大灾害又奔涌而来：

四五月间，广东北部江河泛滥，北江围堤决口数十丈；连州于五月间山水陡发，居民淹毙万余人。

六月，“江苏、安徽蝗蝻为患；……山西亢旱尤甚；湖南、广西亦遭患；陕西甘肃亦复苦旱，东豫、畿辅并有飞蝗；苏浙地方猝遇大风”。

七月，直隶、山东、河南三省因田禾缺雨，荒旱成灾，春麦少有收获，“而山西一省，荒歉更甚于去年”，“子女则鬻于路人，掠夺或施于里党”。

九月，三姓地方（今黑龙江省依兰县）猝遭风雹，“田庐被淹，旗民荡析离居”。

光绪三年的天灾，从地域上说几乎遍及全国；从受灾程度上看，去年旧灾未平，今年新灾又至，可谓雪上加霜，受害惨重。其中以山西、陕西、河南三省为甚。三省中，尤以山西最烈，“成灾州县已有八十余邑之多，待赈饥民计逾五六百万之众”。历史上称之为“丁丑奇荒”。

继光绪三年之后，灾害仍时有发生。光绪四年六月，台湾风灾；七月，浙江金、衢、严等府州水灾；八月，永定河、沁河大水决堤。光绪五年五月，河南蝗灾；甘肃武都、文县、天水一带地震，历时十三日之久。

无情的天灾，社会的动荡，迫使慈禧主政下的清政府寻求应对之方。除了截漕开仓、拨款赈济、蠲免受灾地区额赋，命各省协济受灾省份等紧急措施外，还在受灾最严重的山西及邻近各省允许开设捐局，公开捐资卖官，专备救荒之用；另在京师试办平粜，于正阳门、崇文门外，设局办理，并允许粮铺买卖出粜。总之，一切可用的救急手段都用了起来。连得年幼的小皇帝载湉和近支王公，也在太后的授意下，自光绪三年九月起常到大高殿拈香求雨，以至诚感动上苍，祈求普降甘霖。

这些动作，不能说慈禧对灾民毫无恻隐之心，惟知满足自己骄奢腐败的享乐生活。但她最担心的，是怕流民遍野会造成社会失控，导致像咸丰年间的造反浪潮。所以，每次上谕，都要谆谆告诫各省督抚严饬地方州县，务必赈灾落实，力戒舞弊，严禁贪污而恤民隐。光绪四年四月，两宫太后颁下懿旨，饬令内务府各项用款，力求撙节，酌量裁减。懿旨指出："惟节用所余，尚需时日，而饥民待哺嗷嗷，刻不容缓。著总管内务府大臣，无论如何为难，先行筹拨银数万两，分给山西、河南二省，藉资接济。"区区数万两当然只是个小数目，杯水车薪，解决不了实际。但从自己做起，带头节约，动用内务府库银赈灾，在当时可算是个难得的举措了。

尽管慈禧和朝廷对救灾嘱咐殷殷，但是吏治腐败早成痼疾。赈款成了灾区官吏肥己的财源。种种弊端，时有上闻：

光绪三年四月，御史唐树南奏：政府对灾区缓征、免征的钱粮，被地方故意把账目搞乱，不能从实办理，以便欺诈灾民，私自挪用贪污。

光绪三年七月，御史胡聘之奏：在重灾区的山西，地方官明知钱粮可望减免，便在朝廷命令未下时，加紧向灾民照原额征收，然后擅报民欠，将征得钱粮装入自己腰包；另外一种贪污手法是将朝廷无偿发放的救灾粮米，作价出售给灾民，规定将来要加倍偿还，吓得灾民不敢领赈；有的甚至宁可交钱给书吏，请求除去自己的领赈名额而不领赈米，免得将来吃亏。这类情况，在河南、山东也有发生，不独山西为然。

光绪三年八月，司业汪鸣銮奏称："本年各直省旱潦为灾，山西、河南被旱尤重。业经拨款购粮，藉资赈济。……然积习相沿，其弊不一而足，如擅造虚户，冒领赈银，逃亡迁徙，户册重复，册费则按户敛钱，折放尤易上下其手。种种弊端，在所难免"。

各种敛钱肥己手段，层出不穷。甚至派往灾区查赈的中央官员，所到之处，也索需无度。例如光绪五年五月，有人上奏称：上年朝廷派往四川的礼部尚书恩承、吏部侍郎童华，行至山西境内，不顾山西苦旱、受灾严重，所到之处酒席门包及各项支应，皆由官供民派，一日之费，需银千数百两。行至陕西汉中，更加变本加厉，甚至发生其家丁在华阴县因需索杂费闹至县署的丑闻。

上述挪用救济灾款、乘机欺诈勒索、贪污肥己、虚报冒领等情，慈禧不是不知道，只是没有办法清查处理。每次以上谕发布的命令，都要各地督抚随时查察，力除积弊，据实严参，按律惩办。光绪四年三月十六日（1878 年 4 月 18 日），朝廷颁发上谕，要求督抚振作精神，改变泄沓作风，负起查劾属下责任；不准扶同徇隐，包庇贪劣作弊属员。上谕措辞严厉，指向明确。何如官场积重难返，上下之间早已在各自利益驱动下，结成了一张张错综复杂的人际关系网络。经办者面对肥源不肯敛手，主管者为怕牵连眼开眼闭。任凭朝廷严旨、太后威风，只要能蒙混隐匿而不致丢官，照样我行我素。于是再严厉的谕旨，在上至督抚下至州县的眼里，只不过是一纸具文，根本不起作用。

“天高皇帝远”。坐在龙廷里的小皇帝和躲在帘子后面的太后，对下面的胡作非为心知肚明却毫无办法。你想抓个包庇隐匿的督抚治罪吧，各省都差不多，个个泄沓因循，办谁好？你想抓几个府州县官杀一儆百吧？又拿不出真凭实据；而各地作弊在在都是，抓了谁好？你想派出使节下去实地调查吧？一则官官相护，谁也不肯揭发；二则给使节吃好睡好，既用油水堵嘴，又塞红包缚手，让你“吃人嘴软，拿人手短”，不了了之。所以朝廷多次派出调查赈灾的使臣，充其量只是一般地描述赈灾中的舞弊行为，没有揭出过一人。清王朝的吏治败坏，在救灾中暴露无遗。即使想清明吏治、有所作为的政治强人慈禧太后，也无可奈何，只能颁些“雷声大，雨点小”，没有实际作用的懿旨和上谕了。所幸由于朝廷的救灾力度大，办法多，才不使赤地千里、流民遍野的动荡社会彻底失控，没有发生类似道、咸之际大规模的饥民暴动和农民造反。这对主政的慈禧和由她支撑的朝廷来说，总算是不幸中的大幸。

心劳力瘁病倒了

32

烦心事、揪心事踵接而至，内忧外患、天灾人祸，事事都要慈禧一人掌舵。七八年来，她没有真正舒心闲散过。为了皇清大业，为了支撑这金玉在外、败絮其中的所谓“中兴”局面，她几乎全身心扑了上去。不是阅读内外臣工的奏章、代小皇帝发布上谕，就是思考如何与列强交涉，防止轻启边衅；不是担忧灾民生变，就是劝导督抚整饬吏治。非常时期的非常之事，对一个四十多岁的女人来说，无疑是沉重的压力。她是个要强的人，不愿像丈夫咸丰皇帝那样，面对繁重的政务采取“倦勤”办法，不闻不问，只有咬咬牙挺下去，继续充当临朝女主的角色。无奈超负荷运作，压得她筋疲力尽，终于在光绪六年（1880年）病倒了。

慈禧病倒的消息是在这年的二月初三日（3月13日）传出的。一开始只在小范围内告知，连像官至工部尚书、光绪帝师的翁同龢都不知情。其实，从初二起慈安太后就已召见臣工，主持听政了。这说明慈禧在一月份已经躺倒，到二月初不得不让东太后出面处理政务。

慈禧得的是什么病？据《翁同龢日记》该年二月初四日（3月14日）称：他和同人赴南斋奏事处请安后，看了昨天太医的处方，“略言夜不成寐，饮食少，面色萎黄，口干”。其后几天的脉案多是“元气伤耗，一时不能复元，仍形疲软”。半个月后，太医处方仍云：“诸症虽轻而郁闷太息，肩重腰酸，饮食少味，脾心久虚”。看来确实像得了劳累过度、心烦神焦的疲劳症。

医了两个多月，慈禧病情仍未好转。当时，正逢中俄关系因崇厚被定为“斩监候”而顿形紧张的时刻。沙俄以此为借口，在边境和海面调兵遣将，实行武力恫吓；英法美等国驻华公使，也以“调解”为名，替沙俄说话，对清政府施加压力。朝内，清流们情绪激昂，皆曰崇厚该杀；朝外，李鸿章等疆吏积极为崇厚开脱罪名。主政的慈安太后则“敷衍其事，不甚作主”。眼见边衅一触即发；伊犁改约谈判中途生变，曾纪泽可能被沙俄拒于门外。慈禧不得不强撑病体，于五月初十日（6月17日）在养心殿召见军机大臣进行磋商。讨论什么，未见记载。从后来的举措看，大概是暂免崇厚死罪，但仍行监禁，俟曾纪泽到俄国后视办理情形如何再定，并让曾纪泽将此决定知照俄国。五月十九日（6 月 26 日），以上谕形式公布了这项决定。

上谕颁布后，清流们多有不满，纷纷上疏要求严惩崇厚，有人甚至把矛头指向军机处和首席军机大臣奕䜣。但从效果上说，慈禧以暂缓崇厚死罪为条件，缓解了中俄边境和海上发生武装冲突的可能性，并为曾纪泽到俄国进行改约谈判扫除了障碍。慈禧病中的这次会议，显示了她以退求进的灵活策略。

但是抱病主持会议的结果，加重了病情。捱到六月中旬，慈禧病情仍未好转，在太医院束手无策的情况下，朝廷急得只能采纳宗室宝廷的建议，向民间征求名医一法。六月初七日（7 月 13 日），颁发上谕命各直省博访名医、推荐来京为慈禧太后医病。文华殿大学士、直隶总督李鸿章得旨后，立即想到了自己的幕僚薛福成有个哥哥薛福辰，是一位精通岐黄之术的医家，在苏浙一带极有名气。在征得薛氏兄弟同意后即上奏举荐。与此同时，山西巡抚曾国荃也向朝廷推荐了晋省名医汪守正。可能还有其他省份举荐，但因为李、曾都是朝廷可以信赖的重臣，被荐者又是一南一北著名的医师，便下旨传送来京察看。

薛福辰是当月二十三日（7 月 29 日）抵京的。内务府大臣按旨督同太医院进行考校。第二天，即被召见请脉。他在太医李德立、庄守和、李德昌陪同下到慈禧居住的长春宫，请脉后他和太医们各自开出了处方。太医三人的药方仍是用旧方子。薛福辰说，太后病在肝脾，肝热则胆亦热，所以不能安睡；脾不运则胃逆，所以饮食未能正常，应该取“降逆和中”之法。他的处方用半夏、干姜、川椒、龙眼、益智等，药引用竹叶。然而，薛方结果被否定，说是嫌其用药太热。二十五日，又由内务府大臣恩承带领四人为慈禧请脉。这次由四人合定了处方，用术苓草、半夏等，剔去了干姜、川椒等物。几天下来，太后“精神渐长，元气难复”，未见有什么大效。

六月三十日（8月5日）山西荐来的名医汪守正初次请脉。他认为太后虽两寸虚软，但本元尚为强固，应助气整脾。汪守正和薛福辰都看到了慈禧病在肝脾，气虚寸软的脉象，结论也基本相同：薛称“降逆和中”，汪要“助气整脾”，都是调理顺气，以固本元的办法。但处方各不相同，汪方用人参八分、麦冬一钱、生耆一钱五分、茯术一钱（米泔炒）、山药一钱五分、白芍一钱，醋炒柴胡四分、炙甘六分。相对薛方，这是一服更加温和的药方。

人一多，意见便难以统一。此后几天，太医三人和薛、汪二人，虽也有五人合定一方的时候，但更多的是五人合方中或太医三人，或薛、汪各自加进药料，且在处方中予以注明，表示各负其责。

七月下旬，外廷又荐来江西县丞赵天向和名医马文植两人。

马医生请脉后认为“六脉平静，惟血虚耳，不宜温补”，看法与他人不同。于是，出现三种处方并列：一为薛、汪之方，仍温补；一为马文植之方，甘润；一为太医处方，苦寒。好在中药吃不死人。方虽不同，调理则一。慈禧在温病学不同流派的调治下，天天服着涩口的汤药。

八月初，浙中荐来两医：薛宝田和仲学辂。薛宝田字心农，由浙江巡抚谭钟麟举荐。八月初五日（9月9日）到京，次日请脉。他写有《北行日记》，详细记述了为慈禧初次请脉的情况，为后人了解宫内诊治提供了第一手资料：

> 皇太后命余先请脉。余起，行至榻前，榻上施黄纱帐，皇太后坐榻中，榻外设小几，几安小枕。皇太后出手于枕上，手盖素帕，惟露诊脉之三部。余屏息跪，两旁太监侍立。余先请右部，次请左部，约两刻许，奏：“圣躬脉息，左寸数，左关弦；右寸平，右弱，两尺不旺。由于郁怒伤肝，思虑伤脾，不能荣养冲任，以致胸中嘈杂……”皇太后问：“此病要紧否？”奏：“皇太后万安，总求节劳省心，不日大安。”……皇太后曰：“我岂不知，无奈不能。”

可见做一个君临天下的女主，虽然有威严尊荣的万般风光，但也有日理万机、心力交瘁，人所鲜知的劳累苦处。慈禧说“我岂不知，无奈不能”，确实真切地说出了类似“人在江湖，身不由己”的苦衷。

就在薛宝田初诊后的十余天，病中的慈禧又被中俄关系的紧张形势逼得亲自主持御前会议。

原来，七月中旬，曾纪泽向沙皇递交国书。次日与俄外交副大臣格尔斯会谈，提出修改伊犁条约。沙俄拒不同意，一方面调动泊在日本长崎海面的十五艘俄舰，预备战事；一方面决定不以曾纪泽为谈判对手，另派布策到北京直接谈判。消息传出，英使威妥玛等力劝总署迅速批准崇厚所订条约，务必不要再谈改约问题。到七月底八月初，谣传纷纷，都说俄舰拟从大连湾、日本海口、黑龙江三路进兵，战争在即；而曾纪泽也于八月十日（9月14日）电致总理衙门，证实沙俄已命驻华公使布策返任商办条约是确有其事。总理衙门在八月十七日（9月21日）上奏称：中俄换约日期已届，如果原约所订的条件不能挽回，就命曾纪泽定议准予批准，免得让俄使布策来华，多方挟制纠缠，无法收拾。

慈禧读了总署的奏折，觉得事关重大，必须亲自出面召开御前会议进行讨论。八月十八日，便不顾虚弱，出御养心殿东暖阁召见。

慈禧只说了一句："时事紧急，有何主意？"御前诸人便纷纷发表意见，大致一是不可依俄人欲求，大不了与俄一战；一是和则所索无已，战则兵备未齐，设法拖它三个月作为备战时间；一是力言战无可恃，不敢作孤注一掷之计。七嘴八舌，莫衷一是，甚至相互指责，各不相让。会议开了六刻钟，仍无法统一意见，最后决定交付廷议，三天内拿出意见。马拉松式的会议，开得翁同龢“汗不能支”，可以想见体虚有病的慈禧该是个什么样儿了。

像这样讨论伊犁改约的御前会议还有几起，每次都旷日费时，弄得她极为疲劳，“容颜极瘦，语气甚微”，加上朝廷内外的大事、急事需要决断，无法真正静养调摄，所以纵然名医成群，病情仍无起色。

到这年九月，惇王、醇王和慈安太后、总管内务府大臣及首席军机大臣恭王奕䜣等合议后，觉得名医太多，而且众说纷纭、处方不一，对慈禧治病反倒不利；不如留几个医道高明、进宫又相对较久的名家，效果可能更好。于是在九月下旬，先后辞退了薛宝田、仲学辂、赵天向、连月华、程春藻五人，留下薛福辰、汪守正、马文植三人，会同太医院御医庄守和、李德昌、李德立等继续治疗。

在改组后的治疗小组悉心治理下，慈禧的病情逐渐好转。到光绪七年（1881年）六月初，已基本痊愈。六月二十五日（7月20日）朝廷正式宣布“慈躬大安”，赏治疗有功的薛福辰以记名道遇缺题奏，并赏加布政使衔；汪守正以知府记名遇缺题奏，并赏加盐运使衔；御医李德昌、庄守和均提升一级并赏三品顶戴。薛福辰、汪守正、庄守和、李德昌、马文植各赏匾额。内阁学士宝廷，因奏请广求名医，著交部优叙；推荐名医的李鸿章、曾国荃也因此一并优叙。

慈禧这场病，前后一年半左右，拖得这么久，令许多名医一度束手，据我看，不像是单纯的疲劳症，很像是由疲劳引发的妇女更年期综合征。一般的疲劳症，只要精心调理，服药静养，少则几月，多则半年，即可恢复。从慈禧的病情看，时好时坏，反复无常，虽说她在病中曾有几次主持御前会议，劳累有加，但以名医如云、用药珍贵的医疗条件说，不至于久病不愈。如果从妇女更年期角度观察，她的病情就可得到合理解释：旧时代的中国女性，一般在四十五岁左右进入更年期，慈禧病倒时四十六岁，与此吻合；妇女更年期内，往往表现为心烦神焦、疲劳无力、肩重腰酸、气虚寸软、饮食少味、睡眠不足，符合御医和薛、汪等名医请脉时见到的脉象和病况；妇女更年期一般以药物治疗为辅，以自我调节和生活环境及异性抚慰为主，有的人不需治疗，只要后几方面的因素起作用，就能较为顺利地度过。可是慈禧缺的就是这些。她作为清皇朝最高统治者，内忧外患的政情使她不能安心静养；她二十七岁守寡，缺了关心体贴她的爱人，得不到男人的抚爱关怀，心态与常态下的妇女不同；加上当时的边疆危机与天灾人祸没完没了，更使她心神不宁，忧心忡忡，所以即使有名医好药也难以奏效。这一切，为她治病的医生心知肚明，只是碍着男女有别、君臣名分不便直说而已，所以他们的处方大多是以调理顺气、固本扶元为主的药物，既无速效又服之无碍，强调的是节劳省心自我调节之法，道理就在于此。

由于慈禧是在疲劳症的状态下进入更年期，虽经治疗病情好转，但之后仍独揽大政，没有一个良好的生态环境，所以她难以顺利度过这一生理转折，这就导致她以后变成性情乖戾、喜怒无常的怪老太婆了。

33 慈安太后暴卒之谜

正当慈禧病情将好未好之际，清皇朝发生了一件令朝野震惊的大事：东宫慈安太后突然死去。对慈安的暴卒，时人议论纷纷，有人甚至怀疑被西宫慈禧太后设计毒死所致。那么，事情是否与慈禧有关？

前面说过，慈安太后于咸丰二年被册封为皇后，咸丰死后被尊为母后皇太后，比尊为“圣母皇太后”的那拉氏早上尊号一天，显出了正侧、嫡庶的区别。辛酉政变后，两宫太后垂帘听政，虽说两宫同治，但因慈安对朝政既无兴趣，又无管理能力，大事实际上都由慈禧了断，慈安只是偶尔参赞，成为陪衬。

在两宫同理朝政的长时间内，两人关系总的说是好的。慈禧深知自己是妃子出身，与由皇后升格为皇太后的钮祜禄氏不能相比，所以事事处处都小心翼翼、按制而行，对慈安执礼甚恭。凡遇朝廷大事需要决断，她都会征询慈安太后的意向，或者处理前先与东宫商量，宣布时称两人一致意见云云，不单独颁发懿旨。平时两人以姐妹相称，慈禧凡有好吃的食品，都要备一份，派贴身太监送到慈安居住的钟粹宫孝敬。

慈安太后朝服像

慈禧在光绪六年初得病后，即由慈安垂帘听政。她长期卧床，只有逢到重大的对外交涉时，才抱病与慈安一起召见廷臣。正当臣工们关注慈禧病况时，东宫慈安太后在光绪七年（1881年）三月初九日“感寒停饮，偶尔违和”。因为慈安太后身体一直很好，所以这次偶尔违和，也就按例让太医请脉处方，没有引起宫中慌乱。不料到次夜十一时突然传出与世长辞的噩耗。

臣工们起初还以为是西宫慈禧病死了，及至明白死的是东宫慈安太后，大家都惊愕得瞠目结舌，说不出话来，猜疑由此而起，传闻随之而来。

传说三月十一日慈安太后正在钟粹宫庭院中观赏缸中金鱼时，西宫太监捧着食盒来，跪陈于慈安面前称：外边刚送给慈禧皇太后克食（满语，牛奶饼之类），请东佛爷尝尝。慈安食用后旋即晕倒，未等太医入宫，就升天了。这一说法，明显在暗示慈安太后之死是吃了慈禧派人送来的乳饼所致，慈禧有故意毒杀慈安的嫌疑。

此说出自清末翰林院侍读学士恽毓鼎所著《崇陵传信录》，成文时间在宣统三年四月（1911年5月），恽标榜据实而书，信而可征。其实《崇陵传信录》记同光年间慈禧事多有出入。如记同治皇后阿鲁特氏探视卧病的皇帝时，被慈禧窃听，揪发以出，边走边挞，迹近虚构；称阿特鲁氏吞金而死，亦与事实不符。至于说慈禧送"克食"毒死慈安云云，既非亲历目睹，又不是得之当时的传闻，其真实性大可怀疑。他是光绪十五年（1889年）进士，同年入翰林院为庶吉士，十八年（1892年）充国史馆协修。当光绪七年三月慈安暴卒时，他正在湖北依伯父居，连举人还没有考中，不要说无从得知宫闱内幕，就连皇宫的门槛有多高都不知道。光绪十五年入翰林院后，虽然可能道听途说得知慈安暴卒的传闻，但因距出事已有七八年，辗转相传，添油加醋必然讹上加讹，发为文字，则更见矫饰。试看他连慈安卒于三月初十日戌刻（19—21点钟）都不知，写成三月十一日食奶饼而死云云，其真实性何在？

但《崇陵传信录》的“毒杀说”很有市场，《清朝野史大观》也有从中衍变而来的类似传闻。为什么会有毒杀的传闻？关键在于对慈禧形象的妖魔化，到清末民初已经愈演愈烈。自甲午中日战争后，经历戊戌变法、义和团运动、八国联军之役等重大变故的清王朝，日益成为时人的痛责对象，身为女主的慈禧，理所当然成为众矢之的。立宪派的梁启超和革命党的孙中山，对慈禧的批判痛斥尤烈。慈禧被批得一无是处，形象大坏，在妖魔化成为民间社会舆论主流的态势下，各种传闻也就接踵而至，宫闱内幕更是成为酒余茶后的谈笑主题。辛亥革命推翻清王朝后，录述清宫逸事的笔记、野史成了坊间热门，遗老遗少是传媒和书局的争逐对象。当某种理念成为社会价值判断的主流时，趋时逐流的应景文章就会同声相应。

平心而论，有关慈禧的传闻在清末民初之所以不胫而走，除了迎合社会心理的一面外，还在于它往往抓住一二历史由头，真真假假地搞得读者一头雾水。它并非通盘捏造，全无是处，而是在历史由头下渲染铺陈，捕风捉影。“毒死说”就是以两宫矛盾为由头而大做文章。

如前所述，慈禧、慈安两人同理朝政的二十年（1861—1881

年）内，关系总的说是好的，慈禧对慈安执礼甚恭，但并不是一点矛盾都没有。这二十年内，矛盾较大的有三件事：一是安德海被杀的上谕是由慈安决定颁发的。二是同治帝载淳幼时对慈安太后亲，对生母慈禧太后感情疏远，引起慈禧不快；三是载淳在择后问题上，不选生母慈禧中意的女子为皇后，而是选了慈安看中的阿鲁特氏为皇后，使慈禧对东宫心怀不满。正是这些实有其事的矛盾，才使时人和后人对慈禧、慈安的关系产生种种猜想和怀疑，对慈禧的为人和品格妖魔化，才衍生出毒死慈安的传闻。

事前既有对两宫不和的传闻，事后又有慈禧对东宫不敬的把柄。当慈安下葬东陵时，慈禧在不少廷臣劝阻下，没有参加葬礼，于是私议纷纷。及至光绪十二年三月，她偕同光绪帝祭谒东陵时，又不愿在慈安墓前跪拜行礼，在礼部尚书廷煦的力争下，不得已最终按礼制行了大礼。前后相连，毒死之说在虚虚实实之间便不胫而走了。

有别于毒死之说的，是因病而死说。《清史稿·德宗本纪》记慈安之死只有寥寥十几个字：光绪七年三月“辛未，慈安皇太后不豫，壬申，崩于钟粹宫”。辛未即初九日，壬申即初十日。“不豫”是对天子生病的讳称。慈安是临朝称制的皇太后，可以通用此词。记得虽然简单，但没有曲笔。

《翁同龢日记》三月十一日详细记述了他所见慈安初十日

的太医脉案和处方。从翁的记载看，慈安初九日得病，到了第二天午刻（11～13时）已经“神识不清”、“牙紧”，未刻（13～15时）已大小便失禁，酉刻（17～19时）则六脉将脱，汤药灌不进去了。戌刻（19～21时）终于弃世。从发病到死亡不足两天两夜，全过程都由太医庄守和等三人救治。处方脉案俱在，病逝似无可疑义。但从《日记》看，翁同龢对此竟表示“呜呼奇哉”！一向以稳重谨慎著称的他，为什么会惊呼“奇哉”？为什么日记中又要特意写明“初九方未发”？难道其中有什么隐情吗？

研究清史的学者也大多认为慈安是正常死亡，不是被毒死。他们指出慈安不是初次发病，之前有过两次，都类似心血管急症。这次发病是因为慈禧生病不能临朝而由慈安听政，事无巨细都要她一人独断，压力太大，损害了她的健康，使她旧病复发。这一说法符合翁氏日记所说慈安有“类风痫甚重”的旧疾；也符合一旦独立听政、压力骤增的事实，但既然是“类似心血管急症”的旧疾复发，太医们已有过两次治疗的经验，何以这次抢救竟致无策？再说心血管病复发应是脑溢血或心肌梗塞一类病症，何以会出现牙关紧闭，小便失禁等情况？可见，说慈安病死，还需要出示足够的过硬证据。

撇开慈安死因的讨论，一个明显的结果是：慈安一死，晚清史上两宫垂帘听政的历史就此结束。从光绪七年三月中旬起，清皇朝进入慈禧一人听政、大权独揽的阶段。皇朝安危、国运升沉，既然系于一人，那么世人的目光，中外的舆论，也就势必聚焦到这个政治女强人身上。

她能胜任吗？她将如何对付繁纷复杂的内外形势？她要把清皇朝治理下的中国带向何方？下面的史事将为您解析这些疑问。

平定朝鲜“壬午兵变”

34

慈禧病愈后处理的第一件重大政务，是光绪八年（1882 年）应朝鲜使臣之请，出兵平定了该国发生的兵变和诱执其掌国的大院君李昰应。这是中朝关系史上的一桩大事，不仅牵涉到日本对朝鲜的侵略图谋，而且和后来的中日甲午战争大有关系，不能不多说几句。

为了说清事情的来龙去脉，得从朝鲜当时的国内、国际形势说起。

朝鲜明初已是中国的藩属。清太宗皇太极崇德二年（1637 年），改奉大清国正朔，成为清王朝属国。其后清军入关，定鼎中原，两国仍保持良好的宗藩关系。

朝鲜自 1392 年（明洪武二十五年）建代以来，一直由李氏的直系后裔统治王朝。1864 年

（清同治三年）朝王哲宗逝世，无直系继承人。哲宗遗孀中年龄最大的赵妃指定李氏旁系兴宣君李昰应的十二岁儿子李熙继位，是为高宗。然而高宗年少，无力亲政，大权便由生父兴宣君掌握。

兴宣君李昰应统摄朝政后，自号“大院君”，重用全州李氏，打击地方两班贵族和非议朝政的儒生，加强军队建设，进行一系列内政改革，对外实行严格的闭关锁国政策，以维护王权相标榜，形成了长达十年的专权统治。

大院君的儿子国王李熙，于1866年（清同治五年）十四岁时，和闵氏女结婚。闵妃早对大院君专权不满，婚后运用自己对国王的影响，拉拢赵妃，把反对大院君改革的两班贵族和主张对外开放的儒生团聚在自己周围，成了大院君的政治劲敌。一时，围绕着锁国还是开放，两派进行了激烈的争论。

1873年（清同治十二年），李熙亲政，大权却由闵妃掌控。闵党主要人物，纷纷登台，成为政府要员。大院君退出政治舞台，李党暂时失势，但党争依然未泯，锁国论和开放论的争论，仍在继续。在这种情势下，控制王权的闵妃，不仅竭力支持对列强实行开放的舆论，而且身体力行，对日本所来的器用杂物极表爱慕，并且公开表示应该与日本通商贸易，向日本示好。目的既在抑制政敌，又在寻求外部力量的支持，以维护统治，打击大院君一派。

日本自明治维新后就确立了以侵略中国为目标的“大陆政策”，侵略朝鲜，是实行这一政策的第一个环节。1868年、1870年，刚刚废藩的日本明治政府，两次派使节去朝鲜要求通使，被大院君拒见。日本两次被拒，以朝鲜故意侮辱为借口，“征韩论”甚嚣尘上。当时日本国内以西乡隆盛、佐田白茅为首的一派，坚决主张征韩，是为急进派；以大久保利通为首的一派，则认为准备不足，征韩条件尚未成熟，是为缓进派。两派争论直到1873年（日本明治六年）暂告平息。这一年正是大院君还政、退出政治舞台，闵妃掌权的一年。

1875年（清光绪元年），掌权不久的闵妃，遭到了日本的武力冲击。该年9月，日本军舰“云扬”号在朝鲜西南沿海进行非法活动，朝鲜官兵抗击两昼夜终于将日军击退。日本蓄意制造“云扬”号事件后，“征韩论”复起，但缓进派主张先不出兵，应派使节赴朝交涉，并以朝鲜是中国的藩属国为由，建议派使节向清政府责询及试探中国的态度。这一意见被日本政府接受，于是派黑田清隆、井上馨使韩，命森有礼为全权公使赴华，进行双管齐下的外交活动。

当时，清政府正处于边疆危机的窘迫形势。慈禧一面指令左宗棠进军新疆平定阿古柏军事入侵，一面指令伊犁将军荣全与占领伊犁的沙俄进行谈判，无力过问朝鲜问题。所以，在慈禧的支持下，清政府主持外交的总理衙门在与日使森有礼的交涉中，采取了劝朝鲜息事宁人，对朝日交往悉听自主的态度。日本方面，以总理衙门的奏折中有“臣等查朝鲜虽隶属中国藩服，其本处一切政教政令，向由该国自行主持”一语，大做文章。一面恣意曲解，认定朝鲜是独立国，藩属国仅是空名；一面撇开中国政府，自行处理日朝关系。

中世纪时代的藩属制度是历史性的产物。宗主国与属国的宗藩关系与近代西方殖民主义和殖民地之间的关系完全不同。宗主国按儒学的礼制作为规范，对藩属进行册封纳贡，不干预属国的内政外交，不直接介入属国的社会经济生活，可以说只是一种文化上的认同。而宗主国对属国同时负有纾其急难、排解纠纷、保其安全的责任。日本故意曲解这一历史事实，纯粹是为其独占朝鲜的阴谋制造借口；而清政府明知日本有觊觎朝鲜之心，竟以“息事宁人”劝说朝鲜与日本订约，放弃了宗主国有保护属国免受他国侵害的道义责任，反映了处于边疆危机时期的清王朝，不惜以牺牲属国利益换取海疆安定的自利主义意向。

与森有礼在华交涉的同时，日本赴朝使节黑田清隆等在七艘军舰、千名水兵的卫护下抵达朝鲜，日本政府则在下关结集军力，作为征朝的军事准备。闵妃政府面对强邻的军事、外交讹诈，又在宗主国“息事宁人”的照会劝说下，不顾人民要求抗倭的强烈呼声，采取了对日妥协态度，于 1876 年（清光绪二年）接连与日本签订了《江华条约》和《朝日通商章程》等不平等条约。从此，朝鲜就被日本紧紧抓住了。当代韩国的一位著名历史学家在评论这些条约时说：“以这个条约为契机，朝鲜被强制编入了世界资本主义的体系。”

所说“被强制编入”，就是非自主进入。可知闵妃实行的向外部寻求支持以压制政敌的开放政策，无异于开门揖盗，使日本获得了包括开埠通商、建立居留地（租界）、领事裁判权、商品免税、测绘朝鲜沿海等一系列特权，并为尔后日本侵略势力的进一步深入提供了方便。如果说，大院君的锁国政策是消极愚昧的保守主义，那么闵氏政权的非主体性的开国政策是屈服于侵略者压力的妥协主义，两者都不利于朝鲜社会的正常进步和发展。而清政府“息事宁人”的外交指导，也是客观上促成闵氏政权妥协主义的原因之一。慈禧太后和她的政府奉行的这种自利主义外交，不仅有悖于宗主国保护藩属国的应有责任，而且为中日之间对待朝鲜问题的交涉留下了隐患。

《江华条约》订立后，日本在朝鲜的影响日益扩张。日本不仅派驻了驻朝使节，而且代为朝鲜政府训练军队；培育亲日势力，笼络具有开放思想的官吏和士子；间离清皇朝与朝鲜的宗藩关系。

朝鲜的“壬午兵变”正是在这种复杂的国际、国内形势下，各种社会矛盾长期积聚的产物。

“壬午兵变”的直接起因是兵变。1882年6月（清光绪八年五月），长期领不到饷米的朝鲜汉城营兵，被政府支发掺有半数砂石糠麸的饷米所激怒，自发地举行了反闵氏政府的暴动。暴动犹如一把火，点燃了早已积聚起来的各种矛盾。首先是受压迫剥削的城市平民纷纷卷入，与暴动官兵汇成一股难以遏制的破坏力量，到处袭击平时欺压士兵、百姓的军官，打开监狱，砸毁兵曹判书（相当于清政府六部中的兵部）闵谦镐等人宅第，袭击政府衙门，开仓发放粮食，并在当天进攻日本训练的“别技军”处所，杀死日本教官和其他日本人；冲进日本公使馆，击毙使馆内的日本人员。日本公使花房义质乘乱放火焚烧使馆，然后带领其余使馆人员逃往仁川。

紧接着汉城郊外农民、城内各营士兵，甚至接受日本训练的“别技军”部分士兵也加入暴动队伍。从六月初九至初十两天内，汉城及其近郊完全处在暴动队伍冲击下，社会秩序大乱，政员官员逃走，行政机构瘫痪，闵妃出逃。为了控制大局，国王不得不重新起用大院君。

当六月初九日暴动发生时，大院君李昰应住在离汉城二十里的清洞山下，不在现场。暴动与其毫无关系，纯粹是自发行动。到初十日，大院君被兵变群众“群往迎归，请其主持大计”，乃有冲进王宫，杀害大臣等事，攻击对象由一般贪官污吏转向主张对外开放的政府高级官吏和闵氏贵族。愤怒的人群处决了躲在宫内的闵谦镐、金辅铉等数名大臣并捉拿闵妃，而闵妃早在暴动蔓延时已装扮成宫女逃出王宫。暴动兵民因从未见过闵妃，误把一个为保护闵妃出逃而穿了闵妃服装的宫女当作闵妃捉拿。不料这个伪装闵妃的宫女已经服毒，暴动兵民捉到她后即时死去，致使许多朝臣包括大院君在内都认为闵妃已经遇害。其实她已逃到了忠州，正秘密地与派往天津的使节金允植进行联络，“敦请清朝出兵朝鲜”。

壬午兵变从习见的群众自发反暴政、反腐败开始后，立即脱出自发反抗的常规，迅速演变为反开放、反日本的政治斗争，带有强烈的排日情绪与党派斗争色彩。清王朝在兵变后的第八天即六月十八日（1882 年 8 月 1 日）才由当时不在日本的驻日公使黎庶昌电告署理直隶总督张树声，张接电后隔两天即六月二十日（8 月 3 日）报告总理衙门。这个报告没有涉及兵变祸首，只是提出日本将派兵赴朝，中国也应派兵前往观变。六月二十日后，张树声从在津朝鲜使臣金允植处得到消息，说兵变是以朝鲜国王生父大院君李昰应为首，便密函总理衙门。清驻日公使黎庶昌也报告说是李昰应为首。于是清政府认定兵变是李昰应鼓动、主持。朝鲜在天津的使臣金允植更多次要求清朝派兵入朝，平定兵变。总理衙门据此上奏，请太后决断。

慈禧接到总理衙门有关朝鲜兵变的奏折后，思考再三。按理说，壬午兵变是属国朝鲜的内政，宗主国本不应该干涉，但由于兵变中伤害了日本人和冲击了日本使馆，日本将出兵朝鲜；而大院君李昰应又反对开国政策，有可能加剧日本侵朝图谋。这样将使东北边疆出现新的危机，朝鲜因之会重蹈安南、缅甸等西南属国的覆辙，大清皇朝将失去东北屏障。考虑到日本一手制造琉球事件，进而吞并琉球的事实，慈禧决定同意总理衙门派兵的意见。

一声令下，直隶总督张树声立即派出北洋水师提督丁汝昌率带吴长庆部清军三千名、军舰四艘赴朝，道员马建忠随行，以在津朝鲜使臣金允植、鱼允中为向导。

当清军抵达汉城时，兵变已经平息。原来，在大院君被国王重新起用、执掌朝政后，即对暴动兵民“遍为安抚，兵仍归伍，民悉安业”，暴乱渐告平息；大院君开始有效地实施管理，行政运作趋于正常。

面对无乱可平的局面，入朝清军着手执行拘捕大院君李昰应的秘密任务。原来，当清军大队开往朝鲜仁川时，慈禧太后认为大院君既然是这次兵变的主谋，又反对开放政策，留在朝鲜不仅加剧锁国与开国的党争，导致内乱再起，而且激化日本与朝鲜的矛盾，促使日本借口锁国而对朝鲜起吞并之心，使中国在西南、西北边疆危机时加上东北边疆危机，出现雪上加霜的局面。于是她在七月初十日（8 月 23 日）发出上谕，命署直隶总督张树声“务将李昰应获致，庶该国之乱自平”。七月十二日，抵达汉城的丁汝昌、马建忠、吴长庆，在向导金允植、鱼允中提供情报之下，密定机宜，商定了诱执大院君、究捕乱党成员的计划。

次日，吴长庆入城拜会大院君。下午三时，大院君李昰应去清军大营作礼节性回访。马建忠、丁汝昌先以计遣散其护从，然后与李“往复笔谈，延至日暮”，由丁汝昌亲率小队以肩舆拥李就道，连夜冒雨急走。十四日凌晨至南阳海口，即上“登瀛州”号军舰，解送天津。

十五日夜，吴长庆率军三营奔赴“乱军所居”之枉寻、利泰两村，进行围捕，共搜捕一百七十余人。至此，清军完成了所谓平定朝鲜内乱的任务。其实，清军入朝平乱，某种意义上可以视为朝鲜“李党”和“妃党”斗争的继续，是“妃党”借清军之手，从根本上铲除了自己的政敌，夺回了失去的政权。

大院君李昰应被诱执来华后，慈禧太后根据李鸿章的建议，将其安置在保定府地方，永远不准回国，由中国地方政府承担生活费用。

日本在壬午兵变后，原想利用日本教官掘本礼造等人被杀一事进行武力镇压，由于入朝清军数量上的优势及抢先进入汉城，才没能出现中日两国军队共同镇压的局面。但日本不甘罢手，利用清政府在日朝问题上的自利主义倾向和息事宁人的态度，以武力胁迫闵氏政权签订了《济物浦条约》，取得了赔款、驻军、开放通商口岸、扩大原有居留地活动范围等特权。其中驻兵朝鲜一条，事实上形成了中日共同驻兵朝鲜的复杂局面，给日本势力向朝鲜进一步渗透提供了契机。至于朝鲜对日赔款五十万元，实际上也是由中国代垫，由朝鲜按其关税矿利分年摊还。

慈禧、李鸿章等以为拘禁大院君、扶植闵党之后，朝鲜党争可以立息，开放政策可以施行。他们哪里知道，开化党中派系繁多，有亲华、亲日、亲俄等派。清军入朝，事实上使亲华一派得势，亲日派自然怨恨。在日本驻朝公使竹添进一郎支持下，以金玉均为首的开化党亲日派，于1884年（光绪十年）发动了亲日反华、标榜“独立”的“甲申政变”，虽然政变被清军镇压下去，但从此中朝关系却日见恶化了。而日本自甲申政变后，通过中日两国订立的《天津专条》，规定两国同时从朝鲜撤兵，今后两国若出兵朝鲜，应事先相互行文知照。通过这一专条，日本获得清政府认可，与中国军队具有共同出兵朝鲜的权利。1894年中日甲午战争爆发，日本正是借口清军增兵朝鲜而乘机出兵。

那个被永远不准回国的大院君李昰应，在保定被圈禁不到三年，即由提议永不准复回的李鸿章，以甲申政变后需要收拾人心为理由，向清政府提出释放回国。慈禧太后同意释回。光绪十一年八月（1885年9月），李昰应在袁世凯、总兵王永庆陪同下，乘轮回国。李昰应一捉一放，证明了李鸿章与慈禧太后在朝鲜问题上强指李昰应为“壬午兵变”主谋的错误。

“壬午兵变”不仅是朝鲜近代史上一件大事，也是中朝关系史上一个重大转折点。清皇朝在保护藩属国安全的名义下出兵，本来是无可非议的，但出兵的目的却出自以牺牲属国利益换取海疆安定的自利主义，平乱后又实行伤害朝鲜民族感情的种种干涉属国内政的政策，既阻遏不了日本对朝鲜的侵略，又不能平息朝鲜内部的党争，结果给传统的中朝友好关系投下了浓重的阴影，客观上为日本势力对朝鲜的进一步渗透，提供了契机。慈禧在对外关系上的无知和失着，在琉球问题、马嘉理事件后，再一次表现了出来。

35 暗助“黑旗军”援越抗法

正当慈禧命清军入朝、平定“壬午兵变”、获执大院君李昰应之时，西南边疆因法国侵略越南而造成的边疆危机形势日益严重起来。大病初愈的慈禧不得不认真考虑对策。

越南自宋代以来就是中国的藩属，两国山水相连、唇齿相依，一直保持着良好的宗藩关系。自从 18 世纪后期起，一心想在东方扩张殖民地的法国，对越南就有侵略野心，妄图占领越南后把势力伸入中国的西南地区。第二次鸦片战争中，法国乘清政府内外交困之际，派遣远征军入侵越南南部，于 1862 年（清同治元年）迫使越南阮氏王朝签订了第一次《西贡条约》，割占了嘉定、边和、定祥三省及昆仑岛。1867 年又占领永隆、河仙、昭笃三省。在越南南部建立了法属殖民地，并控制了湄公河三角洲。

法国原想从湄公河上溯，侵入我国云南。但后来发现湄公河上游不能通航，便改变计划，准备出兵占领越南北部的北圻，由红河进入云南。当时，正是慈禧第一次垂帘听政，集中全力“征剿”太平军和捻军之时，既无力顾及藩属国的安危，又缺乏足够的外事交涉经验和实力，对法越冲突采取了置之不理的态度。

同治十二年正月（1873 年 2 月），两宫太后撤帘还政，同治皇帝亲政。这年十月，法国驻西贡总督派海军上尉安邺统军北上进攻北圻，占领河内及附近四省。越南国王只得向驻屯于保胜（今老街）的刘永福黑旗军求助。

刘永福是个颇具传奇色彩的人物。他原名义，字渊亭，祖籍广西博白。道光十七年（1837 年）生于广东钦州（今属广西）。自小贫穷，识字无多，爱好武术。二十岁时，在太平天国战争影响下，参加广西天地会反清起义，后来投入起义军吴亚忠部。在和清军战斗中，刘永福认为敌我力量悬殊，不宜孤城困守，建议突围转移，保存有生力量。吴亚忠不听，他便借筹粮之机，率三百余人脱离吴部，独立转战。同治六年（1867 年）退至越南北部的中越边境，以保胜为中心实行武装割据。他采取屯垦练兵、保境安民之策，军队垦荒、自给自足；树七星黑旗，标榜忠义；重内部团结，关心官兵疾苦；平时精于训练，战时勇敢杀敌。黑旗军在艰苦环境下，被训练成一支具有很强战斗力的队伍，不少小股武装纷纷来归，到同治十二年，已经扩展到一千余人。越南阮氏王朝在“剿抚不能”的处境下，只得听之任之。眼睁睁地看着黑旗军势力坐大。好在黑旗军既不扰民，又不和当地政府纠葛，有时甚至还可利用来清除边境土匪、消除隐患，所以双方长期来处于暗中默契、和平共处的状态下。

刘永福在越南国王请求下，毅然应命，率军抗法。十一月，军次河内，在距城二里的纸桥设伏，诱敌出击。法军中计追击，伏兵四起，死伤数十人，安邺被阵斩。法军群龙无首，大败而回，被迫退出河内和红河三角洲地区，龟缩海防一线。这次大捷，打乱了法军企图侵占北圻的计划，推迟了法国吞并越南、觊觎中国西南边疆长达十年之久。战后，刘永福被越南国王授三宣副提督，黑旗军也从此结束了落草为寇的尴尬地位。

清政府对刘永福黑旗军一直采取敌视、镇压的态度，但因中越边境地形复杂，山高林密，不利于出境作战，所以始终未能得手。迨至纸桥大捷，黑旗军成为法国侵越的巨大障碍，对避免出现西南边疆危机起到重要缓冲作用时，精明的慈禧太后，在第二次垂帘听政之后，开始改变策略，逐渐变敌视、镇压为默认保全，以达到“保藩固边”的目的。

光绪七年十月十五日（1881 年 12 月 6 日），大病初愈的慈禧代皇帝发布上谕称：法人谋占越南北境，并欲由红江通商云南，后患不可胜言。诏命李鸿章、左宗棠、张树声、刘坤一、刘长佑、杜瑞联等商量妥办；同时命曾纪泽仍坚持前议，与法外部乘机辩论。这道上谕，改变了以往对法越争端置之不理的态度，确立了“保藩固边”的方针，采取备战和外交谈判相结合的两手策略。于是暗助黑旗军援越抗法，就成为“保藩固边”的题中之义。

慈禧心中明白，黑旗军毕竟不是皇朝手中的队伍，不能公然依靠和明目张胆地使用、调遣。她只是为了固边保藩而利用它来牵制法军，所以只能暗中资助，不能公开进行。当广西巡抚庆裕于七年十二月十三日（1882 年 2 月 1 日）上奏，报告他已命提督黄桂兰以防匪为名，加派勇队驻扎越南边境，并且已经与刘永福有所接触，决定相互接应时，慈禧以上谕指出：刘永福未可深恃，且虑形迹太露转致枝节横生，尤当加意缜密。诏旨明显告诫庆裕，应着眼于一个“暗”字，不露形迹，避免节外生枝。

应该说，慈禧这样的考虑并非无因。一方面刘永福黑旗军没有接受朝廷招抚，名义上仍是清军对手；一方面朝廷内外对法越争端、助越抗法意见分歧，不少人认为中国不必过问。如署理粤海关监督裕宽，在八年四月还上奏称：越南积弱已久，政令不修，人情恇怯，决不能再与法抵抗，法越交涉之事，中国不必与闻。因此，慈禧尽管有心利用黑旗军抗法，也只能在暗助上着手。

方针既定，慈禧开始为“保藩固边”作一系列人事调动。光绪八年正月，她以漕运总督周恒祺病免为由，将广西巡抚庆裕调任漕督，任命倪文蔚为广西巡抚，徐延旭为广西布政使。四月，以直隶总督李鸿章丁忧，调两广总督张树声暂署直督，以陕甘总督曾国荃署理两广总督。同月，命广东水师提督吴全美统带广东兵轮，克期出洋，与滇、粤防军遥为声援。

在人事调动期间，福建巡抚岑毓英于三月间上奏，吁请朝廷暗资刘永福军饷器械，使之固守以抗法。慈禧阅奏后觉得应听听身处一线的地方大吏意见，便于五月间命云贵总督刘长佑入京陛见，以岑毓英署理云贵总督。

刘长佑抵京后，向慈禧如实作了禀报。大意是：法国决不会放弃亡越图我之心，现在法人日日增兵，其主要障碍在黑旗军。法人已悬赏万金求购刘永福首级，又悬赏十万金要法军攻取保胜，灭黑旗军老巢。刘永福曾屡次请求越南国王与法军决战，刘曾亲赴谅山，与广西提督黄桂兰面商，表示同仇敌忾，并愿意分兵赴北宁助守；保胜有所部驻防，法军决不会得逞，只是自己兵力不足（沈按：当时黑旗军号称三千），亟望得到天朝援助。

慈禧听了刘长佑禀报后，消除了对利用黑旗军援越抗法的疑虑，决定让刘长佑“密为布置”。于是，七月间，道员沈寿榕统滇军出马白关，进抵越南宣光省安平府扎营；云南布政使唐炯由马白关赴保胜，察看地形，布置关外各军。八月，曾国荃命水师提督吴全美率兵船八艘巡防北海。八月十一日（9月22日），慈禧颁发上谕，命刘长佑、岑毓英等饬令唐炯审度机宜、妥善办理，所有在防各将领一体听候唐炯调遣，与广西派出各军互为应援，并设法笼络刘永福军。这件上谕，确立了暗助刘永福的策略，由于候补吏部主事唐景崧在八年七月曾向军机大臣宝鋆、李鸿藻呈递说贴，请缨赴越以大义游说刘永福黑旗军抗法。慈禧觉得不妨一试，便于八月初，将唐景崧发往云南，交岑毓英差委。

唐接旨后决定假道越南赴滇。他先到广州，拜谒曾国荃。曾对唐所言法越之事极表赞同，并资助他入越。光绪九年（1883年）唐景崧抵达保胜，三月八日（4月14日），在山西会见了刘永福，向刘详述了法越及清廷形势，提出上、中、下三策，供刘选择：

上策，据北图南，事成则王，不成亦不失为捍卫华边之豪杰，功在中国，声施万世。

中策，提全师击河内，战胜则声名崛起，粮饷军装当由中国相助。不胜，则忠义之举人犹荣之，四海九洲知有刘永福，谁肯不容？立名保身，无逾于此。

下策，坐视国难，则无功无名，谁重黑旗刘永福者！事败而投中国，恐不受；株守保胜，实为下策。

刘永福认为自己“微力不足当上策”，选择了依靠朝廷、保卫北圻、抗击法军的“中策”。此后，两人在山西又再次会晤，相谈甚欢。三月十日（4 月 16 日），刘永福、唐景崧与越南驸马、东阁大学士、督统军务大臣黄佐炎在山西上协社举行三方会谈，商讨进兵计划。

当时，法国正是狂热的殖民主义者茹费理当政。他大力推行侵越图华的侵略方针，一方面通过外交谈判向中国施压，要中国撤兵；一方面积极拼凑侵越队伍，任命海军上校李威利率带远征军进攻越南。李威利于 1882 年 5 月再次攻占河内，次年 3 月又侵入南定，气焰嚣张。越南国王面对法军深入越北，越军无力阻其凶锋，便再次邀请黑旗军参战。黄佐炎就是在这样的情势下到山西参加三方会谈，讨论军事部署的。

刘永福在清廷支持下，决心抗法到底。八年三月，他率三千黑旗军，会合黄佐炎所部越军，开始向法军发动反攻的军事行动。四月初三日（1883 年 5 月 9 日），刘永福进驻怀德府，致书河内法将李威利，约期决战。次日，黑旗军将士在河内城外慷慨誓师，决心为越南削平敌寇、为捍卫中国边疆而战。四月十三日（5 月 19 日），在越军配合下，与法军鏖战于纸桥。黑旗军将士直前猛攻，势如波涌涛翻，侵略军司令李威利当场被击毙，法军二百余人丧命，取得了震动中外的第二次纸桥大捷。战后，刘永福被越南国王授予三宣正提督，授一等义良男爵。

第二次纸桥大捷后，黑旗军又在八月、九月间与新任法军司令波滑统帅的法军战于怀德、丹凤，取得胜利。波滑因军事失利，被法海军部解职回国。

黑旗军重创法军后，清廷内外臣工对黑旗军在“保藩固边”中所起作用开始有所重视，不少人上奏请朝廷在钱粮、军械、兵力等方面予以资助，慈禧也由暗助转为公开。八月初四（9月4日），清廷以唐景崧往来边营，联络刘永福有功，赏四品衔。一个月后，又谕令广西巡抚倪文蔚等督饬关外防军，接济黑旗军，并命唐景崧设法激励刘永福坚定抗法初衷。旋调徐延旭为广西巡抚，命其迅速出关联络刘永福黑旗军。值得注意的是这时朝廷已改称黑旗军为“刘团”，把它作为地方团练武装了。九月二十二日，慈禧颁发谕旨，拨给刘永福白银十万两，以应急需；并调集军队自广西、云南进入越南北圻。从此，黑旗军成为清政府“保藩固边”军事整体的一部分。

慈禧对刘永福黑旗军从敌视镇压变成默认保全到公开资助，这一策略的演变，固然与法国侵越图华的形势有关，但也反映了她为了维护边疆安全，敢于化敌为友，毅然弃旧图新，改弦更张的识见和魄力。应该说，后来黑旗军在中法战争中成为越南战场上一支重要力量，与此大有关系。

36 “甲申易枢”

由于法国茹费理内阁坚持侵越图华的殖民政策，法越战事终于在光绪九年十一月（1883 年 12 月）演变为中法之间的战争，史称中法战争。

这场战争大体上分为两个阶段：从光绪九年十一月到次年三月（1883 年 12 月至 1884 年 4 月）为陆上战争阶段。战争局限于越南北部和红河三角洲地区。从光绪十年六月到十一年二月（1884 年 7 月至 1885 年 3 月）为海、陆战争阶段。战争在中国境内和越南境内进行。战争以十一年三月双方签订中法《天津条约》正式结束，前后二年一个月。

第一阶段陆上战争，主要有两大战役：光绪九年十一月的山西之战和十年二月（1884 年 3 月）的北宁之战。其中，北宁战役是第一阶段中法之间的主力决战，前后五天，清军全面失利，弃城而走。随之便全线崩溃，太原、谅山、郎甲等地相继失陷。法军接着进攻西线的滇军，云贵总督岑毓英不战而退，将滇军撤至中越边界的河口、保胜一带，兴化、临洮、宣光因之沦于敌手。第一阶段的陆战，以清军彻底失败告终。

败讯传来，朝野震惊。慈禧勃然大怒，以广西巡抚徐延旭株守谅山、调度乖方，致使北宁失陷，于二月十九日（3月16日）下旨革职留任，并责令收集败军，尽力抵御；命湖南巡抚潘鼎新驰赴广西督办军务，以庞际云暂护湖南巡抚。二十九日（3月26日），又下谕旨，以云南巡抚唐炯率行退缩，致使军心怠散，北宁、太原相继失守，著革职拿问；徐延旭丧师辱国，交刑部治罪。命张凯嵩署云南巡抚，李用清暂理贵州巡抚，潘鼎新署广西巡抚。十天之内，接连撤换前线将帅，足以表明她的愤怒之情。遥想当初她为“固边保藩”起用唐炯、徐延旭时，对他们寄予期望、谆谆嘱咐的情景，她确实是除了愤恨还是愤恨！

她只是怨恨徐延旭、唐炯畏葸无能、有负托付吗？非也。其实，她最恨的是首席军机大臣恭亲王奕䜣。军机处作为中法战争期间负责军事机务的最高指挥机构，在处理中法谈判和法越争端中，一直主张通过外交途径避免战争，不敢和法军正面交战，以退让换取边疆和平，致使朝廷充斥避战求和的气氛。

而奕䜣正是这一主张的积极倡导者。他和李鸿章对法让步、力保和局的论调相互呼应，导致了徐延旭、唐炯等前线大员观望犹豫、军心怠散、战不出力、溃逃败退的不堪局面。

有人不是对此有疑问吗？从19世纪70年代中国边疆危机以来，慈禧哪一次不是以妥协退让求保全？奕䜣所为不正是执行了她的意图吗？不错。过去是，但这次不一样。这次她不像以往明显委曲求全，而是在清流主战言论的鼓动下，逐渐趋向于主战。早在法国侵略越南、中国与法国进行外交谈判期间，以言官与台谏为主体的清流官员如署左副都御史张佩纶、户部给事中邓承修、山西巡抚张之洞、内阁学士陈宝琛等便纷纷上奏，申述中越唇亡齿寒、辅车相依的关系，批评军机处在中法争端中只是虚应故事，毫无抗争之实，指责李鸿章拥兵自重、避战自保；主张增兵援越，积极备战。除清流们主战高论外，湘系实力派如两江总督左宗棠、兵部尚书彭玉麟、驻法公使曾纪泽等也力言援越抗法，认为针对法国军事、外交咄咄逼人的态势，仅依靠外交谈判而作口舌之争，于大局无补，必须加强边境战备，以武力为后盾才能遏其图我之心。两者遥相呼应，成了朝廷内外主战的强音；加上刘永福在第一次纸桥大战中的胜利，使慈禧原来抱有依靠外交谈判、妥协求全的心态开始发生微妙的变化，逐步转向援越抗法的主张。所以她一面指令曾纪泽在中法谈判中，坚持越南是中国的藩属，中国对法国侵越，不能不问；一面调动军队加强战备，作固边保藩之计。尽管她那时还未确立对法一战的决心，但总的趋势是赞同主战的。否则，她就不会放手让清流的主战言论无所顾忌地出笼了。

可悲的是，作为首席军机大臣、首席总理衙门大臣的奕䜣，不察慈禧太后的这种微妙变化，还在按自己的理解热衷于外交谈判，而对备战固边的指令，只作例行公事对待。这就使大病初愈的慈禧感到他故意不积极执行自己的意图，越发怀疑他藐视权威、不愿支持自己独立主政，怨恨之情油然而生。北宁败讯传来，慈禧大怒之下，杀了失守扶朗炮台的总兵陈德贵、副将党敏宣，又革职拿问了徐延旭、唐炯，明眼人心里明白，这个铁腕太后的怒火将会烧向哪里。

事有凑巧，三月初八（4月3日），一份奏折递到了太后手中，上奏者是日讲起居官右庶子盛昱。奏折以弹劾张佩纶及军机大臣、吏部尚书李鸿藻保荐唐炯、徐延旭之不当为由，指责恭亲王奕䜣，军机大臣、武英殿大学士宝鋆无知人之明，所用非人，致使前线失利；要求将张佩纶和军机大臣下部严处。奏折正中慈禧下怀，她有了可以发作的借口。于是，就在当天她召见奕䜣等全班军机大臣，声色俱厉地面责他们迁移因循，致使边防不靖，海防粉饰，疆臣苟且，国用空虚，一句话，坏了皇朝大业。措辞之严苛，态度之专横，神色之冷峻，为历来所未见，吓得大臣们噤若寒蝉，不敢吱声。退下后，个个心中闷郁，知道将有非常之事降临了。翁同龢在当天的日记里写道：“今日入对时，谕及边防不靖、疆臣因循、国用空虚、海防粉饰，不可以对祖宗。臣等惭惧，何以自容乎！退而思之，沾汗不已”。真切地写出了军机大臣们惶恐之态。

果然，五天之后即三月十四日（4 月 8 日），慈禧颁下懿旨，免去奕䜣、宝鋆、李凤藻、景廉、翁同龢在军机处和总理衙门的一切职务。其中奕䜣开去一切差使并撤去恩加双俸，着令其“家居养疾”；宝鋆着原品休致；李凤藻开去一切差使，降二级调用；翁同龢革职留任、退出军机处，仍在毓庆宫行走。不用说，奕䜣处分最重，被一撸到底，撵回恭王府。不得与闻朝政，“家居养疾”，做个闲散的王公。

同天，又以上谕任命礼亲王世铎，户部尚书额勒和布、阎敬铭，刑部尚书张之万，工部侍郎孙毓汶为军机大臣。次日，又颁布懿旨，命军机处若遇紧急要事，著会同醇亲王奕譞商办。很明显，太后把军机处的实权，交给了光绪皇帝的生父、自己的妹夫醇亲王奕譞。

这次彻底改组军机处，发生在光绪十年（1884 年），因这年的干支纪年是甲申年，所以史称“甲申易枢”。

甲申易枢，本质上是慈禧和奕䜣长期矛盾的结果。北宁败绩只是慈禧借题发挥而已。所以当翁同龢看到由军机章京（俗称小军机）送来谕旨时，不由得发出“真洞目怵心矣”的感慨。当代历史学家郭廷以教授，则把它称之为“慈禧的第二次政变”。

如果说，发生于咸丰十一年（1861 年）的“辛酉政变”，使慈禧依靠恭亲王的帮助登上了权力殿堂，同时也使奕䜣依靠两宫太后的信任坐大了自己一派的势力。二十多年来，慈禧与恭王的关系由密切变得交恶。尽管她多次想摒弃这位才干过人又居功自傲的王爷，但都因当时政务棘手、条件未备而无法如愿。这次她借北宁战败、众口悠悠之机，下决心开除奕䜣一切差使，确实有点像再次发动政变，顺利地把军机大政转移到自己手里。为了避免过于露骨，她把其他军机大臣也搭了进去，让他们成了牺牲品。怪不得作为帝师的翁同龢，要“洞目怵心”了。

如果从更深一层去思考，甲申易枢不只是慈禧与恭王之间的个人恩怨，而且包含着她担忧光绪亲政后有被恭王挟制的可能。光绪帝当年已经十四岁，按照十八岁成人的惯例，再有四年她将撤帘还政，由皇帝亲政了。她深知光绪自小居于深宫，对外面的世界、官场的黑暗一无所知，既无理政经验，又不谙人情世故，加上优柔寡断、谨小慎微的性格，自己还政后，皇帝必不能对皇叔奕䜣操控驾驭。由这层忧虑出发，她决心及时除去奕䜣一派潜在的威胁。迟不如早，既可培植自己的亲信大臣，又可使新的中枢机构在皇帝亲政前得到足够时间的磨合和在自己指导下进行运作锻炼的机会。所以她才会借题发挥，彻底改组军机班子，让皇帝的本生父奕譞处在实际掌控的地位，并且在上谕中加上一句，“俟皇帝亲政后再降懿旨”，最后由自己确认奕譞的政治权力地位。假如这一层分析合理，那么“甲申易枢”除了反映慈禧排斥异己，希望拥有绝对权威地位外，还包含着为光绪亲政铺平道路的另一层深意。

表面上看，把李鸿藻搭进，开去一切差使、降二级调用，似乎不可理解。李鸿藻是前清流的首领，怎么也把他逐出军机呢？其实，这正表现出慈禧利用清流、操控舆论的手段。几年来，慈禧纵容清流议政参政，对平衡朝廷内外的政情起到了一定作用，但清流往往以直声相标榜，时时出现肆无忌惮甚至敢于批自己的“逆鳞”言论。不仅弄得她很不高兴，而且使她深怕失控而造成类似宋代党争的祸害，所以她或者采取把清流的某些奏章留中不发，如对陈宝琛关于午门兵丁案的奏疏留中；或者把好发议论的清流人物外放。如光绪八年（1882年）把张之洞补授山西巡抚，拆散了他与陈宝琛、张佩纶三个清流健将之间的紧密联系。这些都可看出慈禧对清流既利用又防范的用心。这次把清流领袖李鸿藻也逐出军机，目的就是不让清流主导舆论，对新成立的军机处说三道四。明白了这层隐衷，就可以理解慈禧为什么会在“甲申易枢”后的一个月，即四月十四日（5月8日），下令将不懂军事的清流健将内阁学士陈宝琛、翰林院侍读学士张佩纶和通政使吴大澂，分别放到会办南洋、会办福建海疆和会办北洋事宜的位置上了。后来又借故把张佩纶、陈宝琛罢斥：张被谪戍，陈被降五级而蛰居乡里。自李鸿藻逐出军机开始，慈禧一手瓦解了被她利用来掛制奕䜣一派的“清流党”势力。喧嚣一时的清流舆论，自“甲申易枢”后便无声无息了。

“甲申易枢”是晚清政坛的一件大事，新成立的军机班子除阎敬铭外，大多是庸碌无为、才识不足，事事专仰太后鼻息之徒，尤其是醇王奕譞，既乏才情，又无理政经验，在他统驭下的军机处，除了对太后唯唯诺诺之外，毫无作为。可以说，清末政局的败坏，与这次彻底改组军机处有不可分割的重大关系。与此相应，“甲申易枢”也是慈禧政治生涯的重要转折点。甲申以前，慈禧尽管有不少失误，但仍不失为中国政治史上有作为、有魄力、有进取心的政治女强人。甲申之后，她逐步变成了独断专横、喜怒无常、追求享乐、无所进取、人见人怕的“老佛爷”。世人对其指责诟病，大多集中在甲申之后的阶段，道理正在于此。

37 以战促和，“乘胜即收”

中法战争中，慈禧最为后世诟病的举措，莫过于在光绪十一年二月（1885 年 3 月）当清军扭转战场颓势，取得镇南关、谅山大捷的大好形势时，突然下令停止追击，“乘胜即收”。结果，战争以双方签订《中法天津条约》而告终。后世史家纷纷指责这一举措导致了中国不败而败，法国不胜而胜，认为《中法天津条约》承认法国对越南的保护权，使越南沦为法国殖民地；允许法国在云南、广西边境各开一处口岸通商，法国可设置领事馆，是给法国企图深入中国西南边疆以可乘之机，是又一个丧权辱国的不平等条约。

慈禧为什么要“乘胜即收”？中国是不是不败而败？《中法天津条约》究竟应该如何评价？这些问题都是关乎慈禧前半生作为的大事，必须实事求是地作出说明。

中法战争是慈禧第二次垂帘听政时期面临的最严重的边疆危机。就她处理东北、西北、东南、西南各处边疆危机的全过程看，凡是不涉及中国本土安危的，如日本侵略琉球，她可以弃之不顾，妥协退让；凡关乎本土安危的，如日本侵略台湾、窥伺朝鲜，沙俄、英国企图分裂新疆和侵占伊犁，她都在不可轻启边衅的理念下，采取能争即争、能收回即收回，甚至能战即战，尽可能保持皇清版图的完整。总的意图是希望战火不烧到中国境内，能和平解决为好。所以备战是为了遏制法军凶锋，以战促和才是真正目的。

以战促和，不同于主和派弃越求和的妥协论调，也与奕䜣主持的军机处与总理衙门以和为主、备战只是虚应故事的态度不同。战是促和的必要手段，和是战的最终目的。它是一种积极的防御战略，是综合国力不如强敌的弱国抵御外敌入侵的可行方案。慈禧敢于这样做，在很大程度上是受到了刘永福黑旗军抗法胜利的鼓舞。第一次纸桥大捷后，黑旗军确实已成为法国侵越的巨大障碍，延缓了法军侵越的进程。本着以战促和的意图，她才会由暗助黑旗军援越抗法到公开资助饷械，甚至命清军越过边境，与黑旗军及越南军队联合作战，希望在越南战场取得胜利的军事优势，作为中法外交谈判的砝码，获得体面的和平，消除边疆危机。所以当中法在越南战场激烈交战时，外交谈判从未间断，一直在或明或暗地进行着。

光绪十年四月（1884 年 5 月），北宁、太原失守，中法战争第一阶段结束，中法之间在天津的谈判仍在进行。谈判结果，双方签订了《中法简明条约》，规定：法国同意保全中越北圻边界，不索军费赔款；中国将北圻清军撤回边界，法越之间已订条约中国均不予置问，允许越南北圻边界法越货物可与中国内地通商。慈禧接阅谈判节略后，认为“与国体无伤，事可允行”，便批准了条约。

按照这个条约，中国默认了法国对越南事实上的占领，法国实现了“占领越南，通商滇粤”的第一阶段战略目标。对于慈禧这种以牺牲属国换取本国“保境安民”的自利主义，应当受到道义上的谴责外，在当时军事失利、敌强我弱的情势下，清军既无力夺回法国侵占的越南领土，又无法遏制敌军的侵越势头，那么不得已而求其次，以牺牲藩属换取保境安民，只能是现实可取的一法。

《中法简明条约》订立后，慈禧满以为战争可就此结束，所以清政府除多次表示愿“谨守条约”外，并于闰五月二十四日（7 月 16 日）下诏撤回保胜、谅山各处清军，回滇、粤关内驻扎；规定于年底前全部撤完，以示遵约诚意。

然而贪得无厌的侵略者却不愿就此罢手，光绪十年闰五月初四（6 月 26 日）当条约墨迹未干时就在拼凑侵略军，任命海军中将孤拔为舰队司令，准备从海上入侵中国。六月十五日（8月5日），法舰猛轰台湾基隆炮台，台湾守将刘铭传在炮台被毁的情况下，沉着指挥，于次日下午率军击退了向基隆市街推进的法军，侵略者仓皇逃回军舰。法军第一次进攻基隆失败后，茹费理并不甘心。他训令孤拔在福州采取行动，消灭中国水师，炮轰福州船厂，把战火烧到中国内陆。七月初三（8月23日）法军舰队突袭泊于闽江口马尾的福建水师舰船，不足四十分钟，即将水师九艘舰艇全部击毁，近八百名清军将士阵亡。当天下午又炮轰马尾船厂，致使这座建于同治五年（1866年）、清政府在洋务运动期间经营的规模最大的新式造船厂，遭到严重破坏。

马尾惨败，使慈禧深知只有用战场胜利才能换取保境安民；只有以战止战，才可以战促和。三天之后，她毅然降旨，对法宣战。诏书历数法军侵越行径后指出："该国专行诡计，反复无常，先启兵端。若再曲予含容，何以申公论而顺人心！"

慈禧对法宣战，不仅使朝内主战派深深受鼓舞，而且使统兵大员和前线各军斗志高昂。八月中旬，台湾守将、淮军名将刘铭传，面对再度来犯的法军舰队，在激战后主动撤离基隆，并于二十日（10月8日）取得沪尾（今淡水）大捷，挫败了敌军攻台气焰。光绪十一年二月（1885年3月），浙江提督、湘系骁将欧阳利见和宁绍台兵备道薛福成，击退侵犯镇海的法军舰队，轰毁敌军旗舰，海军司令孤拔负伤，取得镇海保卫战胜利。

越南战场，由广西巡抚、淮系将领潘鼎新率领的东线桂军和云贵总督岑毓英统率的西线滇军合刘永福黑旗军，以及唐景崧募勇成军后合马盛治部组成的中路军，三路并进，在先期作战失利后，于光绪十一年二月（1885 年 3 月），取得扭转颓势的镇南关大捷。粤军老将冯子材身先士卒，全军奋勇攻击，伤毙法军千余人，击退法军后又乘胜追击，攻克军事重镇谅山，重伤法军司令尼格里。与此同时，西线黑旗军联合越南义军，也在临洮大败法军。

战场形势一片大好，清军摩拳擦掌准备一举攻占河内；法国得知中国取得镇南关—谅山大捷后，举国哗然，纷纷要求茹费理内阁下台。正当事态发展对中国有利之际，清廷突然于二月二十三日（4 月 7 日），下达停战撤兵命令。前线将士痛心疾首，不愿撤兵。冯子材等上书请战，请朝廷杀议和者以谢国人。但慈禧主意已定，不管战将请求、朝臣议论，坚持己见，上谕称："此事关系重大，倘有违延，朝廷固必严惩"，把再战言论压了下去。显然，上谕所指停战撤兵"关系重大"，实在是指可以借镇南关、谅山大捷的筹码，在外交谈判中压止对方讨价还价的无厌索求，实现以战止战、以战促和的战略意图。

身处第一线的清军官兵因不明了最高决策者的意图而有所不满，主战派则被前线胜利弄得有点头脑发热，这些情况都可理解，后世史家既然洞明全局，又何必对此痛加鞭笞呢？若从弱国无外交的大历史观着眼，就会明白乘胜即收、以战促和，实在是应该肯定的灵活策略。

一个明显的问题是：清军在取得镇南关—谅山大捷后，再打下去有没有取得全胜而归的可能？具体地说，在越南战场彻底击溃法军，夺回越南失地；在沿海战区尽驱法国军舰，力保海防安全，从而获得中法战争的胜利。

镇南关—谅山大捷，实际上只是扭转了清军的战场颓势，并不等于彻底打垮了侵越法军，更不能由此推论再打下去会每战必胜。试看在此之前的船头、郎甲之战（光绪十年八月），广西巡抚潘鼎新所率的东线桂军虽在船头一战中重创法军，但郎甲之战以伤亡七百比一百的代价，仍无法取胜而被法军击败，导致船头清军弃城而走，东线桂军失去船头、郎甲战略要点后，清军原定规复北宁、河内的反击计划受挫。云贵总督岑毓英率领的西线滇军，为了夺回战略要地宣光，进行了长达七十三天的战斗，伤亡近四千人而未能得手。以后东线桂军又丢失谅山，潘鼎新保命逃生，被清廷革职拿问。如果不是老将冯子材所部粤军力挽狂澜，取得镇南关—谅山大捷，清军的战场颓势将难以扭转。那么仅依靠冯子材一军又怎能实现规复北宁、夺取河内、收复失地的计划呢？须知清军在越南战场作战的一个致命弱点就是不能东西两线协同配合，郎甲之战即是典型。这种各自为战的状况，除了越南地形复杂的客观因素外，与清军将帅各有派系乃至贪生怕死的素质不是没有关系。潘鼎新就是一例。那么，依靠这样一支清军要在镇南关—谅山大捷后击溃法军，收复失地，谁也不敢拍胸脯保证能行。所以批评清军在中法战争中乘胜即收，导致中国不败而败的说法，是否有点不顾中法双方力量对比和清军素质的客观实际？对慈禧和她掌权的清政府评议过苛？

越南战场如此，海防情况怎样呢？先说台湾，刘铭传虽然取得沪尾大捷，但基隆仍在敌手，清军无力夺回。法军远东舰队在孤拔指挥下，从光绪十年九月初（1884年10月20日）起，对台湾实行封锁，并于十一年二月攻占澎湖；再说东南沿海，法军在镇海失利后，并未停止对长江口、甬江口的巡逻游弋，不准船只运粮通航，企图切断中国南粮北运航道。当时，福建水师已全军覆灭，北洋水师尚未成军，对法国侵略军的舰队横行东海、胡作非为，只有干瞪眼，徒叹奈何。

综合陆、海两线实际，不能不说慈禧的乘胜即收，确实是一项有利有理有节的决定。她在由军机处发寄两广总督张之洞的电旨中说："现在桂（军）甫复谅（山），法即据澎（湖），冯（子材）、王（德榜）若不乘胜即收，不惟全局败坏，且孤军深入，战事亦无把握；纵再有进步，越地终非我有；而全台隶我版图，援断饷绝，一失难复，彼时和战两难，更将何以为计？"这些出自实际的话语，说明她及时把握战机，以战促和、顾及全局的隐衷。

剩下的问题是如何看待光绪十一年四月二十七日（1885年6月9日）签订的《中法天津条约》。条约共十款，其主要内容为：

第一，法国约明越南诸省及中国边界毗连处之治安，均由法国妥为设法，无论遇有何事，法兵永不得侵犯北圻与中国边界，且保他人必不犯之。中国约明亦不派兵前赴北圻。中国在越侨民受法国保护。

第二，中国约明，凡法国与越南自立之条约、章程，现时与日后均听办理。中越往来，法国言明必不致有碍威望体面，亦不致违此次之约。

第三，从条约签字起，六个月内中法两国派员勘定中国与北圻边界，设立标记。

第四，中国在云南和广西边界各指定一处通商，中国在此设关收税，法国人可在此居住，设立领事馆。

第五，中国日后若修建铁路，自与法国商办，其招募员工，法国当尽力襄助。但彼此言明，不得视此条为法国一国独受之利益。

第六，条约一经签字，法军立即退出基隆，解除海面封锁，一个月内从台湾、澎湖全行退尽。

综上可见，《中法天津条约》除了承认越南受法国保护，中国丧失了对越的宗主权，导致越南成为法国的殖民地，以及中国在西南边疆开放两个通商口岸，给法国侵略势力进入云南、广西以可乘之机外，并没有给中国造成过多的伤害。若与两次鸦片战争期间订立的《南京条约》《天津条约》和《北京条约》相比，它没有割地、赔款等严重损害领土完整、民族利益的内容，应该说是一个基本上可以称之为相对平等的可接受的条约。出现这种战争结局，除了法国国内反战力量促使茹费理内阁倒台，以及西方列强间相互掣肘等因素外，清军战场胜利无疑起着决定作用。那么慈禧把握住机会，乘胜即收，使有利于中国外交谈判的因素实现最大效应，也就不应该受到苛责了。所谓“中国不败而败、法国不胜而胜”，所谓“屈辱的不平等条约”云云，除了民族义愤之外，还有多少令人信服的根据呢?

可以毫不夸张地说，《中法天津条约》是鸦片战争以来中国订立的一系列不平等条约中，损害最少的条约。慈禧在这次对外战争中的态度和举措，比之她的丈夫咸丰皇帝和她的公爹道光皇帝高明得多！如果说，在以往的边疆危机如日本制造琉球问题、英国挑起马嘉理事件、日本在朝鲜问题上的对华讹诈等，慈禧都处置失当而以妥协退让为主，那么这一次在中法战争中的表现，总体上是以抗争为主的。不看到这一点，把她在对外战争中的举措一概以妥协投降骂倒了事，那就不是具体问题具体分析和实事求是的治史态度了。

设立海军衙门

38

《中法天津条约》签订后，朝廷内外都在检讨善后事宜。李鸿章、左宗棠等，各有奏折呈递上闻。

长春宫里，慈禧眉宇紧锁，陷入沉思。她对战争的全过程作了通盘回顾，觉得清军在陆战方面尚能张我军威，但水师不但不能相互配合、协同接应，反而惨遭大败。特别是马江之战，舰船全毁，船厂被轰，丧师辱国，莫此为甚。惩前毖后，她觉得必须大治水师为当前急务。

她又回顾了自光绪元年以来筹办海防、分设南北洋的一系列措施，深感海防筹办多年，糜费不赀，迄今尚无实绩。虽说也开设了船厂，办了水师，但由于奉行不力，致使造船不坚，制器不备，选将不精，筹费不广，一遇战事，无异束手待毙；

法舰则恃其船坚炮利，横行无忌。

左思右想，瞻前顾后，她决定乘内外臣工都在议论善后大计时，尽快就如何大治水师的办法集中讨论，各献良策，亡羊补牢，犹为未晚。

主意既定，慈禧便在这一年六月初二日（1885年7月13日）发布上谕，要求封疆大吏痛改以往一奏了事，敷衍塞责的痼疾，拿出切实可行、持之可久的办法。

上谕发布后，李鸿章等纷纷上奏，一致意见都主张设立总汇海防的新衙门。慈禧读折后，于八月间召见李鸿章，单独与他讨论此事，并同醇亲王奕譞、军机大臣等密商成立海部之事。经过多次召见和反复密商后，慈禧有了头绪，于九月十五日（10月12日）发布懿旨，指定了办理海军事务的人选：奕譞总理海军事务，所有沿海水师悉归节制调遣；以庆郡王奕劻、大学士直隶总督李鸿章为会办。懿旨指出："现当北洋练军伊始，即责成李鸿章专司其事"；至于新设衙门，"其应行创设筹议各事宜，统由该王大臣等详慎规画，拟立章程，奏明次第兴办"。

醇亲王奕譞等奉懿旨后，于九月十七日上奏，提议新设衙门名称为"总理海军事务衙门"，办公衙署若需新建，恐糜费时日，不妨暂时借用神机营署内空闲房屋，稍加修葺后充办公用房；"所有咨札文件，拟即借用神机营印信，以昭简易"。同天，慈禧以懿旨允准。这样，统率全国海防建设，包括新建海军在内的最高管理机构海军衙门，就在神机营内开始办公运作了。

海军衙门的创建，打破了以往分设南北洋，由南北洋大臣分别主持海防建设的二元化体制，有利于事权归一、集中管理。但是总理海军事务的奕譞，却是个对海军事务一窍不通的门外汉。慈禧选中他，无非是因为他听话，不敢像他的哥哥奕䜣那样恃才傲物，目中无人。她深知海军在战争中的地位重要，让皇帝的本生父又是对自己惟命是从的奕譞出面领导，既可壮人观瞻，又可权操于己，一举两得。她也知道奕譞对海防知识，尤其对海军建设一无所知，所以特意任命老于此道的李鸿章为会办大臣，让他对奕譞贡献才智、协调相关事务。至于任命庆郡王奕劻也做会办大臣，一则是按部级大员实行满汉双轨制的老例，二则也可让这位新进得到锻炼的机会。她对奕劻是有所期待的。

不料，慈禧在海军衙门人选问题上的决定，遭到了挑战。十二月十六日（1886 年 1 月 20 日），兵部左侍郎黄体芳上奏，反对任命李鸿章为会办大臣。奏折历数李鸿章拥兵自重，用人不当的劣迹。认为他身任封疆，事务繁忙，无事必不能巡阅，有事复不遵调度，不宜担任会办一职，建议开去其会办差使，另调熟悉西洋事务的驻英法公使曾纪泽回国筹练海军。

慈禧阅折后怒火中烧。李鸿章是她的宠臣，又是办洋务高手。在慈禧看来，朝廷内外办洋务的人中，李鸿章最可信赖。

“他一时不在天津，便一时不放心。他是有大功于国的人。”让他会办海防，可谓适得其所。黄体芳竟然“妄议更张，迹近乱政”。慈禧立即下懿旨将其交部议处。吏部议处以“降一级调用”。慈禧觉得处分过轻，亲自决定“降二级调用”，并传懿旨：“吏部堂官着传旨严行申饬！”为一个官员的处分，要对管理机构的决定作出重判，对其首长下旨申饬，足见慈禧专横和愤怒到何等程度了。在这样的雷霆大作下，臣工们再也不敢吭声议论了。

李鸿章本人，早就希望建立一个事权统一的海部，并与曾国荃等函商讨论过。当太后懿旨任命他会办海军衙门后，却一度以“事烦力惫”为辞，表示不堪胜任。黄体芳奏折传出，他更不愿任事。慈禧不得不对其抚慰，要他体仰朝廷倚重的深意，实心筹办，做出成绩给大家瞧瞧，这样就可堵住人家的嘴巴。有此上谕，李鸿章当然也就不再扭捏作态，肩起了责任。

海军衙门正式成立于光绪十一年九月十七日（1885年10月24日）。奕譞为总办，奕劻、李鸿章为会办，善庆、曾纪泽为帮办。下设总办文案翼长二人，帮总办文案四人，管股章京十二人以及主稿章京、轮班当月章京、印务参领等办事官职。其中管股章京一职，分辖管理海疆股、管理款项股、管理船政股、管理军械股。可见海军衙门名义上负责全国海军建设和统领海军调度，但从它的组织机构看，其实只是负责海军建设和管理的机构。它的权限仅止于军政方面，没有军令权，和西方国家的海军部不同。而且所有的职能部门官员，都是由不懂海军的满人担任。这样的机构，要它担起全国海防和海军建设的重任，不啻痴人说梦。

慈禧希望未雨绸缪，大治水师，心意很高，思路不错，但结果却事与愿违，弄出一个中看不中用的官僚衙门。中国为什么在晚清无法建成具有巩固海防和强大海军的国家，从海军衙门的机制就可知其一斑了。

39 派奕譞巡阅北洋水陆各军

海军衙门成立了，海军办成个什么样儿，慈禧心中无数。

自从光绪元年任命沈葆桢、李鸿章督办南北洋海防以来，处于深宫的慈禧，惟见购舰买船的奏报，却从未看到过南北洋水师的实际面貌。师船的样式如何，军容是否整齐，操练到什么程度，能不能跨海作战，她都一无所知。按例皇帝应该定期亲阅水陆各军，以便掌控军队，指挥调度。无奈皇帝年纪太小，无法成行；自己虽然垂帘听政，但毕竟只是个女主，走出宫门，抛头露面有诸多不便。既然朝廷内外都把加强海防、建设新式水师视为头等大事，那么十多年来不去巡视校阅也实在不成体统。她决定乘海军衙门成立之机，派人代表她和皇帝去天津实地了解北洋水陆各军的真实情况。

派谁去？她左思右想，认为醇亲王奕譞最为合适。他既是海军衙门主管，又是皇帝本生父，无论职守还是地位、身份，都足以震慑各军。尽管他不懂海军业务，但瞧个什么样儿总不会成问题吧。不过这位王爷胆小怕事，对自己总是报喜不报忧，能不能真正看出个究竟，还真是不大放心，必须有个耳目随行，才能将所见所闻说得一清二楚。这个人既要善于观察，又要不露声色；既能对自己忠心耿耿，又要躲在暗处，不显山露水地搜集情况，以便自己洞悉底蕴、了然于胸。她环顾左右，觉得只有李莲英最堪此任。

醇亲王奕譞

李莲英是她的宠信太监，原名李进喜。道光二十八年（1848 年）出生于直隶河间府大城县一户贫苦家庭，比慈禧小十三岁。九岁时经阉割进郑亲王府为太监。同治三年（1864

年）十七岁时，调到长春宫服侍慈禧太后。那时，正是安德海得宠之际。由于他为人机灵，善于巴结，很快得到安德海的信任。同治八年，安德海被山东巡抚丁宝桢以“冒名矫旨”杀于济南，给了李莲英取而代之，成为慈禧新宠的契机。他长年伺候太后，早就摸准了慈禧的性格脾气，只需太后一个眼色，或一个轻微动作，他就知道太后心之所欲，很快就把事情弄得称心妥帖。他自小入宫，对后妃间钩心斗角摸得清清楚楚，经常向慈禧报告消息，暗为刺探，成了太后的“第六感观”；加上他有一手梳头的好本领，能梳出令太后满意的各种发式。这一切使他成为太后不可须臾离的人物。两人关系日见亲密，太后不仅呼他“小李子”，而且把他名字改为李莲英。久而久之，真名李进喜反而不为人知，大家只知道他叫李莲英。

自得宠后的最初几年里，李莲英鉴于安德海飞扬跋扈、恃宠骄横的教训，不敢僭越本职，尚能“事上以敬，事下以宽”。同治十三年（1874年），升任储秀宫首领太监，那年他二十七岁。到光绪五年（1879年）三十二岁时，就已做了四品花翎储秀宫总管太监了。在当时，这么年轻的总管太监，可算是个异数，不用说，完全是慈禧一手提拔所致。不过宫监之间，尔虞吾诈、阴使诡计，可谓层出不穷。李莲英能在夹缝中脱颖而出，除了得自太后宠信外，自有其过人的机巧。试看他能终其一生受宠而不倒，就可知他确能善解人意，决非安德海飞扬跋扈、不知自忌者可比。

按照祖制，亲王出巡，宫内可以派太监、御医伺候。奕譞既是亲王，又是皇帝本生父，若奉命巡阅北洋水陆各军，派李莲英同行，既合祖制，又可作为太后耳目，一举两得，岂非大宜？想到这里，慈禧主意已定，剩下的就要看奕譞有何表示了。

光绪十二年四月，懿旨命海军衙门总理大臣醇亲王奕譞巡阅北洋水陆各军，帮办海军正红旗汉军都统善庆、海军衙门文案总办副都统恩佑，协同巡阅。四月初九日（1886年5月12日）太后特在养心殿东暖阁召见三人，嘱咐巡阅中需要注意之处。同时表示此次巡阅，让亲王远涉风涛，实在于心不忍，自己与皇帝都十分眷念。为了顾及王爷饮食起居，决定派遣宫监带领御医全顺随往，随时调护。奕譞聆听后，赶紧叩头谢恩，并称："总管太监李莲英，人极谨饬，请派同随往。"慈禧心中窃喜，觉得这位妹夫总算拎得清事理，便略作迟疑后，答应了奕譞请求，派李莲英随行。于是李莲英作为慈禧的耳目，成了奕譞北洋之行的一名非正式随员，执行他的特殊使命去了。

按照周馥所编《醇亲王巡阅北洋海防日记》，可知奕譞一行于四月十一日（5月14日）启节出都，二天后即十三日抵达天津，受到李鸿章的高规格接待。先在城外海光寺作为行辕安顿下来，休息一天。十四日（5月17日），接见各国驻津领事后视察了天津武备学堂。中午，乘"快马"号小轮船赴大沽。下午三点，船至海河下游，改乘“海晏”号轮船，随行人员则乘“保大”号轮船，当夜泊于大沽口炮台下。次日（四月十五日）凌晨，“海晏”号、“保大”号一前一后，在北洋“定远”、“镇远”、“济远”等五艘军舰及南洋派来合操的“南琛”、“南瑞”、“开济”三舰分成左右各四舰护卫下，乘潮出海。另有“镇东”、“镇西”、“镇南”、“镇北”、“镇中”、“镇边”六艘炮艇尾随其后，进向旅顺口。约在傍晚五时至七时左右抵达。登岸后，宿于袁保龄公所。

十六日（5月19日）上午七点钟，奕譞等巡阅宋庆所部毅军洋操，午后阅庆军洋操及地雷演放。两军操练，给奕譞等印象深刻，叹赏不止。

十七日，晨起有雨，约在卯刻（5～7点），雨霁天晴，奕譞一行登黄金山炮台，巡阅南北洋八舰演阵打靶和施放水雷之法。傍晚，下黄金山，看船坞各工。

十八日辰刻（7～9点），巡阅旅顺东崂嵂嘴炮台。十点钟左右视察鱼雷厂。午后，登“海晏”轮，开赴威海卫军港。启舵后，旅顺各炮台施放礼炮送行。深夜，船抵威海卫。

十九日，巡阅“镇东”等六炮艇打靶演习，并检验“定远”、“镇远”、“济远”三铁甲舰质量。申刻（下午3～5点）开赴烟台。二十日返回大沽，继续视察津沽防军。

二十五日（5月28日）奕譞结束巡阅，登舟回京。五月一日，他将前后十五天的天津之行所得观感，上折向太后和皇帝作了禀报。奏折称：旅顺各炮台，修筑均得地势，工程坚固。所设大炮，皆能攻坚及远。各军操演枪炮有准；鱼雷、水雷施放得法。水师方面，北洋有“定远”、“镇远”、“济远”三铁舰，“超勇”、“扬威”两快船，可备海战之用。南洋仅“开济”、“南琛”、“南瑞”三船行驶尚速，炮位尚大。八船调集合操，布阵整齐。各将弁讲求操习，持久不懈，可期渐成劲旅。总之，水陆各军操演，所得印象很好。

民谚有“内行看门道，外行看热闹”之说，奕譞对军事，尤其对海军是个真正的门外汉；而李鸿章在受阅时，故意将北洋水师的操演当作重头戏，大摆花架子，使这位素不知海军为何物的王爷，看得惊奇赞叹不已。于是便有上述这些良好印象的赞语，予以肯定；至于有些什么问题，需要如何改进，根本看不出来，也就禀报不出。这样的巡阅报告，就像是替李鸿章办理北洋海防作免费广告。

奏折就未来海防建设，提出了三个方面的建议：一是应继续添购舰船。二是应加强水陆相依的设防之法。三是应推广学堂作储才出将之所。奕譞这三条建议，并非无见，只是见非自出，完全是李鸿章所持看法。李一直担忧海军经费不足，不能继续购买铁甲战舰。现在通过奕譞之口提出继续添购，无疑比自己开口索求，分量更重，更能堵反对拨放海军经费者的嘴舌。

总之，这次自光绪元年以来第一次大检阅，真正得益者就是以他为首的淮系集团。

慈禧太后阅折后，于当天发下懿旨，肯定了巡阅的成果，认同了奕譞的观感。对于奕譞所提三点建议，全盘接受，称其为“洵属扼要之论”。

慈禧之所以完全肯定奕譞的看法与建议，并无质询巡阅中有何可以改进之处，除了她自身对海军建设也是门外者外，估计与李莲英的私下禀报也不无关系。虽然没有史料记载李莲英作为太后耳目，向慈禧说了些什么话，但他的特殊使命必定在回京后有所禀报是无可怀疑的。若他的所见所闻与奕譞奏折相距甚远，那么，猜忌心颇浓、又精明过人的她，是绝不会全盘同意奕譞所奏一切的。何况自立嗣问题后，慈禧早就对这位皇帝本生父王爷，有了戒心，生怕他因之有僭越的非分之举。

一场轰轰烈烈的巡阅大典到此应该结束了，不料御史朱一新的一件奏折却引出了新问题。

八月二十四日（9月21日），御史朱一新上了《预防宦寺流弊疏》，矛头直指太监李莲英随同巡阅之事。疏称：

……今夏巡阅海军之役，闻有太监李莲英者随至天津。道路哗然，士庶骇愕。意深宫或别有不得已之苦衷，匪外廷所能喻。然宗藩至戚阅军大典，而令刑余之辈厕乎其间，将何以诘戎兵而崇体制？

显然朱疏借李莲英随阅海军之事，辞头语尾指向慈禧太后违背祖制规定。慈禧读疏后，极为恼怒，但又碍于言官台谏原有弹纠之职，虽贵为君王也不能任意拒谏塞听。她思索了一天之后，决定先礼后兵，杀他个回马枪。二十五日，她发了一道命朱一新明白回奏所参李莲英承阅北洋海口一事的懿旨。

懿旨首先说明李莲英是由醇亲王奕譞亲自指定，并非太后提名。回京召见醇亲王，询问李莲英有无招摇情事，据称："该总管太监沿途小心伺候，实与府中太监无异，绝无丝毫干预外事。"朱一新危词耸听，说成恐蹈唐代监军覆辙，比拟已属不伦。

接着，懿旨指出朝廷优礼近支亲藩，宫廷太监赐予往来，属于常有之事。此次该亲王巡阅洋面，迥非寻常差使可比，特派太监带同御医随行。以示深宫眷顾体恤之意，于公事毫无干涉。"但所称李莲英随至天津，道路哗然，士庶惊愕，与该亲王面奏大大相径庭，是否确有实据？又称深宫或别有不得已之苦衷，语意尤不可解。以上两节，著朱一新明白回奏，不得稍涉含混"。

很明显，太后要朱一新明白回奏，拿出事实，否则办你一个肆口妄谈、沽名钓誉之罪。

朱一新接旨后，于二十七日回奏，对前疏所称"深宫或别有不得已之苦衷"，解释为深宫此举"以示体恤而昭慎重"，"与懿旨所述之意，幸未相远”。他不敢直白表示太后对醇王早有猜忌，想用懿旨原意出于对亲王巡阅辛劳的关怀来搪塞，这就从事实和气势上亏了一筹，自己造成自己答疑的被动尴尬。当然，设身处地为朱考虑，或许这样回答不致惹下杀身之祸，不失为没有办法的办法。

对前疏称李莲英随阅而引起“道路哗然，士庶惊愕”之说，朱一新在回奏中称：“亲藩远涉，内侍随行，在朝廷为曲礼宗亲，在臣庶则以为创见，群情过虑，不免惊疑”。接着他举出事例：“风闻北洋大臣曾以座船迎醇亲王，王弗受也，该太监遂乘之。沿途办差者误谓王舟已至，骇人观听，众口宣传。”

慈禧读了朱一新回奏后，对李莲英是否在天津之行中有越职张扬一事，心中无底，便立即召见奕譞面询。奕譞回答说，由通州至天津，李鸿章确实派来座船一只，由自己乘坐；同时又备船一只，给护卫等乘坐。“李莲英与随行府中太监等所乘系常船数只”。由于伙食船系由李鸿章出资预备，派令随行，“并无沿途办差之人，亦无误认之事”，否定了朱一新的指控。

慈禧遂于八月二十八日（9 月 25 日），颁下懿旨，将奕譞面答明白宣示后指出：朝廷一直优待谏臣、广开言路，朱一新所奏仅及李莲英一人之事，无论如何道听途说，朝廷不会因宦竖而加罪言官。但朱一新一经诘问，自知词穷，强为解释，足见其才识不足胜言官之任，“著以主事降补”。

朱一新参劾李莲英，最后落了个开除言官队伍的降职处分。他没能像同治八年山东巡抚丁宝桢杀宠监安德海那样获得成功。原因在于后者抓住了太监不得私自出宫的祖制，在东宫慈安太后及恭亲王奕䜣主持下，以“冒名矫旨”诛而杀之，慈禧无可奈何。现在时势完全不同于当年：没有了东太后，两宫同治变成慈禧一人主政，少了制约，可以独断专行；没了奕䜣，起用了专以慈禧惟命是从的奕譞，朝廷没有为言官撑腰说话的近支亲藩，即使有理也无人附和。加上朱一新既不知内廷在亲王远行时可以派御前总管太监随行调护的则例，又拿不出李莲英张扬自大、飞扬跋扈的真凭实据，一经诘问便砌词搪塞，倒霉自在情理之中。

就慈禧而言，她有了安德海被杀一事的经历，懂得了如何保护宠信的办法：只要当事者奕譞一口咬定李莲英认真服侍，没有张扬跋扈、干预公事之处，就可击垮对手。为了表示自己尊重言路，她明知朱一新借参劾李莲英把矛头指向自己，但又装得宽大为怀，仅将朱降职了事，显示了权术运用上的成熟与老到。

朱一新没有像丁宝桢那样一举成名；慈禧没有像安德海事件那样再次失去宠信的太监。围绕着奕譞巡视盛典，这次女主与台谏之间的对质，只是一个波澜不惊的小插曲。至于李莲英在巡阅中的作为，谁也不再继续过问关心。李莲英则经过此事后，越发对太后忠心耿耿；太后也需要他排解孤寂。两人关系日见亲密，到后来竟至以“咱们”互称了。

40 “归政”与“训政”的布置

光绪十二年（1886 年），生活在红墙黄瓦、深宫大院里的光绪帝载湉，已经十六岁了。

他身材中等，肤色白皙，面容清瘦，举止文雅。过早的帝皇生涯和长期在慈禧监护下的教养，显出与年龄不相称的少年老成，缺少点青年的阳光朝气。他处处循规蹈矩，事事都得向太后请旨而行，在慈禧心目中，这些正是她所期望的皇帝形象和君王品格。

经翁同龢师傅等悉心授读，载湉已打下良好的儒学基础。熟读史书，能诗善画，好学深思，了然本朝典章制度，并且在慈禧的授意下，自去年起已经开始了阅读臣工奏章和批折的训练，正在经历亲政的“实习”期。他虽然身体孱弱，但凡认定之事，态度坚决。当《中法简明条约》订立后，法国提出索赔要求时，他主张“不允偿款”。总署在法使纠缠下曾提出赔三分之一，“上不允”；“又请交北洋讲说，亦不允”。表现出不为内外压力和诱说所动的决心，深得希望外交谈判“毋伤国体”的太后欢心。

光绪皇帝像

按照十二年前太后在择立嗣君时的表态和颁发的懿旨，即“一俟皇帝典学有成，即行归政”。慈禧感到“十余年来，皇帝孜孜念典，德业日新。近来披阅章奏，论断古今，剖决是非，权衡允当”，已经具备了亲政的条件和能力。她决定兑现诺言，还政于光绪帝。

这一年的六月初六日（1886 年 7 月 7 日），慈禧召见皇帝本生父醇亲王奕譞和军机大臣礼亲王世铎等议论亲政一事。慈禧提出：皇帝已经典学有成，并且在实习阶段批阅奏章、剖断是非，都很得当，可以从本年冬至大祀圜丘为始，皇帝亲诣行礼，并于明年择定吉日，举行亲政典礼。

圜丘，即天坛。其中大享殿，自乾隆十六年（1751年）起更名祈年殿，内置皇清列祖列宗神位。每年冬至，皇帝率百官举行大祀，祭告天地。允许光绪帝亲诣行礼，意味着皇帝已经成年，祭告祖宗，祗受天命，接奉祖宗遗留的大业了。

慈禧话音刚完，光绪皇帝当即"长跪恳辞"。他自幼在太后监护下生活，事事都要太后认可，一旦没有护恃，确实有点诚惶诚恐。他不同于先帝同治皇帝，同治帝毕竟是咸丰帝与慈禧亲生的儿子，命里注定是皇位的合法继承人，到时亲政，天经地义。自己只是太后择定的嗣子，做皇帝是太后的恩赐，所以压根儿没有像同治帝幼年时那样耻做傀儡的感受，只有战战兢兢生怕得罪太后而为一家招来大祸的担忧。所以，当他突然听到太后的决定时，就会"长跪恳辞"了。

醇亲王奕譞和礼亲王世铎，也"再三吁恳"。他们说现在时事多艰，头绪纷繁复杂，皇帝还需要进一步学习，以便将来更好贯彻太后意图，恳请太后从缓还政。

醇亲王在儿子选为嗣皇帝问题上本来就有自保免谴、担心惹祸的思想，听到太后这一决定，自然吓得只能吁请从缓一法了。礼亲王世铎虽说是个辈分高于咸丰皇帝的王爷，但他是在"甲申易枢"后经奕譞推荐而被慈禧选中入值军机处的。因为是个辈分高、年齿长的王爷，成了首席军机大臣。他本无才情，又乏识见，从政后谨小慎微，习惯于以太后和奕譞之命是从。所以跟着奕譞吁请从缓，自在情理之中。

慈禧认为两位王爷的吁请和皇帝的恳辞，“情辞出于至诚”，但她仍然坚持要实践当初的承诺，拒绝三人的恳请，并于初十日（7月11日）颁下懿旨，如实说明皇帝恳辞，奕譞、世铎吁请从缓之后，重申按照同治十三年十二月初七日懿旨，即行亲政。

懿旨发下后，奕譞、世铎、伯彦纳谟祜等王大臣纷纷上奏，请求太后从缓还政。伯彦纳谟祜举出三条理由：第一，皇帝虽天禀聪明，过目成诵，但“经义至深，史书极博”，还需要深入学习；第二，皇帝虽在学习披览奏章，亦能一阅了然，但“大而兵农礼乐，细而盐关河漕，头绪纷繁，兼综不易”，还要继续进行从政训练；第三，皇帝虽对清语国书记诵甚博、书写亦工，但“切音声义，颇极精微”，“满蒙奏牍，各体攸殊”，还要精熟翻译才能深知奥妙。他提出俟一二年后“圣学大成，春秋鼎盛”之后，再行还政。

与伯彦纳谟祜略有不同，奕譞和世铎却吁请太后归政后再行“训政”。奕譞奏称：“臣愚以为归政后，必须永照现在规制，一切事件，先请懿旨，再于皇帝前奏闻，俾皇帝专心大政，博览群书，上承圣母之欢颜，内免宫闱之剧务。”奏折虽未提训政二字，但字里行间却深寓“训教饬诫”之意。世铎则直截了当吁请太后还政后再训政数年。

慈禧阅折后，选定了奕譞建议。显然，她借奕譞之口，说了自己想说的话：她要在归政后，永照垂帘听政体制，调护皇帝，凡事均先请懿旨，再向皇帝奏闻，做一个类似于“太上皇”的皇帝保护者和导师。

清代历史上有过“太上皇”的先例。乾隆帝传位给儿子嘉庆帝之后，自命“太上皇”。下诏称：“朕于明年归政后，凡有缮奏事件，俱书太上皇帝。其奏对称太上皇。”但这是父子相传的关系，与慈禧、光绪间嗣母与嗣子关系毕竟不同。她既不称训政，又要干预政事，也有点名不正、言不顺。大概她悟出了此中玄机，于是在六月十八日再颁懿旨：“皇帝初亲大政，决疑定策，实不能不遇事提撕，期臻周妥。既该王大臣等再三沥恳，何敢固持一己守经之义，致违天下众论之公，勉允所请，于皇帝亲政后再行训政之体制。”她准备退居二线，但仍想大政己出。

从召见奕譞、世铎议论还政，到颁发训政懿旨，慈禧在十多天中的表现，被后世史家指责为一场抓权的闹剧、丑剧，充分暴露了迷恋权力的本意。这些指责没错。她确实是个权势欲很强烈的女人，进入更年期后尤其喜怒无常，善于玩弄权术。不过，话得说回来，权欲毕竟不是评判政治家，尤其是统治者功过是非的标准。在中国封建君主专制制度的历史长河中，哪有甘愿放弃权力的统治者？权力的转移和再分配，不是常常伴随着血与火进行的吗？就当时慈禧在皇朝的地位与作派言，她虽不是个政治家，但却是个政治上的女强人，是个生杀予夺、大权独揽、人见人怕的女主。朝内的异己势力已经排除，军机处、内阁及总理衙门等中枢大臣，都是亲信；主持清议的清流党，已经不复存在，即使个别台谏、言官放言高论，也不可能成为舆论主流。她以女主君临天下，已为朝野普遍认可，权威地位无可动摇，威势达于鼎盛。如果她想食言自肥，不愿践诺归政，谁也奈何不得。但她没有这样做，坚持兑现承诺，断然否决臣工要她从缓归政之请，表示退居二线，再行训政数年以辅佐和调护皇帝。其间，虽然借他人之口，说自己所欲，耍了点权术，但并没有逾越祖宗法度，也有先例可循。世铎奏折中就用乾隆帝“躬亲训政，惟日孜孜”的例子吁请太后训政，证明臣工们对训政已有认同，所以还政后再行训政，既不是闹剧，更不是丑剧。从心理学角度看，这是政治强人常有的一种病态情结。他（她）们总自认高明，过分担忧接班人不能正确处理军国大计，非得事事嘱咐，手把手地教导操作，才能放心。乾隆帝之所以要做太上皇是如此，慈禧之所以要事事先请懿旨，然后再向光绪帝奏闻，以尽“随时调护，遇事提撕”之责，也是如此。只不过归政后还要训政，没有写进择立嗣皇帝时颁发的懿旨，现在要实行，非得让重臣吁请，自己才有台阶可上，既达到训政目的，又使朝野无可指责，其间，经过一番布置，用点权术，玩些伎俩，也就不难理解了。

皇太后训政后，旧有制度如何调整？十月二十六日（11月21日），按照太后的意思，世铎将拟定的《训政章程》十条，具折上奏。其主要内容为：

第一，凡遇召见引见，皇太后升座训政，拟请照礼臣会议，暂设纱屏为障。

第二，中外臣工呈递皇太后、皇上安折，应请恭照现式预备，奏折亦恭照现式书写。

第三，近年各衙门改归验放验看开单请旨及暂停引见人员，拟请循照旧制，一律带领引见，仍恭候懿旨遵行，排单照现章预备。

第四，乡会试及各项考试题目向例恭候钦命者，拟请循照旧制，臣等进书恭候慈览，择定篇页，请皇上钦命题目，仍进呈慈览发下，毋庸奏请派员拟题。至各项翻译场题，仍由南书房翰林办理，考试蒙古中书等项，仍由臣等照例恭拟翻译题呈进。

第五，内外臣工折奏应批示者，拟照旧制均请朱笔批示，恭呈慈览发下。

从上述内容可知，所谓“训政”，实际上是“垂帘听政”的延续，只不过把“垂帘”改为“纱屏”而已，其他一切照旧。

慈禧阅后表示满意，懿旨“依议”。于是《训政章程》成了光绪帝亲政后，政治机制运作的法规。皇帝必须按此办事，受此制约。清皇朝的大权仍然操在慈禧手里。通过这个章程，她成了真正名副其实的“老佛爷”，成为清皇朝的灵魂。

光绪十三年正月十五日（1887年2月7日），光绪帝按钦天监择定的吉日，于该天寅时（早晨3～5时）举行亲政大典。在一片庆贺声中，慈禧结束了第二次垂帘听政的历史，进入了所谓训政的时期。这年光绪帝十六岁，慈禧五十二岁。

41 选侄女做皇后

慈禧训政期间做了一件大事，就是为光绪帝选定自己的侄女当皇后。

光绪帝亲政的次年即光绪十四年（1888 年）已年满十八虚岁。旧俗男子十八岁算作成年，可以进行婚配了。慈禧觉得应该为光绪帝大婚预作准备，再拖延下去就不合规矩了。因为清代历史上举行大婚的皇帝年龄都很小，康熙帝十四岁就行大婚礼，乾隆帝十五岁大婚，只有自己的儿子同治帝十七岁大婚。光绪皇帝既然已经十八岁，到了必须婚配的年龄，作为太后，再不考虑嗣皇帝的大婚，必然会引起朝野私议，自己也很难收场。于是，她在这一年的六月十九日（7 月 27 日），颁下懿旨：确定光绪十五年正月为皇帝大婚的日期，礼成后亲政。

大婚日期决定之后，选谁做皇后成了太后的思虑所在。

光绪皇帝的皇后像

娶妻结婚，即使在民间也是一家的大事。选个贤淑的儿媳，不仅关系到将来相夫教子、香火延绵，而且关系到婆媳和谐、姑嫂妯娌之间的相处。所谓“家和万事兴”者，很大程度上与媳妇之贤惠与否有关，何况是帝王之家。选什么样的闺秀做皇后，既关于“母仪天下”，辅佐皇帝圣德，又直接与维护后宫体制大有讲究，所谓“择贤作配，佐理宫闱，以协坤仪而佐君德”，指的就是慎选皇后的重要。

在选后问题上，慈禧有过一段极不如意的经历。儿子同治皇帝不听自己的话，选了慈安太后中意的阿鲁特氏，使自己一直郁郁不快。这次光绪帝选皇后，她决心不让皇帝自作主张，一定要按自己的旨意办事。那么谁能做皇后呢？她再三考虑，感到只有自己的亲侄女最靠得住。

原来，慈禧的弟弟副都统桂祥有个女儿，今年二十一岁。

虽然长得不漂亮，年纪也大皇帝三岁，但她在小时候曾经与皇帝有过一段短时间的接触。慈禧当时就觉得这个侄女很听话。小小的年纪已经很懂宫内的规矩，留下了良好印象。如果选她做皇后岂非亲上加亲？而且自己以姑妈兼皇太后的身份也管得住她，不至于出现婆媳不和的难堪局面。年纪大一点不成问题，民谚有“女大三，抱金砖”之说，女方大一点，成熟得早，正好相夫教子，懂得体贴关怀。最重要一点就是自己归政后，总要在皇帝身边安插一个信得过、靠得住的耳目，以便随时了解皇帝的动静。让亲侄女做皇后，比使用任何一个外人都有利，消息最可靠，也最不易为人知，最不易为人疑。

主意既定，慈禧即着手筹备选皇后事宜。她决定由弟弟桂祥的女儿叶赫那拉氏，侍郎长叙的两个女儿他他拉氏姐妹和江西巡抚德馨的两个女儿，一共五人作为未来皇后的人选，传懿旨让三家早为预备。

选后的日期定在当年的十月初五日（11 月 8 日）。这天从清晨起，天色阴暗，到中午还不见太阳，一直到夜仍是阴霾沉沉，仿佛天公欲哭，像要下雨。果然，半夜三更风雨交加，直到凌晨仍雨水潺潺。就在这阴冷天气下，由慈禧一手策划的光绪帝选后仪式，在体和殿内举行。慈禧一脸严肃地端坐于宝座。座前置一长桌，桌上安放镶玉如意一柄，红绣花荷包二对。光绪帝侍立于宝座旁，荣寿固伦公主、福晋、命妇等肃立于宝座后。

人人不苟言笑，空气像凝固似的，只有自鸣钟的滴答滴答声在殿内回响。

俄顷，应选五人在桂祥女那拉氏为首下，排队自殿外由太监带入，在太后与皇帝对面站立。慈禧用目光逐一扫视后对皇帝说："皇帝！谁堪中选，你自己决定吧。合意者即授以如意可也。"说完将如意递给皇帝。光绪帝稍稍犹豫后说："这样的大事应当由皇爸爸作主，儿臣不敢自主。"太后白了他一眼，坚持令皇帝自选。光绪帝只得接过如意，缓缓地向江西巡抚德馨的两个女儿走去。慈禧心知不对，待皇帝正要递如意时，大喝一声："皇帝！"并以口暗示首列者。光绪帝闻声愕然，及至见太后努嘴示意，知道她要自己选谁，便意态怏怏地将玉如意授给了桂祥之女叶赫那拉氏。

太后看出皇帝中意的不是自己的侄女，而是德馨的两个女儿，心想若将此二女选入宫中为令妃，必有夺宠之忧，便当机立断不让皇帝续选，命公主将红荷包各授一对给立于最后的侍郎长叙两个女儿，"此珍妃姐妹之所以获选也"。

选皇后结束的当天，朝廷发布懿旨，昭告天下：

钦奉慈禧端佑康颐昭豫庄诚皇太后懿旨：皇帝寅绍丕基，春秋日富，允宜择贤作配，佐理宫闱，以协坤仪而辅君德。兹选得副都统桂祥之女叶赫那拉氏，端庄贤淑，著立为皇后。特谕。

钦奉懿旨：原任侍郎长叙之十五岁女他他拉氏，著封为瑾嫔；原任侍郎长叙之十三岁女他他拉氏，著封为珍嫔。

慈禧为了一己私意，专横地将侄女强配光绪帝，在皇帝一生中投下了浓重阴影。如果说光绪帝在此之前并没有耻作傀儡之感，对太后唯有敬畏之心，那么通过选皇后，他对太后的专横和强迫，便心生逆反；对于将成为自己妻子的皇后，更无一丝好感。据说他在少年时代，对经由太后安排，挑选一群女孩入宫作陪戏耍时，就不喜欢这个女子。不料这个他所不爱之人，将成为自己的终身伴侣。连自己的人生大事都不能自己作主，还谈什么亲裁大政，做一个真正君临天下的皇帝！男人都有自尊。慈禧的作为深深地损伤了光绪帝的自尊心。只是他自小养成内向的性格，凡事都闷在心里，加上太后的淫威，便无可奈何地吞下了这枚苦果。

光绪帝的大婚礼，按钦天监择定的吉日，在十五年正月二十六日至二十八日（1889年2月26日—28日）举行。这是清代历史上所有大婚礼中排场最大、耗费最多的婚庆。有人估计用了黄金四千一百二十六两有差，白银四百八十二万四千一百余两。但据《翁同龢日记》称："大婚提拨京饷五百五十万两（翁夹注，部库三百五十万两，外省二百万两）。"这个数字，与《光绪朝东华录》所说相同，比较可信。当年即光绪十五年（1889年），清政府的全年财政收入约八千余万两，一场婚庆就化了五百五十万两，足见慈禧爱摆排场，奢侈浪费到何等程度！

慈禧为侄女大婚而大事奢华，自然也隐含讨皇帝欢心之意。何如事与愿违，光绪帝对这位面庞瘦长、形似马脸，齿突背驼的皇后丝毫没有兴趣，新婚之夜也没有性爱可言。第二天竟然取消了在太和殿宴请后族的例宴，以致引起京城内外私议纷传。

有的论著对此解释为光绪帝因生理上出了毛病，因此新婚初夜未能行丈夫该为之事，第二天竟借口有病，取消了例宴。这一说法，根据清宫秘档所记，称光绪帝患有遗精史，且体弱多病，腰背酸沉，十五六岁时即已弱不禁风等情状看，并非没有可能。那么，慈禧将侄女强配光绪为妻，不仅开了光绪帝对她反感之渐，而且也害了侄女的一生幸福。

42 重修“三海”

清初，皇帝住乾清宫，皇后住坤宁宫。后来，雍正帝为了安全和出入前殿办公的方便，移住养心殿，皇后和嫔妃就分住在东西六宫。这一体制也就沿而不废。慈禧最初入宫时，就住在西六宫之一的储秀宫。垂帘时期皇后慈安住在东耳房绥履殿，慈禧太后居于西耳房平安室，垂帘听政即在养心殿的东暖阁。后来，慈安移居东六宫的钟粹宫，慈禧移居西六宫的长春宫。光绪七年慈安暴卒后，慈禧大权独揽，但仍住在长春宫，直到光绪十年十月，慈禧五十大寿时才由长春宫移居储秀宫。当时，对储秀宫进行了一次大修，拆除了宫前的大门及围墙后，储秀宫便与前面的翊坤宫、体和殿连成相通的一个院落，成为一处雅致宽敞的居所。

归政后慈禧按则例不能再住在储秀宫了。这是因为乾隆帝归政于嘉庆帝时，为自己在紫禁城的东北部修筑了宁寿宫，作为颐养天年之所。尽管这座占地四万六千平方米、依照紫禁城前三殿后三宫体制建造的庞大院落，建成后乾隆帝连一天也没有住过，但移出大内的规矩被作为则例沿袭了下来。一心想成为太上皇式的慈禧，眼见皇帝一天天长大，自己撤帘归政在即，选一处佳景作为怡情养性之处，成为头等大事。

对于慈禧来说，最使她不能忘情的莫过于圆明园，那里度过了她和丈夫咸丰皇帝婚后最美好的恩爱岁月，一亭一榭都回荡着他俩的私语和笑声。儿子同治皇帝亲政后想重修被英法联军破坏的这座万园之园，作为母后养老去处，遭到恭亲王奕䜣等王公大臣的阻谏，不得不改修“三海”(即南海、中海、北海)。后来因儿子早夭，两宫重又垂帘听政，三海工程停了下来。现在想违诺重修圆明园显然已不可能，修三海，当是名正言顺之事。所以，海军衙门成立后，慈禧做的另一件事，就是命海军衙门总理大臣、醇亲王奕譞查看“三海”等处，即行修理，以作自己还政后的颐养天年之所。她让奕譞操办重修，一则是他位及亲王，既是皇帝本生父，又是自己的妹夫，办事可以放心；二则，最重要的是奕譞作为海军衙门总理大臣，手里握着大笔的海军经费，凭借他的地位，筹措修园经费比任何人都要方便。有此两条，在慈禧看来是再恰当不过的事。

奕譞当然不敢违拗。自从儿子被选立为皇帝后，为了免招慈禧的猜忌，他一直托病在家不参与政事。只兼管小皇帝读书的差使，而且遇事都执意低调。直到光绪十年甲申易枢，奕䜣被赶下台后，韬光养晦十年之久的他，才被太后启用。但是他从太后懿旨命他参与新的军机班子工作又不给他正式任命，要“俟皇帝亲政后再降懿旨”中，揣测到太后对他作为皇帝本生父的特殊地位，仍心存疑忌，所以处处显得格外恭顺，惟命是从，不敢自拿主意。上年让他做海军衙门总理大臣，他深知太后选对海军一无所知的自己担任这个角色，本意并非要他真正关心海防建设，一定隐伏着别样图谋。及至要他视察“三海”，予以重修的懿旨发下后，他立即意识到让他做海军衙门总理，实际上是作个太后的“钱包”而已。有此一层心悟，奕譞自然只能尽力效命了。

海军衙门为什么有钱呢？一是原定由南北洋收支的海防经费改由海军衙门收放，这笔经费总数在四百万两左右；二是从各种渠道获得海军衙门开办经费约三百万两。这两项虽然因各省协拨解不足额，但总数仍在五六百万两左右可以动用。这些钱的用途，既要作为海军衙门的日常开支，又要供南北洋筹办海防之用，甚至还要为东三省练饷所需近百万两筹付，实在是捉襟见肘，难于应付。于是卖官鬻爵，开办所谓海防捐，成了海军衙门的另一项收入。从光绪十二年到十四年（1886～1888

年），海军衙门共收到各省解来海防捐款约一百五十七万八千余两。所谓“钱包”，其实只是一手拿来，一手支出的中转而已，作为海军衙门的主管，奕譞充其量只是个“空心大佬”。让他负责重修“三海”工程，无疑要他作“无米之炊”。

“三海”工程，于光绪十二年正月初八日（1886年2月11日）正式动工。整个工程包括所有殿宇、房屋、道路、河池、假山、园林以及电灯、船坞等大小一百多处，几百个项目。工程总经费约六百万两左右。到光绪十四年，基本告竣。南海重修了瀛台、翔鸾阁、澄怀堂，新建了两卷殿等约九十八处；中海重修了承光殿、阐福寺、画航斋等处近二十处。

这六百万两经费，奕譞如何措筹？主要来源包括王公大臣的捐助，户部及内务府库银，海关收入解款，神机营、海军衙门垫借等。从工程启动到光绪二十一年（1895年）的大修和日常维修经费，海军衙门共挪借了四百三十七万两。据有人研究，海军衙门借款后来都指定专款如数还清。奕譞确实为“老佛爷”尽心尽力了。但是，过分操劳和终日忧虑，奕譞终于在光绪十六年（1890年）病倒，同年十一月二十一日（1891年1月1日）逝世，走完了窝囊可悲的人生。

43 怡情颐和园

按照祖制和慈禧自己的承诺：皇帝大婚，太后归政。光绪皇帝既然已于十五年正月大婚，那么慈禧应该结束训政，归政于皇帝。在这个问题上她毫不含糊。当年的二月初三日（1889年3月14日），举行归政典礼，正式还政于光绪帝，退居幕后。这年慈禧五十五岁。

为什么既说她结束训政，还政光绪帝，又说她退居幕后呢？原因是她名义上宣布归政，实际上仍大权在握，退而不休。早在去年即光绪十四年十二月，由醇亲王奕譞和军机大臣世铎等商定了一个归政条目，其中最主要两条：一是今后凡中外臣工的请安折，仍应一式二份，即皇帝与太后各一，太后可以在奏折上批示懿旨，决断一切（后来演变为不仅请安折需太后过目，其他奏折也需送太后御览)。二是各衙门引见人员，仍按现章(即前述《训政章程》)所定，恭请懿旨遵行。有了这个归政条目，太后尽管还政皇帝，却仍然控制着用人行政大权。所以归政后的行政体制，如翁同龢所说："现在办事一切照旧，大约寻常事上决之，稍难事枢臣参酌之，疑难者请懿旨。"太后仍然是大清皇朝的真正决策者，是一个没有太上皇名号的太上皇太后。

她确实像个太上皇式的女主。不仅在运用既存祖宗之法的随意老到，在驾驭群臣之术的诡秘莫测，在维护权势之作派精明方面，把传统王霸之道的法、术、势，发挥得淋漓尽致；而且在生活起居方面，也处处按太上皇的标准铺排。自光绪十三年正月皇帝亲政后，她就搬出储秀宫，住进了乾隆帝为预作太上皇而修筑的宁寿宫养性殿，把太上皇的寝宫作为自己的寝宫。同时又命奕譞加紧赶修"三海"。

光绪十四年，"三海"主要工程修建竣工后，她于四月上旬驻跸视察。"三海"固然湖光水色，亭台掩映，但她最感兴趣的则是位于圆明园西侧的清漪园。这个园子，原是乾隆皇帝为庆贺母后六十大寿兴筑的佳景，倚山傍湖。其中万寿山满目苍翠，山后一马平川，大小佛殿林立；昆明湖水面开阔，远山倒映，一湖翠色中玉带桥影影绰绰；园中长廊蜿蜒，仁寿殿、乐寿堂、排云殿等错落有致，是一个极佳的修身养性之所。慈禧向奕譞暗示自己喜欢这个园子，表示清漪园虽遭英法联军破坏，但基本格局、宫殿亭阁仍未大毁，只要稍加修葺，仍不失为景色旖旎的颐养之处。

奕譞那时正奉命在修“三海”，得到太后示意后，只得在三海工程进行的同时，以规复昆明湖水操旧制、修筑水操学堂为借口，暗中动工重修清漪园。

暗修清漪园，时隔不久便泄露了消息，朝廷内外私议纷传，说太后又要重修圆明园了。光绪皇帝风闻此事后为了平息臣民疑虑，于十四年二月初一日干脆下达上谕扩建清漪园，并把它改名为颐和园，从此颐和园重修工程，由暗修转为公开。

实事求是地说，慈禧的作威作福，除了自身贪恋权势，以太上皇自居外，与光绪帝不敢果断地自承权威、胆小怕事，一味以孝养奉亲迎合太后私欲不无关系。传统文化的“忠孝两全”，使得这位皇帝从小铸就了怯懦柔弱的秉性，严重影响了他本该理直气壮地君临天下的勇气。

慈禧读了上谕，心中窃喜，表面上仍做作一番。她于上谕颁发的同天，下懿旨称：重修颐和园出自皇帝孝心，自己不忍拂逆皇帝好意；“况且工料需款，出自节省羡余，未动户部正款，无丧国计”。外界怀疑圆明园也将因之重修，决无此事。自己本意岂在游观末节，想天下亦应共谅。皇帝孝心可嘉，但应以勤政典学、克己爱民为怀，“不可因一意奉亲，转开逸游宴乐之渐”；中外臣工，“尤宜忠勤共励，力戒因循浮靡积习”。

慈禧以皇帝孝心可嘉，同意了重修颐和园的决定，又以自己志不在游观，训诫了皇帝与臣工。翻云覆雨，装腔作势，全都是为了掩饰私欲，混淆视听。

颐和园重修工程自奕譞病死后，改由慈禧器重的庆郡王奕劻管理。整个工程用款约白银一千万两左右，大大超过了重修“三海”的总经费。款项主要来源，一是挪用海军衙门经费约七百五十万两；二是各省督抚筹款约二百六十万两。前一项，直接影响了海军建设。从光绪十四年（1888年）起，北洋再也没能向国外订购一艘铁甲战舰。奕譞巡阅报告建议继续添购铁甲舰，当时太后懿旨称：“应如何筹集巨款续添船炮之处，著随时会商，奏明办理”，都成了空话。按北洋所购“定远”、“镇远”两艘七千余吨铁甲舰共费银三百四十万两计，修颐和园挪用海军衙门经费七百五十万两，足可再买两艘这样的重巡洋舰。那样，北洋海军的整体作战能力就将大大加强，后来的黄海海战中就可能与日本决一高下了。后一项，大都是各省督抚向当地商号借来，或是从盐斤加价，厘金、地丁收入中挪用。满足了太后私欲，害苦了天下百姓。真是一言漫出口，国事害非轻。

封建专制王朝时代，君主为了享乐，修宫殿、筑园苑，本是常有之事。清代康、雍、乾三朝更是风行一时。问题在于慈禧所处的光绪前期，国力、财力都不能与鼎盛时代相比。以财政为例，有人按账面收支统计，光绪十三年（1887年），清政府全年收入约八千四百余万两，岁出八千一百二十八万余两，收支相抵，结余二百九十余万两，光绪十四年岁入八千八百余万两，岁出八千二百余万两，结余六百四十余万两。一个偌大的帝国，两年合计只有不足一千万两的账面结余，其中还不包括意外开支在内，应该说财政储备相当不容乐观。在财政不裕的情况下，既修“三海”，又修颐和园，前后花去一千六百余万两，超过了两年结余总额近一倍。虽说没有动用户部库银，但筹措这笔庞大的工程款，实在是既有害于海防建设又劳民伤财。

颐和园工程直到光绪二十一年（1895 年）上半年才告结束。其间，慈禧怕影响她六十大寿的庆典，早在光绪十七年（1891 年）五月间就首次视察园工，以后常驻园中，催促工程进度，猴急之情，可知一斑。

这样，慈禧以还政后颐养天年之名，既有“三海”，又有颐和园两处胜景可以随意驻跸；同时又经常临幸宁寿全宫，任意留宿于太上皇乾隆帝的寝宫养性殿，接受光绪帝和隆裕皇后的请安。她的作派和权势，超过了清皇朝任何一个帝后的待遇。当她居留于颐和园后，光绪帝隔天必须赴园问安，而每天的重要奏疏，皇帝阅后均封送园中，请太后过目亲裁。可以想见，从紫禁城到颐和园的路上，皇帝的銮驾，行色匆匆地来回奔波；奉旨送折疏的宫监侍卫，策马加鞭络绎于道。这情景该是何等地令人感慨万千！

颐养天年

44

归政后的慈禧太后，在佳园胜景中以纵情享乐作为颐养天年的消遣方式，过着逍遥自在生活。

她喜欢“三海”的碧波万顷，也爱颐和园的湖光山色，经常在中南海和昆明湖中荡舟怡游。许多野史笔记说她信佛，现存清宫档案中收藏的慈禧照片确实如此。她常扮成观世音菩萨，让李莲英扮成韦驮天尊，令宫女或女官装作善才童子，一起合影，以表达自己有如菩萨那样法力无边，拯救苍生的至尊地位。专供她乘坐的游艇，舱房高大，雕梁画栋，朱漆辉煌，被时人称为“湖上浮宫”。侍应船只分别载着乐队和随时供应的食品，紧随其后。一路上丝竹悠扬、浩浩荡荡，在布满绿荷的湖水中穿行。

她爱新奇刺激。臣工投其所好，送来了不少

珍宝异物。最令她感到意外的是李鸿章送的一列小火车。为此，她特地在大内西宛的宫闱禁地修筑了一条全长三华里的小铁路，自中南海仪鸾殿外的瀛秀园到北海北岸的镜清斋（现名静心斋）。建成后，她讨厌机车震动，竟令太监牵引前进，行驶于大内最幽静雅致之区，饱览沿途景色。

据考证，这条特殊的小铁路，建成于光绪十四年，车辆购自法国，价仅白银六千两。车身为窄轨，全列共六辆，包括机车一辆、上等极好车厢一、上等车厢二、中等车厢二、行李车厢一、俱由法商精工装修。法商之所以贱卖，意在推销产品。当时正是洋务派议修铁路的重要时刻，法国亟亟于想以吃小亏占大便宜的方式夺得中国市场；李鸿章之所以进呈小铁路，意在让既好新奇，又不知火车为何物的老太后及王公大臣们开开眼界，求得朝廷对修筑铁路的支持，堵住反对者的嘴巴。这一招果然很灵，慈禧乘坐后觉得舒适便捷，乃由怀疑转向支持。"老佛爷"总算在享乐中做了一件有利于交通近代化的好事。

她喜爱书画。在宫中长期供养着一名叫缪嘉惠的女画师，指导她写字作画。日久颇有进步，居然也敢效法祖宗赐字于臣工的老例，常书"福"、"寿"大字和所作写意花鸟赍赏王公大臣。其实，"那些盖有西太后御印的字画，大部分并不是出自她的手笔，而是缪嘉惠的作品"。慈禧对缪很为赏识，当她驻跸颐和园时，仍把缪女士带在身边，怡游之余，让缪辅导书画作为消遣。

像清朝历代帝王一样，慈禧也是一个十足的“戏迷”。无论居住在长春宫、储秀宫、宁寿宫，还是移至“三海”、颐和园，一有空闲，或遇节日，都要听戏看戏。宫中，原有乾隆年间修建的三层大戏台畅音阁，此外，在其他御苑也有不少当年修造的戏台，如西苑有纯一斋戏台，圆明园有同乐园戏台，清漪园有听鹂馆戏台等，专供皇帝、后妃看戏之用。重修颐和园时，为了满足慈禧嗜戏之欲，特地在园子东部新造了一座堪与宫中畅音阁媲美的德和园大戏台。台上设有为演鬼神戏所需的天井和地井，戏台底部还建有水池，可以喷出水泉，蔚为壮观。

慈禧看戏时爱摆排场。不仅皇帝、后妃都要陪同，而且每逢重大节日，还要让王公、命妇、大学士、军机大臣、六部尚书、御前大臣一律到场，名之曰“赐观”，作为太后的恩赐，其实是强迫，以显示自己的威势。看戏过程中还赏给大臣们糕点零食。演得好，她对演员赍赏有加，演得不合心意，即唤人责打一顿，弄得演员提心吊胆，生怕招来横祸。

为了满足太后看戏之瘾，宫中不仅养有专事唱戏的大群太监，称为“本家班”，而且经常请京城内外梨园艺人进宫演出。一些名伶如谭鑫培、杨小楼、王凤卿、王瑶卿、裘桂仙等，都曾为慈禧演出过。可以说，看戏、听戏，成了慈禧一生的最大嗜好。还政后，更是她消磨时日的一大乐事。她不仅娴熟戏文，据说还能哼上几段。

至于一日三餐，更是竭尽人间奢华。除了御膳房外，她还有专供享用的私人厨房，称之为“西膳房”，下设荤菜局、素菜局、饭局、点心局、饽饽局。每局下面又有分股办事的专司，服役的太监有几百人。饮食的考究和花色品种的多样，宫外人难以想象，奢靡浪费也极为惊人。据说慈禧每餐的菜肴有百样左右，要用六张膳桌陈放。上膳时必先由李莲英用银筷测检是否有毒。太后对满桌菜肴瞄一下，眼光停在哪样上，太监立马将菜送到太后面前。她只对中意的菜肴动了几筷就不吃了，剩下的赏给皇后、贵妃，有时也分送王公大臣。按溥仪《我的前半生》一书中有关隆裕太后每月膳食份例的统计，她用肉一千八百六十斤，鸡三十只，鸭三十只。这个一心想学慈禧太后的隆裕，每月的膳食份例，估计与慈禧享用所差不大。所以有人感慨地说：“慈禧一餐之费，百姓万家之炊。”

慈禧在纵情享乐时，成群的内监宫女随同左右。其中，李莲英是必不可少的人物。据说，在宫中，“她每日三餐，早晚起居，必和李莲英当面或互派太监问候。在中南海和颐和园居住时，常对李莲英说：‘英啊，咱们遛弯去呀！’于是李莲英就陪她出去散步。他俩走在前边，其余的人远距离地跟随在后面。慈禧太后有时还把李莲英召到寝宫，谈些黄老长生之术，两人常常谈到深夜。李莲英实际上成为慈禧晚年生活中离不开、信得过、用得上的一个‘伴儿’”。李莲英因此被慈禧破例提拔，光绪二十年（1894年）他被赏戴二品顶戴花翎，突破了太监以四品为限的祖制。从此，李莲英依仗太后宠信，渐渐重施安德海张扬自大的故技，成为朝野侧目的人物了。

种种迹象表明，这位精明强悍、政治上曾经有所作为的晚清女主，自从还政光绪之后，一心想做个尽享清福、怡情游观的“老佛爷”。作为太上皇式的皇太后，虽然不能不过问朝政，但自光绪十五年（1889年）起，到光绪二十年（1894年）的五六年中，不仅在政事上乏善可陈，无所进取，而且在思想上日趋保守，惟知享乐。当时，外有敌国虎视眈眈之忧；内有吏治苟且腐败之实。西学新潮影响日盛，激进青年渐思变革。如能抓住机遇，大力加强海防建设以外抗强邻，整饬吏治以清明朝政，迎合潮流以发展新学，中国当可在同光新政基础上有所前进，至少不至于出现尔后战败受辱的局面。然而系皇朝命运于一身的慈禧，置国运于不顾，逆潮流而动，惟知图一己之私欲，畅一时之快意，挥霍无度，专横乖戾。不仅丧失了改革、进步的大好时机，而且使自己日益成为众矢之的。事实证明她不能成为挽积弱而救衰世的女主，不能成为领潮流而图革新的决策者。以她为首的清皇朝，也就不可能起死回生地追慕前期的盛世，只能走向日益沉沦的可悲结局。

如果说，个人在历史上的作用不可忽视，那么作为晚清女主的慈禧，她对皇朝走向衰败的历史责任，至少应该自光绪十四年（1888 年）重修“三海”和颐和园这一劳民伤财之举算起。所谓“颐养天年”的纵情享乐，标志着她有所作为、有所进取的前半生阶段结束，步入了不思进取、思想保守的后半生。

45

“万寿庆典”的筹备

光绪二十年十月初十日（1894年11月7日），是慈禧的六十岁寿辰。

按照中国干支纪年，六十为一甲子，人满六十岁，称之为“花甲之年”。所以六十寿辰，是人生历程中最值得庆贺的寿诞。民间习俗，每逢长辈六十华诞，都要大事庆贺一番，何况是“母仪天下”的女主。举办隆重的“万寿庆典”，自是朝廷上下的头等大事。

早在光绪十八年十二月初，皇帝为了显示孝心，就颁下谕旨：“……甲午年欣逢（皇太后）花甲昌期，寿宇宏开，朕当率天下臣民胪欢祝嘏。所有应备仪文典礼，必应专派大臣敬谨办理，以昭慎重。”

颐养天年的慈禧太后，对光绪帝的上谕一开始没有表态。隔了二十天之后才颁下懿旨，称：“甲午年为余六旬寿辰，皇帝率天下臣民胪欢祝嘏，特派王大臣等举行庆典，具见诚敬之忱……予若却而不受，转似近于矫情”，表示接受皇帝诚敬之意，准予筹办庆典。但同时提出“去奢崇俭”，应行典礼，除查照旧章请旨遵行外，“其余一切用款，务当力求撙节，毋得稍滋糜费”；内外臣工照例应进贡物缎匹，“均著毋庸进献”。为了表示关怀灾民，本年特颁内务府库银赈济顺天、直隶贫民，嗣后每年发银二万两交顺天府尹、直隶总督普济穷黎。甲午年每省各赏银二万两，均由节省内帑项下给发，“用示行庆施恩，有加无已之至意”。

这道懿旨宣称庆典务必力求节约、去奢崇俭以及毋需进献贡物，似乎太后不尚奢华，体恤臣工，其实只是表面文章。她心中清楚自己万寿庆典哪一个臣下敢不进贡物？庆典筹备处中哪一位王大臣敢以节俭为由不把庆典搞得豪华奢丽？倒是从内帑中发下赈款一事有点雨露普沾的意味，不过那也是遵循旧例，康熙、乾隆帝万寿时都有此一举，不是她的创意。所以，这件懿旨只强调了一件事：批准了皇帝提前筹办庆典的决定，同意援引本朝旧典章程，依例庆祝。

懿旨颁下，户部、礼部、工部满汉尚书，立即会同内务府组成总办万寿庆典的工作班子，由资格最老的礼亲王世铎领衔运作起来。他们查阅了《会典》，找到了乾隆二十六年皇太后七十圣寿和三十六年皇太后八十万寿时，乾隆皇帝两次祝寿的成例，包括：恭上皇太后徽号，御制奏书表文，撰进鸿词庆颂八章；亲奉皇太后乘辇自畅春园还宫，皇帝御龙袍衮服乘马前导；亲撰连珠词，制围屏恭献；亲诣慈宁宫侍宴并绣衣躬舞等一系列细节，作为慈禧万寿庆典筹备和操作的根据。于是，由世铎等联衔，在光绪十九年二月上奏，向皇帝报告了上述应行典礼，同时提出：皇太后自颐和园还宫金辇由何处乘御及跸路经由之处，请旨饬下各该衙门先期敬谨预备。

光绪帝于二月十七日以上谕形式转述了太后懿旨，还宫路线是："由颐和园东宫外彩殿乘辇，经由石路至倚虹堂少坐，进西直门地安门至西华门内咸安门外彩殿降辇，乘轮还宫。皇帝于是日由东宫门外率王公百官跪送，扶排金辇至牌楼，乘驹遵引至石路，乘轿先行，在西华门内跪迎。王公百官在西华门外跪迎。"上谕要求"所有应办一切事宜，著该衙门先期敬谨预备，以昭慎重"。

由此可知：慈禧万寿庆典时，十月初十日的还宫路线和驻跸之处，以及皇帝跪迎地点等都是由她亲自决定，但沿途一切应办事宜，却是皇帝的指示。

太后还宫路线一经确定，总办庆典筹备处便立马规划经营。有关各部员司深知为太后万寿庆典办差，既是肥缺，又是巴结上司的极好机会，纷纷通过各种关系挤进筹备处当差。尤其是负责宫廷内外进行点缀陈设、还宫路线点设景物、搭建彩棚、街肆铺面修葺装潢等工程的工部，更成为钻营牟利之徒的注目所在；堂官则乘机安插亲信，受贿营私。早在上谕未下之前，工部已派定司员六十余人办差，上谕下达后，增至八十余人，“甚至堂官互相诟争，传为笑柄”。为利所趋，丑态毕现。工部如此，“各衙门大率如是”。筹备庆典成了钻营者侵蚀之地，夤缘者保举之阶，以致御史李慈铭上奏弹劾，要求皇帝严饬各部员堂官慎选司员，力杜情面。庆典八字还没有一撇，上上下下都已趋之若鹜，一旦启动操作，黑幕可想而知。

有人研究清宫档案后，著文详述了庆典筹备时的各项内容和开销，数量之大，糜费之巨，实在惊人。其中包括慈禧所用衣物、玉宝、金辇等共合银六十九万六千余两；宫廷点缀、陈设、修缮等共合银二百三十六万八千余两；还宫沿途点设景物，包括搭建龙棚、龙楼、经棚、戏台、牌楼、亭座、灯游廊、灯采影壁等共六十段四百八十七座，共合银二百四十万两；庆典期间举行朝贺、筵宴、演戏等庆寿活动共合银五十二万余两；太后为了对臣属“行庆施惠”，加恩赍赏王大臣、公主、命妇及效力差役人等共合银四万二千二百余两。仅以上各项合计，共用银六百零二万六千二百两。

一次万寿庆典，要耗银六百余万两，真令人咋舌。若加上还宫沿途需要修葺铺面的工程用款，数字更大，估计总数在一千万两上下。那么，这笔巨大开支的经费从何而来？据这位学者所撰文章中征引的档案资料称：一部分由“部库提拨”包括从“备饷需、边防经费两款”中提用一百万两，从铁路经费中“腾挪”二百万两，共筹银三百万两；一部分由“京外统筹”，即向各省摊派和臣工报效，其中由宗室王公大臣及京内外文武百官报效一百二十一万四千余两；各省摊派一百七十六万七千余两，共计二百九十八万一千余两。两部分合计共得银约六百万两。显然，第一部分“部库提拨”三百万两，动用了户部库银，直接关系到国防开支和铁路建设；第二部分“京内外统筹”近三百万两，其中除文武百官扣除部分俸薪和养廉银一百二十余万两外，所谓摊派给各省的报效，则是直接搜刮百姓的血汗。无怪时人和后世史家会指责她“祸国殃民”了。

慈禧理当受到严谴，但如此铺张奢费也全非她一人之过，而是制度使然。慈禧六旬庆典从一开始筹备就按旧典章程操办，各项工程皆有成例可循，并非慈禧别出心裁，另搞一套。例如自颐和园还宫路线上点设景物、修葺铺面一事，即依乾隆帝为母后祝寿旧例办理。总办庆典筹备处礼亲王世铎于光绪十九年二月底上奏称：“恭查乾隆年间历次庆典，自西华门至西直门两旁街道铺面量加修葺，并搭盖经坛，戏台，分段点设景物各在案。明岁恭逢皇太后六旬万寿，可否照案办理，请旨遵行。”光绪帝读折后向慈禧请示，太后懿旨称："西直门外关厢一带及城内跸路所在经，著平治洁净，两旁铺面房间稍加修建，至点设景物等项，著相度地势，酌量办理，不得踵事增华，致滋靡费。钦此。"懿旨明确指出，不准奢华靡费。但实际操办时，各部司员出于讨好谀媚，甚至基于贪污受贿需要，打着为太后办差旗号，按成例而花样翻新，循旧典而大事奢华，以求得"政绩"，作为升迁的敲门砖，光分段点景设物一项就花掉了白银二百四十余万两。这种君主专制体制内官场的"登龙术"和生财之道，早成锢习，积重难返，任何再英明的统治者都无可如何，只能眼开眼闭，何况虚荣心极重，一心想效法太上皇，又要借庆寿风光一番的慈禧？

再如慈禧在懿旨中明确提出"毋需进献贡物"，但上自皇帝下至各省大吏、内务府大臣仍然进贡不断。光绪帝进献贡品，计有无量寿佛、金字经等各种陈设，各色袍褂、衣料、皮件以及寿银等，总值五十九万八千两。各省督抚贡品更是数量可观，如安徽巡抚沈秉成进献"文玉如意成对，一统万年成座，翠玉麻姑全尊，景泰铜鹤成对，灵璧乐石九座，铁花挂屏四扇，黄山景松九盆，花卉围屏九扇，牡丹画册四本"。至于内务府大臣为了向主子表忠，贡品的内容和数量更多。如内务府大臣福锟等进献的贡品，计有：

脂玉如意五对，绿玉红玛瑙寿星仙桃二件，脂玉插屏一对，脂玉盒子一对，脂玉瓶洗二件，脂玉镶嵌花瓶一件，脂玉花觚洗子二件，脂玉杯壶二件，脂玉盖碗茶盅二对，脂玉花插圆屏二件，玉石大小仙台六座，玉宇镶嵌围屏一分，镶嵌象牙花卉鸟木围屏一分，镶嵌象牙人物紫檀围屏一分，玉镶嵌挂屏对子二分，珊瑚嵌绿字玛瑙盆景一座，绣花卉各色氅衣、衬衣、马褂、紧身料面五十四件，加宽各色寿意红绸、库缎七十八匹。

这些都是清宫档案中有案可查的记录。正如研究者李鹏年先生指出："可惜，由于当时各地大员进贡的'贡品单'没有完整保存下来，所以，目前无法了解贡品的全部情况。"但仅从上述三类贡品记录中已经可以看出，各地大员和内务府大臣们效忠取媚的心态。所以，谴责慈禧"万寿庆典"劳民伤财、祸国殃民，固然应该，但若撇开乾隆帝为母后祝寿的成例，忽视君主专制制度的整体背景和臣下的文化心态，把板子打在慈禧一人身上，似乎不合"知人论世"的古训。

就在清廷上下大事操办太后万寿庆典之际，东邻的日本，正在加紧谋划图朝侵华的战争。早在1887年（光绪十三年），日本制定了《清国征讨方略》，计划在1892年前完成对华作战的准备。此后，日本积极扩张军备，建造和购买军舰，加紧训练陆军。仅海军一项，到1892年总吨位已达六万吨，整体水平已超过北洋海军。1893年（光绪十九年），日本枢密院议长山县有朋大将提出了《军备意见书》，主张占有朝鲜，并尽快寻找对华作战的机会，夺取东亚盟主的地位。与战争叫嚣的同时，日本大量增加军费开支；加速购买武器弹药；改革陆军编制，到 1893 年，陆军总兵力达到二十三万人。为了掌握中国军队的兵力状况、运兵路线以及作战时的有利地形，日本煽动浪人团体赴华窥探；派遣特务潜入中国搜集情报；收买汉奸充当间谍。甚至连日本参谋本部次长川上操六，也亲自出马，到朝鲜和中国的战略地点进行所谓视察，并把搜集到的地形、地貌，交通路线等绘成详细的军用地图，为一旦发动战争提供第一手资讯。

战争乌云正在中国的上空迅速积聚，皇帝和太后对此却茫无所知，既没有丝毫警惕，更没有任何加强战备的对策，反而为了皇太后万寿庆典的筹备而挪用国防经费，将大把银子化在点景设物、营造彩棚等面子工程上。这就注定了中国在日本发动侵华战争时，必然遭受失败的厄运。

46

战争搅了寿庆兴

万寿庆典的筹备，从光绪二十年十月（1894年2月）起，进入到大忙阶段。

慈禧太后从正月一开始，就不断颁发懿旨，对朝廷内外王公大臣、文武百官“施恩懋赏”，其中，庆郡王、总理海军衙门大臣奕劻，晋封为庆亲王；军机大臣、礼亲王世铎，赏食亲王双俸；礼部尚书李鸿藻，赏戴双眼花翎；大学士、直隶总督李鸿章，赏戴三眼花翎；户部侍郎崇礼，赏加太子少保衔、赏穿黄马褂。

北京的早春，尽管天气严寒，获得太后恩赏的官员都心头热烘烘地弹冠相庆；有关庆典工程的各部员司，更是忙碌地为工程项目奔走经营。本年三月初，皇太后还宫途经路线中，街南铺面整饬工程发包开工。沿途点景设物、搭造彩棚、戏台等，自去年起已经陆续上马，今年更加紧营造。总办庆典筹备处的各部有关尚书、侍郎，都要不定期地分工巡察工程质量和督促进度，为庆典操劳。

京外各省，也在为采办庆典贡物奔忙。自从正月十七日，太后懿旨命各省限派三名大员进京祝嘏，着于十月初一日以前到京后，督抚们深知这道懿旨无异规定了贡品进献的最后期限，虽说太后在去年的懿旨中曾有“毋需进献贡品”的规定，但谁敢两手空空地进京给老佛爷叩头拜寿？为了讨得太后欢心，督抚们一个个都在贡物选择上动足脑筋，忙乎起来。

那个在十年前“甲申易枢”中被太后撤去“亲王双俸”、勒令其“居家养疾”的恭亲王奕䜣，在本年正月太后普施恩光中，

庆亲王奕劻

虽然只得了微不足道的“御书匾额”一方和三名护卫的赍赏，但也被京师热火朝天的庆典筹办工程所感动。这年三月，他请颇得太后赏识的新贵庆亲王奕劻代奏，希望能批准参加进宫祝寿的行列。不料，太后以其“久病未痊，尚宜静养”为辞，不

给面子，婉言拒绝。奕䜣知道太后对自己疑忌未泯，只好闷在恭王府借酒消愁。他哪里想到，几个月后他将被太后和皇帝请出家门，为中日战争主持军机大政和处理战后的烂摊子。

这边的清皇朝，忙忙碌碌，熙熙攘攘地专致于庆典的筹备，那边的日本却千方百计地寻找借口以发动侵华战争。光绪二十年二月，朝鲜爆发了“东学党”起义，日本立即抓住机会，以清政府应朝鲜政府之请派兵入朝为由，恣意曲解中日《天津专条》条款，先后派遣近万名日军开进朝鲜，同时成立了战时最高军事指挥机构大本营，决心发动侵华战事。

日本侵华意图已十分明显，清政府在朝鲜危机问题上却举棋不定，拿不出应对之方。

早在本年三月朝鲜危机出现后，朝内主战派就已上奏要求厚增兵力，加强战备。五月，主战声浪日甚。帝师翁同龢、礼部尚书李鸿藻等都主张增兵朝鲜，以防不测。皇帝也颁发上谕，告知北洋大臣李鸿章：“现在日韩情事已将决裂，如势不可挽回，朝廷一意主战。”但身膺海疆重寄的李鸿章，却自忖军事实力不如日本，一味主张说动俄、英出面调停，实行“以夷制夷”的外交策略。而一向对国家大事极为关注、务必插手的慈禧太后，这次却一反常态，既不顾问，也不吭声，反而下懿旨为皇帝二十三岁生日庆贺如仪。原来，她担忧战争会搅了万寿庆典，所以私下里同意李鸿章通过外交谈判，希望俄、英调停中日朝鲜争端。正是因为朝廷在和战问题上拿不出统一的对策，中国丧失了从三月到五月宝贵的备战先机，眼睁睁地看着事态的恶化。

捱到六月中旬，沙俄调停已无希望，而日军四布，清政府仍然胸无成竹。六月十三日，上谕派翁同龢、李鸿藻，与军机大臣、总理衙门大臣会商朝鲜之事。算是成立了有关朝鲜危机的咨询班子，讨论对策。次日，光绪帝召见军机大臣，据翁氏《日记》称："上意一力主战，并传懿旨亦主战，不准借洋债。"六月十五日，皇帝在上书房又对翁同龢说："皇太后谕不准有示弱语。"光绪帝两次传达了太后的懿旨，尽管没有文本佐证，想来不会编造作假。这表明慈禧在六月中旬已经趋向主战。但是当时英国还在进行所谓"调停"，英使欧格纳于六月十四日照会总理衙门，并派翻译官到天津与李鸿章接洽，劝中国"信赖英国的调停"，这就使已经倾向主战的太后和"一力主战"的皇帝存有幻想。决策者举棋不定，坐使日本步步占先，"是清廷的最大失机"。

六月二十三日（1894 年 7 月 25 日），日军在牙山偷袭入朝清军，直隶提督叶志超率部不战而逃，太原镇总兵聂士成仓促应战，顽强抵抗数倍于我之日军。终因寡不敌众，率残部败走，途中合叶志超部退至平壤。同天，日军舰队乘夜色掩护，在牙山附近丰岛海面突袭北洋护送运兵船"高升"号的舰只，"广乙”号兵舰被击伤，运兵商船“高升”号被击沉，船上七百余名清军官兵全部罹难，“济远”号兵舰在管带方伯谦指挥下乘乱逃回。

丰岛海战揭开了日本侵华战争序幕，中日之间的正面交锋已势难避免，清政府仍徘徊于和战之间，还在幻想国际调停，直到六月二十五日才得到丰岛海战的败讯。令人意想不到的是，次日，竟然按太后懿旨，仍照常举行光绪帝二十三岁生日庆贺。太和殿里，祝寿盛筵觥筹交错；宁寿宫内，畅音阁大戏台锣鼓铿锵，全不把丰岛海战船伤人亡之事放在心上。只有奉命措筹对策的庆亲王奕劻和翁同龢等军机大臣们，心事重重地吃完寿宴后云集军机处值房商议应对方策。结果，议而不决，散后仍去畅音阁听戏如常。

就在二十六日为光绪帝庆寿当天，日军又偷袭成欢驿清军，叶志超败退公州。二十九日，外务大臣陆奥宗光照会各国公使，中日之间已处于战争状态；日本驻华公使小村寿太郎通知总理衙门，断绝日中关系。

形势刻不容缓，光绪帝忍无可忍。七月初一日（8 月 1 日），下达宣战上谕。恰巧同天日本也向中国宣战，中日甲午战争正式开始。

既然皇帝已通谕中外对日宣战，太后就再难沉默。七月初三日颁发懿旨，以奖励叶志超部在牙山歼敌二千余名，赏给叶部官兵二万两。她把讳败为胜的逃将当作抗日英雄，闹了个笑话，但毕竟以此表明了主战的意向。

必须指出：朝廷宣战后，万寿庆典的筹备并没有因战争而停止，各项工程仍在如火如荼地进行；慈禧表面上虽有主战意向，但骨子里仍希望列强出面调停，以求庆典筹办不受影响。这一切，朝内主战、主和两派大臣都心知肚明，尤其是以太后旨意唯是的内务府更加清楚。内务府承办西华门至皇宫之间的点景工程和颐和园、皇宫内各殿宇的修饰、彩绘、彩棚、彩门等，用款特多，需索尤亟。七月初三日，太后懿旨刚下，内务府即向户部索要十三万两，充江宁织造置办侍卫庆典朝衣的经费。户部尚书翁同龢，先是以“用款太奢”，不肯支给，后来在户部同僚劝说下，勉强同意支给半数，引起内务府不满。

其实，早在宣战前，清政府国库已经十分拮据。当时为了向英、德订购快船，为了招募编练、沿海设防、军队调动等等，需款孔亟，估计在八百万两左右。作为户部尚书，翁同龢面对庞大的军费开支和同样庞大的庆典用款，竭力设法却无力措筹。他在百般无奈中，不得不违反太后“不准借洋债”的懿旨，于六月底通过海关总税务司赫德，拟向英国借银一千万两，年息七厘半，商定十年后本息一千四百二十万两，充作军费开支。不久，内务府得知消息，要求户部支付一二百万两作为庆典工程费用。翁同龢以此款商借系为战争急需，坚决不同意支给。

从七月初一日宣战起，到八月三十日的两个月内，清军水陆两战场都节节失利。八月十三日（9月12日）起，日军进攻平壤，左宝贵力战阵亡，叶志超、卫汝贵败逃，十七日平壤被日军攻占。次日，北洋舰队在鸭绿江大东沟附近海面，遭日本联合舰队偷袭，损失“致远”、“经远”等五艘军舰，管带邓世昌、林永升等战死，提督丁汝昌等受伤。八月底，日本大本营指定陆军大臣大山岩任第二军团司令，准备进犯奉天沈阳，清皇朝“龙兴之地”岌岌可危。

在这种外而战场失利，内而歌舞升平、大办庆典的极度反差形势下，主战的言官台谏，纷纷上奏，要求严惩畏葸误国的李鸿章和前线失利的有关官员，呼吁停止庆典工程。

正当舆论飞扬之际，慈禧太后于八月十二日由颐和园还宫。十五日，在慈宁宫接受皇帝率文武百官恭上徽号，由原来的十四字，加上新进的“崇熙”二字，成为十六字连缀，全称为“慈禧端佑康颐昭豫庄诚寿恭钦献崇熙皇太后”。一长串名词今天读起来不但冗长，而且拗口，但在当时书写奏折和正式公文里，是必不可少的。弄错了违犯“大不敬”之罪，是要受到严谴乃至杀头的。恭上徽号是件大事，又是按乾隆时的旧典，属于祝贺太后六旬万寿庆典的组成部分，所以特别隆重。据《翁同龢日记》当天所记：卯时三刻（约早晨六时），皇帝御太和殿阅册宝。卯正，入慈宁宫。王公大臣等随入，在长信门外敬候。

慈禧升慈宁宫宝座后，宫门大开，皇帝立即面对中门北向下跪，众臣皆跪。皇帝亲自宣读宝册，读毕置于黄案，由内监捧入宫内，皇帝跪起，亲捧祝贺表文进中门至太后御座恭献。太后受贺后，皇帝退出中门，行三跪九叩首大礼，群臣随同行礼。仪毕，皇帝出景云门更花衣，由宁寿宫东便门保泰门出。整个仪式进行中，雅乐悠扬。仪成后众臣于辰正（约上午九时）入座听戏，期间赏饭两次，点心一次，奶茶、果子各一次。直到酉正一刻（约下午五时半左右）始散。值得注意的是，听戏时，特别邀请了朝鲜使臣李承纯、闵咏吉参加，“以示怀柔”。这一场恭上徽号的庆典，虽为旧例所应有，但在中日战争清军兵败人亡的形势下，搞得如此隆重，今天看来，总觉得分外触目。不过当时朝野都不以为非，连爱挑刺的清议舆论也没有丝毫指责，足见大家都安于成例，习于传统的心态。

恭上徽号的庆典结束后，慈禧并未立即回颐和园休养，反而连日来单独召见礼亲王、首席军机大臣世铎和庆亲王、总理海军衙门大臣奕劻。估计她也知道了朝野对停办庆典工程的吁请和私议，要与他们商议办法。果然，接连数日召见后，太后出手不同凡响：八月二十六日由皇帝宣布太后懿旨：“前因念士卒临阵之苦，特颁内帑三百万金俾致饱腾。兹者庆辰将届，予亦何心侈耳目之观，受台莱之祝耶？所有庆辰典礼，着仍在宫中举行，其颐和园受贺事宜，即行停办。钦此。”懿旨经上谕转达后，各衙门即遵旨而行。

慈禧为表示体恤前线将士，一下子从内务府库中拨给三百万两，不可不谓出手阔绰；为表示自己不以“侈耳目之观”，断然下令停办点景、经坛、戏台等事，只在宫中庆寿，减刹庆典隆重程度，不能不说忍痛割爱，似乎颇有自知之明。据上谕称：皇帝曾“再三吁请，未蒙慈允”，太后态度似乎非常坚定，不愿改变初衷。其实，这个决定距十月十日只有一个多月，跸路所经点景工程早已大体完成，只剩下少量景点的收尾工作。二百万两白花花的银子已差不多用光，所谓停办云云，无异自我作秀，目的是为堵不满者的嘴巴。至于拨给内帑撙节银三百万两，尤其值得疑问。像历朝皇帝一样，慈禧从不过问内务府库银究竟有多少。这次狮子大开口，一下要拨出三百万两，内务府是否拿得出，是否真的拿出来？谁也不敢追问，以后也没有史料记载，充其量只是她表白自己支持对日作战而已。

懿旨宣布的第二天，慈禧突然在颐年殿东暖阁分三批召见庆亲王奕劻、军机大臣、翁同龢、李鸿藻等人。首先是奕劻，谈了二刻钟；其次是军机大臣，谈了一刻钟；最后召见翁同龢与李鸿藻。这样安排，颇有用意，因为奕劻当时最为慈禧亲信；军机大臣世铎、张之万、孙毓汶、徐用仪，都唯太后之命是从；而翁同龢、李鸿藻两人是主战派，尤其翁同龢是当时主战的清流首领。太后先和亲信及听话的王大臣谈，很可能先把自己关于和战的意向和对策向他们交底，听取他们意见后再作翁、李工作。果然，谈话间太后要主战的翁同龢私下让李鸿章通过俄使调停求和，并强调要翁作为个人意见面告李鸿章。翁同龢虽迫于压力同意给李鸿章传信，但明确表示："此节只有李某复词，臣为传述，不加论断，臣为天子近臣，不敢以和局为举世唾骂也"，铁骨铮铮地表白了自己的立场。

慈禧与翁同龢的对话，表明她骨子里还是同意调停，希望妥协求和，只是碍于言官台谏要求主战的舆论，不愿公开明说而已。所谓"吾非欲议和，欲暂缓兵"云云，完全是掩盖本意的托词；翁同龢敢忤太后旨意，并且公然声称自己是天子近臣，不愿成为求和的罪人，令人肃然起敬，但这次抗旨，则为日后太后整他伏下了潜因。

按照太后的懿旨，光绪帝在九月二十三日颁发上谕，重新布置了万寿庆典活动的内容和日程：十月初五日，皇帝率领王公百官参加在宁寿宫皇极殿举行的寿诞，皇帝亲自进爵祝贺。初六日，皇后率领妃嫔、公主、福晋、命妇等诣皇极殿筵宴，皇后进爵祝寿。十月初十日太后六十寿诞当天，在皇极殿正式赐宴受贺。十二日，皇帝率领近支王公等赴皇极殿筵宴，皇帝献舞。十三日，皇后率妃嫔、公主、福晋、命妇等进舞。整个寿庆自十月初五到十三日前后九天，分五次，在皇极殿举行，隐含太后像太上皇一样，享有天子"九五之尊"的深意。

由此可知，原来准备慈禧太后在颐和园受贺，自颐和园还宫及皇帝跪送、在西华门内跪迎，文武百官在西华门外跪迎等“侈耳目之观”的张扬各节一概停止，只在宫内进行。整个寿庆的排场、规模和彰显规格，都被中日甲午战争搅黄了不少。所以，有人指出：“说来也算巧合，慈禧逢甲不利：甲戌（同治十三年），独子同治死；甲申（光绪十年），五十大寿，中法战争；甲午（光绪二十年），六十大寿，中日战争；甲辰（光绪三十年），七十大寿，日俄战争。”就慈禧六十寿庆规格被战争冲击而削减言，真可谓何其巧合也！

47 签订《马关条约》

中日战火搅黄了慈禧太后尽心筹备的庆典计划。然而，令她最为忧心的还是越来越不听话的光绪皇帝和围绕在他周围羽毛渐丰的“帝党”势力。

随着战局的恶化，在战和问题上，慈禧和光绪帝的分歧越来越严重。中日战争是光绪帝亲政以后，第一次应对严重的边疆危机。年轻的他，一方面为了确保祖宗的基业不受侵犯，认为购舰造船，练兵图强搞了近二十年，不见得不能与蕞尔小邦的日本一战。另一方面也为他周围的一帮士大夫保家卫国的正气呼声所感染、鼓舞，所以坚持主战。而慈禧主和，年老的她，见多了征战，也尝受过战败流离之苦，早年励精图治的锐气已消失殆半，总想在苟安中享受浮华余生。她对能否战胜日本，先持怀疑，表面上故作应付，骨子里却请列强调解议和。殆至朝鲜战场失利，便求和心切。于是她首先将议和的信号，叫翁同龢带给李鸿章。

李鸿章是淮军的统帅，掌握着当时中国最重要的武装力量，但他为了自保，同时也出于对敌我力量的消极估计，主张对日妥协。得到慈禧的口信，更加消极备战，并联络俄国出面调停。这时，赋闲在家达十年之久的奕䜣，被慈禧重新起用，于光绪二十年十一月充军机大臣。这一任命使主战的清流十分激动，纷纷看好奕䜣有所作为。不料这位熟悉洋务、有丰富政治经验的王爷，如今已经锐气全无，不想再得罪慈禧太后。为迎合和局，他另辟门径，请美国出面调停。此外，军机大臣孙毓汶、徐用仪等人揣摸透了老佛爷的旨意，也极力鼓吹议和。

面对后党势力的议和活动，光绪皇帝依然坚定主战，并对贻误战机，造成旅顺、大连失守的李鸿章给予摘去顶戴、革职留任的处分。主战的帝党成员也纷纷参劾主和官员。瑾妃、珍妃之兄，礼部右侍郎志锐上奏折参劾孙毓汶与李鸿章互相呼应，阻挠对日作战，建议立即将孙毓汶罢斥。御史安维峻甚至将矛头直指慈禧："皇太后既归政皇上，若遇事牵制，将何以上对祖宗，下对天下臣民！"

帝党将对后党妥协政策的不满，升级为对慈禧干涉君权的直接指责，极大触怒了慈禧。老佛爷随即发动反击：将瑾妃和珍妃降为贵人，志锐被发配到乌苏里雅台，安维峻被充军张家口。这一系列举措打压了帝党势力和主战的声音。

光绪二十一年（1895 年）一月，不甘妥协的光绪皇帝命刘坤一率领湘军 80 余营，进驻山海关一带。这是开战以来最大的一次调兵，也是主战派的最后一试。但是，由于刘坤一指挥不当，军队战斗力太弱，在进攻牛庄、营口、田庄台等地时，湘军大败，溃不成军。此后，在清朝中央内部，主战派渐趋沉默，而主和的声音甚嚣尘上。光绪帝尽管痛恨、悲哀，但在内外压力下，不得不派出张荫恒和邵友濂前往日本议和。

日本政府挟战胜之余威，对中国施加压力，以张、邵所带国书不是全权委任状为由，予以拒绝，要求另派全权大臣前来和谈。光绪二十一年正月十六日（1895 年 2 月 13 日），求和心切的慈禧撇开光绪，独自召见群臣，商议另派议和大臣。她认为日本所暗示的全权大臣就是李鸿章，于是授意孙毓汶起草谕旨令李来京请训。恭亲王奕䜣认为，李鸿章已经被光绪帝革职，不适合做全权大臣。但慈禧根本不把光绪的旨意放在眼里，明确表示："我可作一半主张也。"所谓"一半主张"的意思，其实就是想做主时就做主，不想承担责任时就推诿给光绪皇帝。

通过明治维新强大起来的日本，早已走上军国主义的道路。此次发动侵华战争，目的就是要中国"割膏腴、偿巨款"，于是，在驱逐张、邵二使时，日本就请调停的美使田贝向清政府暗示，必须派一个能拍板割地条款的使节来日本订约。

割让祖国领土历来是一件举国唾骂的恶行，从慈禧、光绪到李鸿章都很清楚这点，无人甘愿担当历史罪人。到京请训的李鸿章，要求皇帝明确授予割地权。光绪则认为割地问题关系重大，让恭亲王奕䜣请示慈禧。此时的慈禧干脆装病不见，通过内监李莲英传懿旨："慈体昨日肝气胁痛腹泻不能见，一切遵上旨可也。"

请不到"让地"谕旨的李鸿章，迟迟不起程赴日。那些主和的后党则心急火燎地联名上奏，要求光绪帝放权让地，并向慈禧请懿旨敦促李鸿章尽快启程。二月初八，光绪帝迫于压力，面谕李鸿章授予了"让地之权"。

二月二十三日（3月19日），李鸿章到达日本马关，与内阁总理大臣伊藤博文谈判。其间虽也作过抗争，并且被日本极端分子刺伤，但终因弱国无外交，于三月二十三日（4月17日）签订了丧权辱国的《马关条约》。《马关条约》主要内容是：将辽东半岛和台湾全岛及所有附属各岛屿包括澎湖列岛割让给日本；赔偿日本军费两亿两；增设湖北沙市、四川重庆、江苏苏州、浙江杭州为通商口岸；日本人可以在通商口岸设置工厂等。

《马关条约》与《南京条约》相比，中国丧失的权益之多，可谓空前。尤其是辽东半岛和台湾岛的割让，不仅引起举国上下的公愤和痛心，而且对于清王朝也是极大冲击。光绪帝哀叹：

“割台则天下人心皆去，朕何以为天下主。”在以翁同龢为首的主战派的支持下，光绪帝准备废约迁都再战。此时的慈禧太后，对于《马关条约》所规定的苛刻条件也十分不安，她不愿祖宗的土地在自己手中丧失，但又怕不从日本欲望，会使战争再起，愈加不可收拾。善于玩弄权术的她，决定避重就轻，不担再战的风险。四月初三日（4 月 27 日），光绪帝亲自到颐和园请慈禧太后作出是否批约的最后决策，慈禧含糊其词地说：和战之局你定，是否迁都之事我定。把皮球踢给了皇帝。慈禧的亲信孙毓汶等人则四处活动，鼓吹保都批约，声称没有保边地而弃宗庙社稷的道理，给光绪施加压力。四月初八日，批约日期将至，光绪帝无可奈何地批准了《马关条约》。

纵观整个甲午战争，从抛出第一个议和信号，到决定议和人选，再到不表态支持废约再战，已归政光绪皇帝的慈禧太后并没有旁观战局发展，实际上仍牢牢主导着大清朝政的实权。她娴熟地运用着政治手腕和技巧，在其中穿针引线，适时拨弄政局，又适时隐身其后，令后人喟叹不尽。这个铁腕人物，竟然如此对待国运民命，无怪后人对她痛加抨击了。

扼杀百日维新

48

《马关条约》签订后三年，也就是光绪二十四年（1898年），中国近现代史上发生了百日维新，又称戊戌变法运动。这场由光绪帝主持、康有为等人具体谋划的变法运动历来为史家所称颂，被称为力图效仿西方，从政治层面进行资产阶级改革的进步运动。而以慈禧为首的后党，对变法百般阻挠，最后更将刚刚启动103天的改革扼杀于摇篮之中。史家此言大体不差，但深入当时场景，体察当时细节，会发现，其间慈禧经历了先是不反对光绪变法，继而转向限制，最后用血雨腥风捕杀的变化过程。

甲午战争中国惨败，天价巨款被勒索，祖宗之地被割让，泱泱大国被弹丸小国百般欺凌，同样刺激着这位女主的心。30多年来，她实际上也在逐渐变更祖宗之法，尝试改革，办工厂、设电

康有为像

报、建海军、修铁路、开矿山、造轮船、派人出国留学，轰轰烈烈的洋务运动，没有她的支持如何能行？原本指望一场自强运动就能振兴国力，免遭外人欺负，但是中日一战，大清国脸面尽失，造枪炮轮船的做法不足以强中国，那么出路在何方？作为一朝太后，她不可能不作这样的思考。有兴洋务的执政经验，对于维新变法也不可能一味排斥，不加考虑。但是，此时慈禧对革新变法的认识依然没有达到变更政治体制的深度，这是她与光绪政见分歧的所在。费行简《慈禧传信录》中说，慈禧曾向光绪表白变法“乃素志”，但是“若师日人之更衣冠，易正朔，则是得罪祖宗，断不可行”。《慈禧外纪》中也有记载，慈禧给光绪帝的变法划了底线：“凡所施行之新政，但不违背祖宗大法，无损满洲权势，即不阻止。”

何谓“祖宗大法”，到底该如何界定？祖宗之法原先并没有总理衙门，那么慈禧不撤去这一机构算不算破坏祖宗之法？所以，这一底线其实是很模糊的，尺度完全凭她的感觉而定。她要静观变法发展，再来决定到底走多远。

翁同龢像

值得指出的是，政见的分歧总是与权力的争斗交织在一起。尽管，对变法的未来决断尚早，但在慈禧眼中，有一点是清晰的，变法不能挑战她的权威和权力，如果危及她的皇太后地位，不管新法有多少合理性，多么有补时局，她都会统统打翻在地。为此，政治经验老到的慈禧在光绪“明定国是，变法图强”的诏令下达的第四天，也就是四月二十七日连发四道谕旨，其中没有提及变法事宜，而是加强对人事权、军权的掌控，抢先布置，以防局面失控，危及自身。

第一道谕旨是罢免翁同龢。翁同龢曾任两代帝师，时任协办大学士、军机大臣、总理大臣、户部尚书并会办军务，是一位在朝中颇具影响力的老臣。他是光绪帝维新变法的支持者，深得光绪帝信任，也因此引起守旧大臣的嫉恨。他们群起攻之，在慈禧面前状告翁同龢揽权。慈禧早在甲午之战时就对自称是

“天子近臣”面抗懿旨的翁同龢不满，而且对他相助皇帝，力主抗日，又积极支持维新变法主张，深为痛恶。于是在一批守旧大臣的嫉恨声中，她下决心将翁同龢赶走。她逼着皇帝下达谕旨，称翁同龢近来办事多不允协，以致众人参奏，且渐露揽权狂悖情状，着即开缺回籍。翁同龢被驱逐出京，对光绪帝是一个沉重打击，以至于闻讯后，惊得说不出话来，战栗变色，涕泪交下，竟日不食。从此，他的依靠力量只有一批年轻而缺乏政治斗争经验的维新党人了。

第二道谕旨：以后凡任命二品以上的大臣必须得到皇太后的认可，新任官员必须亲自到皇太后面前谢恩。

第三道谕旨：任命荣禄为直隶总督和北洋大臣，统率驻扎在直隶境内的董福祥的甘军、聂士成的毅军、袁世凯的新建陆军。

第四道谕旨：定今年秋天携皇帝到天津阅兵。阅兵是掌握军权的象征。慈禧发出这道谕旨的主要目的是重申兵权在自己手中，但是，后来演变为“借秋季阅兵，谋求废立光绪”的政治谣言。随着变法的开展，帝后矛盾的加剧，“秋季阅兵”一事成了套在维新派头上的紧箍咒。

自宣布变法图强以来，光绪帝在维新势力的协助下，制订了一揽子计划，在三个多月的时间内发出了近200道革旧布新的谕旨，涉及政治、经济、文化教育等方面。

在政治领域中主要是，参考各国法律，在中央裁撤詹事府、通政司、光禄寺、鸿胪寺、太仆寺、大理寺等衙门，在地方，裁撤督抚同城的湖北、广东、云南三省巡抚，闲置的河东总督以及不办运务的粮道和无盐场的盐道；谕令各省督抚、驻外使节，保送通晓时务的人才，允许士民上书，由都察院呈递，不得阻拦。在经济领域中主要是发展实业，保护近代农工商业的发展，兴办邮局、银行等。在文化教育领域，改八股文为策论，各省府州县广设新式学校，在北京筹办京师大学堂等。

光绪帝主持的维新变法，所欲改革的广度和深度在当时出乎慈禧的意料，但是从后来慈禧所推行的新政来参照，可以说变法中一些旨在富国强兵的改革本身并非绝对不可以接受，直接引起慈禧反感的是，光绪在政府改革中竟然撇开她的亲信，任用新人，这无疑挑战了她的权威。

七月十九日（9月4日），光绪帝因礼部堂官阻挠主事王照上书条陈新政，忍无可忍，决定对阻挠新政的官僚予以严惩。他第一次动用了亲政以来的官吏罢免权，罢免了礼部六堂官：礼部尚书怀塔布、许英骙，左侍郎堃岫，右侍郎溥颋，署左侍郎徐会沣，署右侍郎曾广汉。次日，光绪帝又任命杨锐、刘光第、林旭、谭嗣同在军机章京上行走，参与新政事宜。以后凡有奏章，都由四人阅览、起草上谕，原来的军机大臣被冷落一边。七月二十二日（9月7日），光绪帝又宣布了李鸿章、敬信无庸兼差总署大臣。

一下子罢黜这么多大员，又任命了一些小臣掌握军国大事，事前既不请示太后，这就等于无视慈禧早在变法之初就明令二品以上大员的任免权由她掌握的谕旨。加上被罢黜的怀塔布等人跑到颐和园告状，哭诉皇帝无道。使得一开始冷观变法的慈禧再也无法容忍。在颐和园，慈禧严厉斥责了光绪帝："九列重臣，非有大故，不可弃；今以远间亲，新间旧，徇一人而乱家法，祖宗其谓我何？"对于慈禧的训斥，要强的光绪帝不肯屈服。他第一次鼓着勇气违抗太后的教训，说："祖宗而在今日，其法必不若是；儿宁忍坏祖宗之法，不忍弃祖宗之民，失祖宗之地，为天下后世笑。"

颐和园一幕，犹如山雨欲来风满楼。当日，慈禧派怀布塔、立山等人赶赴天津，同荣禄商讨如何对付光绪的策略。反对变法的部分守旧势力，乘机在其中挑拨离间，于是一个关于"九月天津阅兵，太后既行废立"的政治谣言在京城秘密流传。

其实，以慈禧的势力，废掉光绪在宫中即可，大可不必到天津多费周折，她所需要的是师出有名的有利时机和借口。而手无寸兵的光绪帝和维新派却为谣言所扰夙夜不安。阅兵之日马上来临，维新派感到事情紧迫，思谋急速笼络有兵权之人，以应不测。这时，正在天津小站编练新军的袁世凯闯进维新派的视野。维新派认为袁世凯曾驻扎朝鲜，对外国情形了解，而且又是维新派所办强学会的积极参与者，因此建议光绪帝对袁世凯提拔优待，为己所用。

袁世凯是慈禧亲信荣禄的手下，平日与其关系密切，维新派将如此重大使命托付于袁，无疑是一项政治冒险，然而，光绪帝和他所依靠的维新派在朝中本无根基，不掌握实权，除此之外又有何良策？七月二十六日（9月11日），光绪帝命令袁世凯到京城陛见。袁世凯来京后，光绪帝破格提拔袁为候补侍郎，并暗示袁世凯以后与荣禄可各办各事。在这敏感时刻，袁世凯的入京，打草反惊蛇，引起了慈禧和荣禄等人的高度警觉。荣禄即刻调兵遣将，调聂士成军守天津，截断袁军入京之路，调董福祥军密入京城，以备大事。以当时情形和双方势力对比，即使袁世凯真心拥护光绪帝和维新派，也难逃慈禧和荣禄布置下的天罗地网。

袁世凯像

此时的京城，草木皆兵、风声鹤唳。尽管有紫禁城的层层包裹，孤独的光绪帝还是感觉到了威胁即刻降临。七月二十八日（9月13日），光绪帝再赴颐和园请安，慈禧冷脸相对，一言不发。光绪帝自知有变，回宫后急召杨锐发出密诏：让康有为、杨锐、林旭、谭嗣同、刘光第等人设法救局。谁知杨锐接读密诏，竟乱了方寸，迷迷糊糊把十万火急的密诏压了5天。光绪帝焦急异常，又冒险发出让康有为到上海办报的明诏，并请林旭带出另一密诏敦促康有为迅速离京。八月初三日（9月18日），接到三个诏令的康有为等人跪地痛哭，决意派谭嗣同当夜游说袁世凯兴兵勤王，诛荣禄，围颐和园。

此时的袁世凯面临着生死荣辱的抉择，他权衡后帝势力的对比后，决意偷生自保，投靠慈禧一派。在假意应承谭嗣同后，于八月初五日（9 月 20 日）赶赴天津，向荣禄告密。荣禄如获至宝，感到发动政变的时机成熟，立即将内情转告慈禧。不过，史学界现另有一说，认为袁世凯并没有充当告密内奸，而是在慈禧发动政变后，为保全自己才事后主动坦白的。对此问题，我们暂且存疑。接下来无可争议的事实是，袁世凯抵达天津的第二日晨，慈禧自颐和园还宫，发动了震惊中外的戊戌政变。

光绪二十四年八月（1898 年 9 月下旬），京城被血雨腥风所遮蔽。维新人士康广仁、杨深秀、杨锐、林旭、谭嗣同、刘光第六君子被捕杀，其他受牵连者，或被流放、或被监禁、或被免职，除康有为、梁启超等少数流亡海外，维新派基本被慈禧一网打尽。慈禧再次以迅雷不及掩耳之势，依靠政变和屠杀从幕后登上台前；而光绪帝被彻底剥夺了权力，软禁瀛台，开始了他长达 10 年的孤独苦闷的傀儡生活。

幽禁光绪皇帝

49

光绪二十四年八月初六日（1898年9月21日）清晨，正当慈禧乘坐皇家马车，一路疾奔，从西郊赶回紫禁城时，内心焦灼不安的光绪帝还强打精神在中和殿批阅奏折。忽然，一群侍卫太监闯进殿中，声称奉太后懿旨，要皇帝去问话。面对突如其来的慈禧还宫，没有丝毫实权的光绪帝知道大变终来，束手就擒。在便殿，慈禧召集了庆王奕劻、端王载漪和御前军机大臣，设竹杖于殿前，公审光绪帝。苏继祖在《清廷戊戌朝变记》中记录下这段审问。

慈禧叱责光绪："天下是祖宗的天下，你竟敢任意妄为，诸臣者皆我多年历选，留以辅助你，你何敢任意不用！康有为是什么东西，能胜于我选用之人？康有为之法能胜于祖宗所立之法？你太昏聩，太不肖了！”

皇帝战栗不已，不知所对。

慈禧又把如剑的目光转向跪在地上的王公大臣。看着这一群老迈昏聩的亲信，她气不打一处来，训斥道：“皇帝无知，你们为何不力谏！以为我真不管，听他亡国败家吗？”

刚毅抢先说：“我屡次苦谏，每次均被训斥。其他的臣子，也有曾经谏言的，也有不加阻拦的。”

慈禧又把犀利的目光移向皇帝，质问道：“变乱祖法，臣下之过，你可知是什么罪？我问你祖宗重，还是康有为重，为什么要背叛祖宗实行康法？”

光绪战战兢兢地说：“是我糊涂，洋人逼迫太急，我是为保存国脉，通用西法，并不敢听信康有为之法。”

光绪竟敢申辩，慈禧更加恼怒：“难道祖宗之法不如西法，鬼子反重于祖宗？康有为叛逆，想加害我，你不知道吗？”皇帝吓得只顾颤抖，不知如何应答。

慈禧穷追不舍：“你到底知不知道，你是不是同谋？”

光绪低声说：“知道。”

慈禧：“既知道还不正法，反要放走？”

在慈禧疾声厉色的逼问下，懦弱的光绪帝彻底崩溃了，违心地说了要下旨捉拿康有为。随即，慈禧下令将光绪帝押解到瀛台幽禁起来。

瀛台，位于北京三海之一的南海，原来是皇室避暑和游览的胜地，与水云榭岛、琼华岛分处三海之中，象征东海三仙岛蓬莱、瀛洲、方丈。瀛台四面环水，只在北端架一板桥，通至岸上，板桥中间有一段是活动的，光绪帝幽禁此地之后，慈禧命令人把桥板撤了，以免他走出瀛台岛。瀛台的中心建筑为涵元殿，殿前为香扆殿，该殿从北面看为单层，从南面湖边看则为两层，名为“蓬莱阁”。涵元殿后为涵元门，门外为翔鸾阁，阁下即木吊桥。

每日随同慈禧早朝，充当完木偶角色后，光绪帝就被押送到涵元殿。涵元殿屋内陈设十分简陋，仅有一张桌子、一张椅子和一张硬板床，饮食也很粗糙，太监每天送饭时放下桥板，走到瀛台来，用饭完毕，就抽掉桥板。冬天三海结冰，从瀛台不通过木桥也可以从冰上到达岸边。据说有一次光绪带了小太监踏冰离开瀛台，被发现后，总管太监李莲英立刻下令凿冰，以防光绪离开。光绪心情十分忧郁，万般无奈之中写下了“欲飞无羽翼，欲渡无舟楫”等诗句。

光绪帝被幽禁在瀛台，不仅失去了自由，还受到多方折磨。慈禧派出亲信太监负责监视光绪，每天的情状都要向慈禧汇报。光绪帝经常坐在露台上，双手抱膝，愁思哀伤；或者睡在木床上苦思苦想，曾哀叹道：“朕并不如汉献帝也！”他在监视比较松懈时，就偷偷地记日记，记述生活中一天天发生的事情。据慈禧的御前女官回忆，其中一个姓黄的太监十分同情光绪，在汇报前都要和光绪先通气，光绪觉得不妥的地方，就不汇报。而且黄太监默许光绪写日记，并代为保管，以防被其他人发现。

令光绪帝饱受精神折磨的，还有失去消息的珍妃。一向被他爱着的珍妃，也遭到了慈禧的折磨。戊戌变法不久，慈禧就对珍妃施以杖刑，关进偏僻的钟粹宫北三所，不许晋见光绪帝。每日饭菜从门口的小洞里塞进，衣服穿得破烂不堪。她经常倚门而立，向外张望，盼望有朝一日能与皇帝相见。据传，光绪帝在小太监的帮助下，终于打听出珍妃的下落，曾搞过几次“偷渡”，与珍妃相见，两人隔窗相望，欲哭无泪，情景凄凉。这个传说是否可靠并不重要，它反映了一对恩爱夫妻在戊戌政变之后，渴望相见互诉衷肠的哀怨之情。

身陷瀛台的光绪帝，在痛苦中煎熬着。他还年轻，刚刚28岁。历史的车轮带着光绪帝的幽怨和维新人士的血泪，又一次进入慈禧太后独断乾纲的第三次听政时期。

50 第三次垂帘听政

光绪二十四年八月初六（1898年9月21日），慈禧太后以光绪的名义颁布谕旨称：现在国事艰难，朕日理万机，自感不暇，皇太后自同治年间，两次垂帘听政，办理朝政无不尽善尽美。念及社稷，再三恳请太后训政，仰蒙太后同意所请，这是臣民的福气。今日起就在便殿办公，初八在勤政殿行礼。

八月初八（9月23日），清廷大集朝臣，请出了威仪显赫的慈禧。光绪帝也暂时被拉出瀛台，率领百官到勤政殿，向太后行三跪九叩礼，恳请太后训政。慈禧太后俯允，仍命遵昔时训政故例。但是这次训政在上朝仪式上与前两次“垂帘听政”不同：两宫垂帘的时候，皇帝在中间坐，其后遮一纱幕，慈安和慈禧在里面左右对坐，慈安去世后，慈禧独坐其中。第三次垂帘听政时期，却撤去帘子，慈禧与皇帝左右并坐，宛如二君焉！更重要的是，此时的光绪完全被剥夺了权利，仅仅是慈禧训政的陪衬。据德龄回忆，每天早上皇帝依旧还穿着全套极华贵的朝服，巍巍地高坐在太后的右边，接受着群臣的朝拜。外表完全和先前一样，只是他从此再不发言了。有时，慈禧叫光绪问话，光绪才勉强应付性地问问：某地年岁如何？而且声音极低，以至于慈禧不得不喝令他大声再说一遍。

慈禧重新上台后，除下令密捕康党和惩办同情支持变法的官员外，对于新政并没有立即下令全部废除，而是着手整顿审议，逐次废除。八月十一日（9月26日），慈禧在谕旨中认为，所有新政中，裁撤詹事府、通政司、大理寺、光禄寺、太仆寺、鸿胪寺等衙门，原来的意思是将这些部门的职责分到各省，现在详察情形，此减彼增，多费周折，不如恢复；但各省该裁汰的局所冗员，各督抚还要认真裁汰；准令士民上书一节，是为了广开言路，但是有内外臣工条陈已经足够，现在疏章竞进，多雷同附和，甚至语涉荒诞，殊多庞杂，以后不准再呈；《时务官报》蛊惑人心，即行裁撤；大学堂为培植人才之地，除京师及各省会业已兴办外，各府州县议设之小学堂听民自便，祠庙非淫祠者仍毋庸改为学堂。此外，业经议行及现在交议各事，如通商、惠工、重农、育材以及修武备、浚利源，实系有关国计民生者，亟当切实次第举行，其无益时政而有碍治体者均毋庸置议，着六部及总理各国事务衙门详加核议，据实奏明，分别办理。并表示，“方今时势艰难，一切兴革事宜总须斟酌尽善，期于毫无流弊”。

翁同龢阅读了这一谕旨后，在日记中写道：“新政仍有改作，权衡执中，不拘前说。……默坐未能入辞，辗转百端，此怀莫可喻也。”大概他意想当中，慈禧会立刻尽废新政，现在看到慈禧对新政采取分步骤地、“权衡执中”地斟酌，并略有保留时，有些出乎意料，一时产生了难以言明的百端滋味，其中，可能还心存一分幻想，那些下令六部和总理衙门审议的其他要紧新政也许还能保留下一些。

然而，在慈禧把军机四章京杀戮、将倾向维新的官员尽行打击后，重新任命和重用了一批忠于自己的官吏。时人赵柏岩称：“太后以荣禄、刚毅为军机大臣，袁世凯权直隶总督。自是荣、刚秉钧，势倾人主。荣禄以枢相统武卫五军、外招士夫为幕客，内结李莲英为死党。刚毅横愎，谓汉人皆不可用。欲满洲乐，须汉人削。满洲人多信之。独寿富自日本归，太息曰：‘吾辈安枕无日矣。’”

不过，荣禄与刚毅在对待新政的问题上并不相同。当时的《国闻报》有消息称：“清国八月初六以后，一切反改守旧政策，在皇太后尚无成见，皆因各言官陈之于下，而军机大臣刚毅一人主持于上，虽以荣中堂之见信于太后，亦不能与刚毅争执。在荣中堂之意，以为乱党既已伏诛而国中一切变法自强之事，亦当择其紧要者次第举行。刚毅则以为新法万不可用，必当扫除净尽，而新党之人亦必须屏斥一空。荣中堂以中外情势与之反复辩论，伊终不以为然也。故自八月以后，闻系刚毅之政策。清国北京官场云，自本年三四月以来，刚毅常以守旧之故见斥于皇帝，故此次借以行其报复。”

慈禧太后作为一国的当政者，不能说她不聪明，完全不明大事，但在一己之私面前，常常置国家安危、是非利害于不顾。再加上任用诸如刚毅这样的极端守旧排外和自利的大臣，新政的得失自然不可能得到认真的斟酌考虑，最终还是遭遇废除的命运。八月二十四（10月9日），复八股取士之制，裁撤农工商总局。九月十八日（11月1日），恢复湖北、广东、云南三省巡抚、河东河道总督，云南粮道毋庸裁撤；武举考试恢复马步弓刀石之制；九月三十日，重申取士之法仍用旧制，各省书院照旧办理，停办学堂。

与前两次垂帘听政相比，慈禧第三次听政开局十分糟糕。公允地说，如果维新运动某些举措确实存在过于激进和考虑欠周的话，那么全盘推翻新政则无疑是一个更大的错误。此外，慈禧这次上台，还面临着合法性危机。前两次垂帘，皇帝年幼，太后临朝，无人敢说不是。现在光绪帝已经亲政近十年，正值年富力强，没有人相信，是光绪帝自愿请太后出来训政。虑及此，慈禧首先放出光绪病重的风声，又暗中与自己的亲信大臣崇绮、徐桐等人谋划废黜光绪帝的阴谋。于是废立之说，腾播京城内外。

51

立溥儁为大阿哥

尽管光绪帝是帝后斗争的失败者，但他在维新期间坚定变法，发出了一道道旨在图强的诏令，不仅深得民心，而且开启了民智，因此在人们心目中的形象甚为开明。外国势力虽然不希望中国强大，但也不希望那些盲目排外的守旧势力重新上台，他们明确反对废黜光绪帝。英国公使听闻有废黜皇帝的计划，曾拜访李鸿章，明白告知："邻国固无干与之权，然遇有交涉，我英认定光绪二字，他非所知。"一些头脑清醒的朝廷重臣如刘坤一也称："君臣之分已定，中外之口宜防。"力劝慈禧保持冷静，不可轻易废立。

废黜光绪帝之事，难以实行。于是，荣禄乘机给慈禧献上为光绪建储、策立大阿哥之计。《崇陵传信录》记载：光绪二十五年（1899 年）十一月二十八日，上完早朝之后，慈禧单独召见荣禄。二人有一段对话：

荣禄问：传闻将有废立事，信乎？

慈禧答：无有也。事故可行乎？

荣禄答：太后行之，谁敢谓其不可者！顾上（光绪）罪不明，外国公使将起而干涉，此不可不慎也。

慈禧问：事且露，奈何？

荣禄答：无妨也，上（光绪）春秋已盛，无皇子，不如择近宗近支子，建为大阿哥，为上嗣，兼祧穆宗，育之宫中，徐篡大统，则此举为有名矣！

慈禧沉吟久之，曰：汝言是也。

二人决定先立大阿哥，作为同治的继承人，逐步取代光绪皇帝。但是立谁呢？

慈禧看中了端王载漪的儿子溥儁。溥儁的曾祖父是嘉庆帝。嘉庆帝第三子敦亲王绵恺没有儿子，以道光（旻宁）第五子奕誴过继给绵恺为嗣。奕誴是溥儁的祖父。奕誴第二子载漪是溥儁的父亲。载漪又过继给嘉庆帝第四子瑞亲王绵忻之子瑞郡王奕志（原名奕约）为嗣，袭贝勒。后载漪晋封为端郡王（应作瑞郡王，因述旨疏误，错瑞为端，遂因之）。同时，溥儁还有叶赫那拉氏的血统。《清史稿·绵忻传》记载："载漪福晋，承恩公桂祥女，太后侄也。"承恩公桂祥是慈禧的亲兄弟。慈禧掌权后，为扩大自己的势力，本欲让桂祥担任要职，但桂祥迷恋鸦片，不务政事。慈禧只得封桂祥为承恩公让他坐享俸禄，现在见桂祥有一个好外孙，不由得对溥儁有一种特别的偏爱。就是说，溥儁既是慈禧娘家侄女的儿子，又是慈禧婆家堂侄的儿子，真是亲上加亲。再者，溥儁也只有15岁，比较好控制。

不过，慈禧也不是没有其他中意人选。她对恭亲王奕䜣的孙子溥伟也很钟爱。没有恭亲王的鼎力支持，慈禧当年想听政是很不容易的。有这层关系，慈禧中意溥伟也在情理之中，毕竟人都有个知恩图报的想法。但溥伟（20岁）年龄稍微大了一点，而且极有主见，这让慈禧不太放心，光绪帝的前车之鉴就在眼前摆着呢，万一再来个什么变法怎么办？所以慈禧最终还是把溥伟排除在大阿哥的考虑之列。

但她还想看看别的孩子。她要拿溥儁与别的孩子比较一下，同时也可以封住别人的嘴，以免其他人有闲话说她专制。于是，慈禧召集了近支王公会议，凡“溥”字辈而未成年者，由其父兄携带入宫，按品级穿起特制的小袍小褂，一样朝珠补褂，翎顶辉煌，装点成“小大人”的模样。慈禧指着跪在前面的溥侗说：“溥侗！你是宣宗的长孙，看你怎么说，到底立谁好？”“老佛爷圣明，奴才认为除奴才外，人人均可立。”慈禧听了又好气又好笑，她知道这是溥侗不便得罪他的那些堂叔。慈禧又指着仁宗的孙子载润问，但也问不出什么结果来。慈禧随后又找大公主谈话，还是得不出结果。慈禧决定问问军机大臣的意见，除荣禄既没表示赞成，但也没有表示反对以外，军机大臣几乎无一例外地赞成立溥儁。慈禧于是发出懿旨：腊月二十四日近支王公大臣、御前大臣、内务府大臣、南书房、上书房师傅以及部院满汉尚书一齐到仪鸾殿候旨。

当天由庆亲王奕劻宣读以光绪帝名义拟就的诏书：

朕冲龄入承大统，仰承皇太后垂帘训政，殷勤教诲，巨细无遗，迨亲政后，正际时艰，亟思振奋图治，敬报慈恩；即以仰副穆宗毅皇帝付托之重。乃自上年以来，气体违和，庶政殷繁，时虞丛脞。惟念宗社至重，前已吁恳皇太后训政，一年有余。朕躬总未康复，郊坛宗庙诸大祀，不克亲行。值兹时事艰难，仰见深宫宵旰忧劳，不遑暇逸。抚躬循省，寝食难安。敬溯祖宗缔造之艰难，深恐勿克负荷。且入继之初，曾奉皇太后懿旨，俟朕生有皇子，即承继穆宗毅皇帝为嗣，统系所关，至为重大。忧思及此，无地自容，诸病何能望愈？用再叩恳圣慈，就近于宗室中慎简贤良，为穆宗毅皇帝立嗣，以为将来大统之畀。再四恳求，始蒙俯允，以多罗端郡王载漪之子溥儁继承穆宗毅皇帝为子。钦奉懿旨，欣幸莫名，谨仰遵慈训，封载漪之子溥儁为皇子。将此通谕知之。

庆亲王奕劻念完上谕后，将上谕放回到御案上，然后磕头后回到了自己的位置。默默不语的光绪帝等庆亲王回到位置后，摘下戴在头上的红绒结顶貂帽，亲手给溥儁戴上。跪在前面的溥儁，等光绪帝给他戴好帽子后，向着光绪帝叩了三个头谢恩，然后又转过头来对着坐在上方的慈禧也行了同样的大礼。一时间，大殿上只闻“恭贺老佛爷大喜”的声音。听着、看着这一切，慈禧不禁高兴万分。她松了一口气，大阿哥终于立起来了。随后大阿哥在弘德殿读书，师傅为同治帝的岳父崇绮和极力主张废黜光绪帝的大学士徐桐。

策立大阿哥的消息一公布，立即群情激愤，指责纷纷：“名为立嗣，实则废立。”刘坤一得到建储谕旨“愤甚，继以痛哭，言当即日入京、面见太后陈奏”，张謇听到这个消息，感叹：“岁晏运穷，大祸将至，天人之际可畏也哉！”

后来的史实竟如张謇所料。慈禧本意是以大阿哥来逐步代替光绪帝，以便更加牢固地掌握最高权力。没有想到即便是这样退而求其次的步骤，也不能平息众怒。臣民对这位步入暮年的慈禧离心力与日俱增，外国势力更不买慈禧的账，要求慈禧归政光绪帝。不久，义和团起，不甘示弱的慈禧竟想利用义和团与洋人对抗，大阿哥的父亲载漪为一己之利，也乘机在慈禧耳边煽风点火，鼓动盲目排外，扩大事端，庚子之祸终成，结果载漪反被作为事变替罪羊，夺爵位，戍新疆。光绪二十七年（1901 年），慈禧回銮途中，以载漪纵容义和团，获罪祖宗，其子溥儁不宜做“皇储”，宣布废除“大阿哥”名号。这样仅仅当了两年大阿哥的溥儁重新归了宗，仍为载漪儿子。后来溥儁生活落魄，死得也很惨。

52 招抚义和团

慈禧晚年主政时期，社会动荡，教案频仍，其中最大事件就是遍及北方的义和团运动。义和团是由北方民间秘密结社白莲教演变而来的一种习武团体，原称义和拳，起始于山东。初起之时，遭到当地官府的严厉压制，后来在巡抚李秉衡的秘密鼓动下，开始活跃。李秉衡认为基督教徒“依仗教士，欺压百姓”，建议对拳民进行招抚而不是镇压。光绪二十三年（1897 年）十月，两名德国传教士于巨野县被杀，李秉衡在外国人的压力下被撤职。后继者张汝梅对义和拳采取剿抚兼施、以抚为主的方针，并建议朝廷“将拳民列诸乡团之内，听其自卫身家，守望相助”。光绪二十五年（1899 年）二月，毓贤被任命为山东巡抚。他更是主张招抚义和拳，命令下属对涉及义和拳的控告可置之不理。他资助拳民，邀请他们训练士兵，将他们改名为义和团，作为官方支持的“团练”的一种形式。在他的庇护下，义和拳打出了“扶清灭洋”的旗号。义和团得以迅速发展，几乎遍及北方各个城镇乡村。

义和团将敌人分为两类，一类为“大毛子”，指红发碧眼的外国传教士及其同类；一类为“二毛子”，指那些信教以及一切与洋人来往的中国人。另外，凡与“洋”有关的事物、沾染“洋”的人，也是他们“不悦”的对象。他们认为铁路、电线是外国人祸害中国的工具，自然要焚毁、拆毁；家藏洋书、洋图者也是“二毛子”，是他们捕杀的对象；买卖洋货的商家、商店自然“跑了和尚跑不了庙”，烧洋货、杀店家自是“本分”。他们自称为神拳，习拳者面向东南，念诵咒语，宣称《西游记》《封神榜》《三国演义》《七侠五义》中民间口头相传的英雄好汉乃至一些古怪的妖精，都会显灵附身。神灵附体后，刀枪不入，即使“洋鬼子”的枪炮也不能损伤毫发。

义和团曾广发揭帖，其词曰：

神助拳，义和团，只因鬼子闹中原。劝奉教，乃霸天，不敬神佛忘祖先。男无伦，女鲜节，鬼子不是人所生。如不信，仔细看，鬼子眼睛都发蓝。不下雨，地发干，全是教堂止住天。神爷怒，仙爷烦，伊等下山把道传。非是谣，非白莲，口头咒语学真言。升黄表，焚香烟，请来各等众神仙。神出洞，仙下山，扶助人间把拳玩。兵法易，助学拳，要摈鬼子不费难。挑铁道，把线砍，旋再毁坏大轮船。大法国，心胆寒，英吉、俄罗势萧然。一概鬼子全杀尽，大清一统庆升平。

义和团反帝精神可嘉，但方法上过于盲目排外，打击面过宽，造成社会动荡激烈，民教冲突不断。

慈禧对义和团一开始是主张镇压的，但不久她发觉义和团竖起的旗帜是“扶清灭洋”，既然镇压不了，招抚可以利用。但招抚之后，局势又将如何？很难逆料，因此她举棋不定。十月的一份谕旨称：

现在时势日艰，各国虎视眈眈，争先入我堂奥。以中国目下财力兵力而论，断无衅自我开之理。惟是事变之来，实逼处此，万一强敌凭陵，胁我以万不能允之事，亦惟有理直气壮，敌忾同仇，胜败情形，非所逆计也。近来各省督抚，每遇中外交涉重大事件，往往豫梗一和字于胸中，遂至临时毫无准备，此等锢习，实为辜恩负国之尤。

慈禧之所以有此表示，实质暗藏着利用义和团的心态。

十一月四日，在列强压力之下，慈禧命毓贤“来京陛见”，以工部右侍郎袁世凯署山东巡抚。袁世凯曾被告诫不要惩处团民，但他予以拒绝，成功地将山东的义和团镇压了下去。毓贤在北京劝说端王、庄王和大学士刚毅支持义和团，也得到了慈禧的响应，毓贤后来被任命为山西巡抚。

十二月十一日和翌年三月十八日，慈禧终于发布了偏袒义和团的谕旨："各省乡民设团自卫，保护身家，本古人守望相助之理，果能安分守法，原可听其自便。"于是，义和团迅速蔓延开来。光绪二十六年三月下旬，已有部分团民潜入北京，招贴教堂，"与教堂为难"。不久，京城内外到处出现义和团揭帖。四月二十九日，义和团焚毁北京郊区琉璃河火车站及涿州大桥，致使卢保铁路中断。五月七日，义和团袭击丰台以南黄村车站，焚毁铁路沿线电杆。

面临义和团汹汹来势，慈禧必须最终在是"剿"是"抚"中作出抉择。总理衙门大臣、吏部侍郎许景澄，兵部尚书徐用仪，太常寺卿袁昶，军机大臣荣禄等力主剿灭，在山东剿办义和团的袁世凯也曾上奏指出义和团"刀枪不入"之不可信："其用以惑人者，谓能避枪炮。然迭与乡团、教民、兵役格斗，一遇枪炮，辄伤毙多人，瓦解鼠窜。"端郡王载漪、协办大学士刚毅、刑部尚书赵舒翘等则力主"招安"，鼓吹义和团力量之强大及其可以依靠。慈禧后来曾回忆说："当乱起时，人人都说拳匪是义民，怎样的忠勇，怎样的有纪律、有法术，千真万确，教人不能不信。后来又说京外人心，怎样的一伙儿向着他们；又说满汉各军，都已与他们打通一气。"这当然是她推卸责任，但也道出了朝廷中一批大臣主力招抚的情势。

慈禧对义和团还是半信半疑。五月九日和十日，连续派遣赵舒翘、刚毅前往涿州察看动静，并颁布上谕说“教民拳民，均为国家赤子，朝廷一视同仁”。刚毅等回京向慈禧复命，极力赞赏团民“忠义有神术”，“断无轻于用剿之理”。慈禧心里的天平开始倾斜，她回忆说：“当时拳匪初起，议论纷纷，我为是主张不定，特派他两人（即刚毅、赵舒翘）前往涿州看验，后来回京复命，我问他义和团是否可靠，他只装出拳匪的样子，道是两眼如何直视的，面目如何发赤的，手足如何抚弄的，叨叨絮絮，说了一大篇。……王公大臣们，又都是一起儿敦迫着我，要与洋人拼命的，教我一个人，如何拿得起主意呢！”这是慈禧后来的悔罪之言，把责任推给他人。其实，经过赵舒翘、刚毅等的吹捧，这个没有起码科技知识的老太婆已经对义和团的“刀枪不入”信以为真了，决定招抚义和团。十五日，北京城门对义和团打开，拳民们便浩浩荡荡，不分昼夜，鱼贯而入：

由是风声所播，相继而来者，日以千计，随处设立拳厂坛场，触目皆是。向仅一街一坛，或两三街一坛，既则一街三四坛，或五六坛矣。其设坛一事，初惟匪徒为之，既则身家殷实者亦然。上至王公卿相，下至倡优隶卒，几乎无人不团。并以乾、坎两字为别；乾字遍体俱黄，坎字则红，以尖角红旗悬于门上，书“奉旨义和团练”，或“义和神拳”字样。其旗之长方者，或书“助清灭洋”，或书“替天行道”，每团多则数百人，少则百余人。……市中店铺招牌，亦互题新名曰“义和昌”、曰“义和兴”、曰“义和泰”……

慈禧允许义和团进京不到几天，北京几乎成为义和团的天下。慈禧后来回忆说：“那时他们的势头大了，人数也多了，宫内宫外，纷纷扰扰，满眼看去，都是一起儿头上包着红布，进的进，出的出，也认不定谁是匪，谁不是匪。”愈陷愈深的她，对义和团的“神力”更加崇拜，宫禁内也是神坛香案，轻烟袅袅，每个太监都念念有词背诵符咒。李莲英天天陪着慈禧拜神念咒，祈祷神明。慈禧每念咒一遍，李莲英必高声大喊：“又有一个洋鬼子被老佛爷咒死了！”有时还煞有介事东指西点，说洋鬼子倒了，倒了！慈禧也信以为真，以为自己真能像唐僧用紧箍咒念得孙猴子遍地打滚，开始飘飘然起来。

53

向世界宣战

正当义和团在京师到处惩办洋人、二毛子之时，外国侵略者则在积极筹划武力侵华活动。

光绪二十六年二月初二日（1900年3月2日），英、美、德、法、意五国公使照会清政府，要求正式发布剿办义和团的上谕。十三日，列强海军在渤海操练，进行挑衅性示威。三月七日，英、美、德、法四国公使照会总理衙门，要求清政府在两个月内剿灭义和团，否则将派军进入山东、直隶，代为“剿平”。四月二十三日，外国使团首席公使、西班牙公使代表各国公使照会总理衙门，要求清政府严厉镇压义和团，并严惩剿办不力官员。五月初一日，各国公使会议调兵进京保护使馆，照会总理衙门，要求提供运输便利。按照国际惯例，使领馆的安全由驻在国负责。列强调兵是侵犯中国主权，违反了国际公约。因此清政府曾派人抗议，但没有效果，最终只得同意了列强的要求。初四日晚上8点，英、法、日、美、俄、意等国共361名士兵进入使馆，德国和奥地利士兵83人七日抵达。十三日，各国驻天津领事会议组成联军，以英国海军中将西摩尔为统帅。翌日，西摩尔率领英、法、德、俄、日、美、奥、意八国联军2064人，在大沽登陆后乘火车从天津向北京进犯。十五日，日本使馆书记生杉山彬在迎候联军途中，遭到清军董福祥部士兵袭击，在永定门外被拉出马车，剁成碎块。二十一日，在俄国海军司令指挥下，八国联军向大沽炮台进攻，拉开了列强向中国宣战的序幕。

列强早已不宣而战，清政府怎么办？

慈禧眼见情势紧急，大臣们和战不定，不得不连续召开御前会议，讨论是否向列强宣战。五月二十日午刻，慈禧、光绪帝在仪鸾殿东室召见王大臣、六部九卿百余人。群臣跪满室中，后至者只得跪于栏外。光绪帝一改往日沉默不语的惯例，声色俱厉地责问群臣为何不能弹压乱民。翰林院侍读学士刘永亨膝行而前，奏请皇上令董福祥“驱逐乱民”。话音未落，端王载漪大声呵斥：“好！此即失人心第一法！”刘永亨慑于端王淫威，“不能毕其词”，对此，慈禧默然不语。袁昶见此，在栏外高呼“臣袁昶有话上奏”。光绪帝命其前奏，袁昶详言拳民万不可恃，即便有刀枪不入的邪术，自古以来，断无恃邪术成事者。

慈禧听袁昶之说，顿时怒气上升，打破沉默，诘问说："法术不足恃，岂人心亦不足恃乎？今日中国积弱已极，所仗者人心耳，若并人心而失之，何以立国？"并对群臣说："今京城扰乱，洋人有调兵之说，将何以处之？尔等有何见识？各据所见，从速奏来。"群臣议论纷纷，莫衷一是。恽毓鼎与光禄卿曾广汉、大理少卿张亨嘉、侍读学士朱祖谋跪请发言。张亨嘉"力言拳匪当剿"，但"语多土音，又气急，不尽可辨"。朱祖谋说，既然太后信乱民可敌西洋，不知何人可以办此大事。慈禧说："我恃董福祥。"朱祖谋"率然对曰：'董福祥第一即不可恃。'太后大怒，色变厉声曰：'汝何姓名？'对曰：'臣为翰林院侍读学士朱祖谋。'太后怒曰：'汝言福祥不足恃，汝保人来。'"朱祖谋猝不及防，不能对。恽毓鼎、曾广汉分别提出袁世凯和刘坤一。四臣退出，慈禧"于祖谋之出，犹怒目送之"。这次会议，是否宣战未能决定，只是派侍郎那桐、许景澄出京劝阻洋兵，一面安抚义和团，设法解散。

次日未刻，慈禧与光绪帝再次召见群臣商讨。光绪帝先诘问总理衙门大臣徐用仪，徐辩解语细不可闻，光绪帝厉声拍案："汝如此搪塞，便可了事耶？"慈禧当即宣布："顷得洋人照会四条：一、指明一地，令中国皇帝居住；二、代收各省钱粮；三、代掌天下兵权。……今日衅开自彼，国亡在目前，若竟拱手让之，我死无面目见列圣。等亡也，一战而亡，不犹愈乎？"话音刚落，群巨都哭号着宣誓“愿效死力”。载漪等尤其慷慨激昂，一力主战。慈禧借机更高声宣谕：“今日之事，诸大臣均闻之矣，我为江山社稷，不得已而宣战，顾事未可知，有如战之后，江山社稷仍不保，诸公今日皆在此，当知我苦心，勿归咎予一人，谓皇太后送祖宗三百年天下。”言毕，立命徐用仪、立山、联元等前往使馆照会各国，立山坚辞不肯去，慈禧怒曰：“汝敢往，固当往，不敢往，亦当往！”

当时慈禧说照会有四条，为何只宣读了三条，大臣们很纳闷，退朝后问荣禄，原来第四条是要慈禧归政，她对“归政”讳莫如深，自然不肯当场念出来。对这个致使慈禧决心宣战的外国照会，群臣也心有疑虑，退集瀛秀门外，以照会事询问译署诸公，“皆相顾不知所自来”。

原来这个照会是“赝品”，有人说是载漪指使军机章京连文冲伪造，由荣禄呈递慈禧；有人说是荣禄的亲信江苏道罗嘉杰捕风捉影得知洋人要太后“归政”，于五月二十日深夜密报荣禄，荣禄于次日清晨密报慈禧，慈禧得知后“既惧且愤”。载漪等闻之大喜，以为师出有名，“亦乘间极力蛊惑，且哄且激，太后遂也主张开战”。也有人怀疑照会是身在广州的李鸿章伪造的。无论如何，照会并不是通过正常的外交途径抵达慈禧，天下哪里有如此荒诞不经的事情，但慈禧就是因为这一照会，最终下定决心宣战。

五月二十二日，在仪鸾殿召开第三次会议，载漪力请围攻使馆，慈禧许之。联元力言不可，“倘使使臣不保，他日洋兵入城，鸡犬皆尽矣”。载漪怒斥联元，说他刚从使馆回来，已有贰心，罪当诛。慈禧立命斩杀联元，经群臣力保才得以留命。大学士王文韶以中国“财尽兵单”，却与各国交战，请“太后三思”。慈禧大怒而起，以手击案骂曰：“尔所言吾皆熟闻之，尔为夷人进言耶？”光绪帝牵许景澄衣袖说：“一人死不足惜，如天下何？”哭了起来，慈禧骂光绪帝不成体统。

二十三日，召开第四次会议，慈禧招抚义和团向各国宣战的政策，得到载漪、载勋、载澜、刚毅、徐桐、启秀、赵舒翘等人极力支持，最终决定宣战，并派许景澄往各国使馆照会，限定二十四小时出京。据说，12 个红色大信封被带给了十一位公使与赫德，信上说：“我们得知外国军队将要攻击天津附近的我方要塞，鉴于此，我们中断了与贵国政府的所有外交关系，并要求贵国工作人员于 24 小时内离开北京。我方将不再给予贵方任何保护。”

五月二十五日（6 月 21 日），朝廷正式下诏向英、美、法、德、意、日、俄、西、比、荷、奥等十一国列强同时宣战，诏书说朝廷“怀柔待人”，列强却“欺凌我国家，侵犯我土地，蹂躏我人民，勒索我财物。朝廷稍加迁就，彼等负其凶横，日甚一日，无所不至。小则欺压平民，大则侮慢神圣。……与其苟且图存，贻羞万古，孰若大张挞伐，一决雌雄！”

同时嘉奖义和团为“义民”，令各省督抚召集义民成团，抵御外侮，派载勋、刚毅等统帅义和团。并悬赏捕杀洋人。载勋等在北京街头遍贴告示：“杀一洋人赏五十两，洋妇四十两，洋孩三十两。”由此，东至辽宁、西至新疆，整个中国北方都处于“疯狂状态”。山西巡抚毓贤更是独出心裁，告诉传教士们说，你们现在的安全不能得到保障，还是集中在省城，我们容易保护。然后将他们男女老少全部杀掉。

慈禧之所以敢于向世界宣战，一是旧恨新仇，盲目排外，希望一泄其恨；二是企图借助义和团的力量教训一番洋鬼子。咸丰十年（1860年）的英法联军，不仅烧毁了圆明园，而且造成慈禧夫君咸丰帝在避暑山庄魂归黄泉，她年纪轻轻就守了寡，这是她挥之不去的梦魇。戊戌政变后，她要捉拿康有为、梁启超等一干新党“余孽”。结果康有为在英国人的庇护下跑了；她命李鸿章悬赏十万金购买康的首级，因英国人守卫严密而无从下手。李鸿章上报，慈禧正在吃饭，大怒说：“此仇必报！”并将玉壶怒掷于地以为志。梁启超在日本人的帮助下，平平安安地抵达日本。朝廷派人刺杀，也无功而返。康梁等流亡海外后，打着保皇的招牌，攻击她肆无忌惮。她想废黜光绪帝，另立储君，不想更遭到列强的强烈抵制。

因此，慈禧对列强怨恨不已，总想伺机发泄。但甲午战败的残酷现实，昭示国家的军事力量并不足以外抗强敌。恰好在这时，从民间蓬勃兴起的义和团，先后打出“助清灭洋”、“保清灭洋”、“兴清灭洋”、“扶清灭洋”等旗号，大大地刺激了慈禧心底里对“洋人”的仇恨。“病急乱投医”，慈禧铤而走险，准备借助义和团的力量教训一下洋鬼子。正是在这种特定心态和特定历史条件下，她才不计后果，孤注一掷地向各国宣战。

54 攻打使馆与西什库教堂

早在慈禧下诏宣战前，天津与北京已经进入战争状态。联军五月二十一日攻陷大沽炮台后，向天津发动进攻。北京城内，使馆内的洋兵们也不时挑衅，射杀团民。德国公使克林德男爵十分好战，他的名言是："对于中国来说，最好的事情就是被列强当作一根德国香肠，切碎再吞掉。当然，切下来的那一大片华北要归德国。"在日本使馆书记生杉山彬被杀的第二天，克林德袭击了一对父子，并将孩子关在德国使馆，根本不理睬释放孩子的要求，最后将之杀害。五月十八日，他带领一班德国士兵，朝义和团编队开火，至少打死7人，打伤20人。据不完全统计，到五月十九日，使馆士兵已经打死中国人数百人，而所有的开火都是从使馆向外射击的。二十四日，克林德不耐烦等待总理衙门关于使馆人员启程离开北京的细节安排，带着翻译和两个中国仆人去总理衙门，行至哈德门大街，为清军虎神营恩海射杀。下午四点，慈禧命令进攻使馆，董福祥甘军和荣禄直接指挥的武卫中军联合义和团开始围攻使馆。英国公使窦纳乐报告说：“下午四时整，清军从北面和东面开火，主要是对着奥地利和意大利的工事的，于是开始了中国政府军队对北京各国使馆的有组织的进攻。”

克林德被杀之后，外国人从北京各处蜂拥而来，进入使馆区。东交民巷使馆区的防御范围之内总面积为85英亩，周长约2英里，共有武装警卫451人，其中军官2人率水兵41人被派往守卫西什库教堂。荣禄指挥军队围攻使馆，开始几天，每日开炮多至三百余发，烟雾弥漫、炮声震天。很快就攻占了比利时、奥地利、荷兰、意大利四国使馆和华俄道胜银行，但对外国人集中的英国、俄国、法国和德国等使馆则采取围而不攻。五月二十九日，荣禄奉太后懿旨停攻使馆。据说，荣禄不但对被围敌人暗通款曲，而且令人假扮走私窃贼，大量接济使馆守军火药子弹，以加强防御。六月二日，停战期满，又恢复攻击，其后“打打停停”，表面上炮声隆隆，实则虚张声势，或者只放空炮而无实弹。进攻使馆所用大炮皆为土炮，荣禄武卫中军装备的德国制造“开花炮”并未利用。当攻打使馆十数日不下时，载漪以上谕调中军分统张怀芝派“开花炮”助攻。张怀芝奉命之初，觉得是建功立业的机会，在城头架好大炮，瞄准使馆区，正当下令开炮时，突然想到，只要放三五炮，使馆就会尸体狼藉，后果将不可收拾。于是改令缓发，直趋荣禄官邸请示，要荣禄手写一道发炮令。荣禄不敢亲发命令，也不敢不发命令，僵持下来，张怀芝就不离开荣府。荣禄最后没有办法，说横竖炮声一响，宫里边是听得见的。张怀芝立马领会，匆匆赶回城上，谎说炮位不准，需重测方位，把目标定向使馆后空地，轰了一天一夜，直至上谕再次停止进攻。使馆饱受虚惊，宫中府中却至为欣慰。这些情况使得美国公使夫人在给她侄儿的信中说："子弹从我们头上呼啸而过。这些中国人射击的角度经常都是过高的，我们对此心存感激。"在停战间歇，会说中国话的西方人居然溜出工事，与中国士兵聊天，"递香烟，套近乎"："四下闲逛，有些敌人很乐意参与交谈，……陕西兵和董福祥的人……对于为什么攻打我们只有很少的了解。他们说，自己被派到这里来，要防止我们闯入皇宫、杀死他们的皇上。"被围困的外国人也看出了中国军队进攻的实质：

中国军队所以来攻，不过受政府特别之命令，彼等似欲围困监视予等，非定有杀戮之意。彼等以砖石建筑防线，环绕于四周，有时以九尊或十尊之炮来攻，但时断时续，未尝连续进攻，虽或有一炮攻击甚猛，而全体不相联络，似无决意攻破之志者。若有一事使敌人急起决心，但以千人齐力冲来，则扫去予等防线，如扫落叶之易耳。

战争状态下之所以出现上述怪事，使弹丸之地的使馆，区区数百名守兵，竟然旷日持久不能拿下，除上述荣禄等与被围外人“暗通款曲”外，最主要的原因自然是慈禧。慈禧后来说：“我本来是执定不同洋人破脸的；中间一段时间，因洋人欺负得太狠了，也不免有些动气。虽是没有阻拦他们，但始终总没有叫他们十分尽意的胡闹。火气一过，我也就回转头来，处处都留有余地。我若是真正由他们尽意的闹，难道一个使馆有打不下来的道理？”慈禧下令攻打使馆后，其实一直游移不定。六月三日，命令各驻外使节向各国政府说明宣战详情，表示保护使馆，相机惩办义和团，并请体谅宣战苦衷。围攻使馆的闹剧，就一直闹到七月二十一日联军攻陷北京城。

与攻打使馆的主力是清军不同，攻打西什库教堂（即北堂）主要是义和团。早在五月十九日，义和团就已经开始进攻北堂。北堂是北京最大的一座法国天主教教堂，为典型的哥特式建筑，仿照巴黎圣母院式样设计，教堂的顶端有许多高耸挺秀的尖塔，墙身全用城砖砌成，所用木雕、砖堆、石刻等均富有中国气韵。主教樊国梁经营该堂三十多年，义和团还未进入北京城前，他曾致函法国公使，说义和团进攻北京的日子已经定下，西什库教堂将第一个被毁，然后就是公使馆。他说：“我有确切的消息，我不是在说无关痛痒的废话。此次宗教迫害只是个表面；

他们最终的目的是消灭所有的欧洲人。……他们打算首先进攻教堂，然后就是使馆。至于我们，我们的大教堂，进攻的日子事实上已经定下来了。”义和团在北京“杀洋灭教”后，北京地区教民大量涌入该堂，当时教堂有法国士兵 30 人，意大利士兵 10 人，教士 32 人，中国教民 3 200 人。

朝廷宣战后，载漪、刚毅调派清军和义和团轮番进攻。当团民神奇的法术失效后，刚毅大骂团民，你们在涿州说什么刀枪不入，威力无比，现在却是这样不堪一击。其实与攻打使馆一样，进攻北堂也只是虚张声势，听起来炮声震天，但毫无杀伤力。据说樊国梁与荣禄关系甚笃，在荣禄的授意下，调拨攻击的炮弹中，混入了整批的废品，致使手持大刀长刃攻击教堂的团民在法、意军队机枪的扫射下，伤亡极重。七月六日，慈禧下令停止围攻教堂：“现在各兵团团围困西什库教堂，如有教民窜出，不可加害，当饬队保护，傥彼死守不出，应另筹善策，万勿用枪炮轰击。”到联军解围时，北堂至少有 300 教民、75 位孤儿和 60 位欧洲人被杀死或饿死。

与对洋人“心慈手软”不同，慈禧对义和团动起手来，却是“雷厉风行”。慈禧宣布义和团为义民后，立马对义和团进行改组控制，选择身强力壮者参加军队，军民联合共为一体。并制定“团规”，对违抗命令的义和团加以围剿，大批团民被杀害。义和团运动在被招安后逐步走上了末路，直到后来被朝廷命令宣布镇压。对不合意的臣下，慈禧也毫不手软。七月三日，诛杀力主剿灭义和团、反对围攻使馆与向列强宣战的许景澄、袁昶。十七日，再杀兵部尚书徐用仪、内阁学士联元及已革户部尚书立山。此后还想杀大学士王文韶、尚书廖寿恒、侍郎那桐等，因城破而得免。一时间“沉阴惨雾，微雨时作，正阳、崇文、宣武三门俱昼闭，气象萧条，士民愀然，知大祸之将至矣”。

仓皇逃离京师

55

当慈禧忙于斩杀大臣，围攻使馆与西什库教堂裹足不前时，列强却没有放缓进攻的步伐。从天津出发的西摩尔联军虽沿途受到清军和义和团的联合抗击，非常狼狈，于十多天后逃回天津西站，被围困起来。但进攻大沽口的侵略军很快得手，并重新集结，向天津发动猛攻。五月二十二日，义和团与清军联合在天津老龙头火车站与侵略军展开激战，并同时攻打紫竹林租界。但大沽炮台失守后，藩篱尽撤、海道大开，列强援军源源而来。在陆上重行组合之后，于二十七日解除了西摩尔之围，打通与各国租界的联络线，进逼天津城郊。六月四日，从大沽登陆的联军已达 14 000 多人，带有野战炮 53 门，散弹炮 36 门。驻守天津的是直隶提督聂士成所部北洋武卫前军近万人和马玉昆部六七千人。聂士成以围剿义和团闻名，被义和团称为“聂鬼子”。朝廷政策变化，要联合义和团抗击侵略军，聂士成一开始转不过弯，准备以身殉国，一死了之，但最后还是遵旨率军与义和团联合抗敌。十三日，聂士成率部在天津南门外八里台与联军激战，他身先士卒，坐骑中弹，一连换乘四匹战马，都被炮火轰毙。聂两腮被敌弹洞穿，颈侧、脑门等处均受重伤，仍坚持督战，部下多次哀求稍避，置之不理，最后身中数炮，腹裂肠出而死。聂殉国后，所部归马玉昆节制，继续与敌激战。十六日，联军援军陆续赶到，召集会议，制订总攻天津方案。翌日清晨，联军分两路向天津城发动总攻。在此紧急关头，直隶总督裕禄、提督宋庆及马玉昆却率部弃城而去，仅留下杂牌军数千人及义和团近万人殊死抵抗。十八日，天津陷落。

联军占领天津后，成立殖民机构“暂时管理津郡城厢内外地方事务都统衙门”(简称“天津都统衙门”)，由俄、英、日三国军官充任委员，进行管理。但面对北京使馆的“救命”请求，联军却有些踌躇。不仅对如何进军北京，列强各怀鬼胎，而且面对华北遍地的义和团，侵略者也心有余悸。在举行的攻打北京参谋会议上，联军将领们一致认为，进军北京若无十万八万军队，谁也没有必胜的把握，只有继续等待援军。七月十日，在英国公使窦纳乐心急火燎发出求救请求的57天之后，18 300

余人的日、俄、英、美、法、德、奥、意八国联军终于组成，分两路从天津向北京进发。十一日，马玉昆率部与联军血战溃败，北仓失守。次日，联军进攻杨村，裕禄兵败自杀。联军势如破竹，“直捣黄龙”。

当天津沦陷的消息传到北京时，慈禧“媾和”之意开始占据上风。正当她苦无计出之时，勤王的李秉衡适时赶到。李秉衡为长江巡阅水师大臣，原在长江流域参加“东南互保”，但他与东南各省督抚置慈禧勤王命令于不顾，在旁看热闹不同，而是不顾自身安危，只身北上。慈禧大喜，三次召见于宁寿宫。李秉衡对慈禧说：“外国多，不可灭，异日必趋于和，然必能战而后始能和。”他主张以兵法部勒义和团，堵住洋兵入京，始能言和。慈禧想想也是，孤注一掷或可于“和”有利。便立马任命李秉衡统帅武卫全军等前往抗敌。李秉衡请义和团派3 000人随军，亲拜其大师兄，“各持引魂幡、混天大旗、雷火扇、阴阳瓶、九连环、如意钩、火牌、飞剑，拥秉衡而行，谓之‘八宝’”。十四日，李秉衡以帮办武卫军事名义，统帅“勤王之师”抵达通州河西务以北迎战联军。慈禧将全部希望寄托在李秉衡身上。不料，“勤王之师”一触即溃，李秉衡败退张家湾，自觉“上负朝廷，下负斯民，无可逃罪”，乃仰药自杀。临死前上奏朝廷说：

就连日目击情形，军队数万充塞道徒，闻敌则溃，实未一战。所过村镇则焚掠一空，以致臣军采买无物，人马饥困。臣自幼至老屡经兵火，实所未见。兵将如此，岂旦夕之故哉。为今之计，非严申纪律，截杀逃兵溃将，无以为立足之地。而臣事权不一，力有未逮。

慈禧“闻秉衡军败而哭，顾廷臣曰：‘余母子无所赖，宁不能相救耶？’廷臣相顾皆莫对”，乃商议派人到使馆议和。但列强是不会给慈禧“议和”机会的。十九日，联军占领通州。约定休息一天，二十一日会攻北京。不料俄军却偷偷行动，参谋长瓦西里耶夫斯基将军带领一队侦察兵，“穿过黑沉沉的夜幕，摸过护城河上的桥。到了（东便门）城门口，出其不意地袭击了正昏昏欲睡的中国守兵，把他们全都杀了”，并赶在拂晓前用两门大炮将城门轰开一个口子，瓦西里耶夫斯基领军率先进入北京城。听到俄国人进攻消息后，列强唯恐落后，纷纷向北京城发动进攻。日本人于二十日晨攻打齐化门（朝阳门），英国人攻打沙窝门（广渠门），美国人直接从东便门进城。二十一日凌晨，美军未与他国商量，开始攻打紫禁城。法军以为是御林军在开火，将炮弹倾泻在美军阵地，打死 15 人，受伤更多。联军占领北京后，仿效天津，成立“北京管理委员会”，各国划界管理：前门外大街以东归英国，以西归美国；前门内大清门（中华门）以东至东单牌楼归英国，以西至西单牌楼归美国；崇文门以东归法国，宣武门以西归英国，东单牌楼至东四牌楼归俄国，东华门外归意大利，西华门外归法国，西单牌楼至西四牌楼归意大利，东四牌楼以北归日本。外城大部分归美国，一部分归德国。

当美军进攻东华门时，载澜入宫告急，慈禧惊恐万分，匆忙带着光绪帝、皇后、太监李莲英、大阿哥等从西华门至德胜门，转经西直门仓皇出逃，随行仅有载漪、载澜、奕劻、载勋、刚毅、赵舒翘等少数王公大臣，而把千年古都北京留给了联军。慈禧仓猝离宫，使他的大臣王文韶也料想不到。原来，二十日这天，慈禧召见王文韶 5 次，到夜半见面时，还说不走。当时只有刚毅、赵舒翘和王三人。慈禧说："只剩下你三人在此。其余均各回家，舍我母子二人不管，你三人务须随扈同行。"并对王文韶说："汝年纪太大，尚要你吃苦，我心不安，汝可随后赶来。刚、赵二人，素能骑马，务必随驾同行。"王文韶第二天七点进宫，才知道皇上与太后已经于黎明出城了。

慈禧后来对她这次"出行"有比较详细的述说：

洋兵已进了城，宫里完全没有知道，只听着枪弹飞过，这声音全像猫儿叫，"喵"。我正疑心哪里有许多的猫儿，那时正在梳妆，有听着"喵"一声，一个枪弹从窗格子飞进来。那弹子落地跳滚，仔细认着明白，方才骇异。才要向外边查问，一眼瞧见载澜跪在帘子外，颤着声气奏道："洋兵已经进了城，老佛爷还不快走！"我才慌忙起来，急问皇帝何在？说在某殿上行礼，我叫赶速通报。原来这一天刚刚碰着祭祀，皇帝正在那里拈香，听着叫唤，急忙前来，头上还戴着红缨帽子，身上穿的是补服。我道：“洋兵已到，咱们只得立刻走避，再作计较。”皇帝更着了慌，仓猝就要跟着我跑。我道：“你瞧这样服色，哪里好走出去？”才千手百脚的将朝珠、缨帽一起儿胡乱抛弃，一面扯卸了外褂，换了长袍。我也改换了下人的装束。咱娘儿两个，就此一同出走。那时一切衣服物事，都已顾不得携带，单单走了一个光身。一路踉跄步行，一直到了后门，才瞧见一乘骡车，问了骡夫，知道是载澜的车子。我就带着皇帝急急上车，赶叫向前快走。他们都是沿途找雇；到了德胜门外，大伙儿才到，稍稍聚集。又怕洋兵追赶，不便屯留，便一气直上前道，昼夜趱行。

慈禧的述说自然有遗漏，她在临行前还对光绪帝的爱妃珍妃下了毒手。

珍妃之死

56

慈禧之所以要害死珍妃，并非因为珍妃赞助戊戌变法，而是另有隐情。一是珍妃意外地得到光绪帝的恩宠，招致慈禧侄女光绪皇后的嫉妒；二是因珍妃爱时髦引起慈禧的恶感，最终成为政治斗争的牺牲品。

珍妃姊妹被选入宫，是慈禧为了阻挡光绪帝选择他喜欢的江西巡抚德馨的两个女儿，为其侄女扫清未来生活的绊脚石。不想，这个一开始不为光绪帝注意的珍妃，却越来越得到光绪帝的宠爱，正宫娘娘则丝毫引不起皇帝的兴趣。爱情的力量冲破以政治为目的的人为安排，但同时却引来了妒火的煎熬。皇后因失宠而妒忌，因妒忌而生怨恨，“频频短之于慈禧”。宫闱内的暗斗，正是日后珍妃罹难的起点。

珍妃像

据说，慈禧起初对珍妃有些好感。知道她喜欢书画，曾专门派宫内供奉女画家缪嘉惠定期教授。但当她知晓珍妃夺了侄女的帝宠后，慈禧对珍妃的感情就起了变化。据当时的宫女回忆，珍妃每天早晨在慈禧前请安后，一回到居所景仁宫，即穿着打扮，“任意装束”。她尤其“喜作男子装，与德宗（即光绪帝）时常互换装束，以为游戏”。又爱好摄影，“时时摄取各种姿势”，甚至暗使戴姓太监在东华门开设照相馆。结果为皇后侦知，“密白于慈禧”。慈禧勃然大怒，把戴姓太监活活打死。碍于光绪帝的面子，对珍妃没有采取行动，但对她的恶感自然增长。

光绪二十年，慈禧对珍妃的恶感达到一个新阶段。事情起因于宫中纳贿，卖官鬻爵。据清人笔记《说元宝述闻》记载，珍妃和她姐姐瑾妃“既失慈眷，宫中用途颇不足，内侍有以效法太后之策进者，瑾妃颇畏君，卒不敢用其策；珍妃恃帝宠偶一为之，鲁伯阳之放江海关也，即由某内侍纳贿而得之者”。这就是说，珍妃参与了宫中卖官鬻爵的勾当。据说，耿九欲谋粤海关道官职、宝善希望出钱免罪，都曾通过行贿给珍妃较为亲近的两个太监，希望珍妃在光绪帝面前美言。鲁伯阳则是通过进四万金于珍妃，而简放江海关的。不久，有内务府属旗人玉铭，以30万两银子通过李莲英向慈禧报效，谋得了四川盐茶道一职。在谢恩时，光绪帝问玉铭曾在哪个衙门当差，居然回答是在木厂。光绪帝非常惊讶，要求玉铭当场写下简历，玉铭竟“久久不能成字”。光绪帝极为愤怒，严加申斥，并改以同知降补。慈禧得到消息后，对光绪帝违拗自己的承诺极为不满：“汝能用鲁伯阳，吾乃不得用一玉铭乎？”从此，不但“两宫益交恶”，而且珍妃也成为慈禧眼中钉。

事有凑巧，这年下半年又发生了河南巡抚裕宽请珍妃谋缺的事件。裕宽想营求福州将军之缺，先请于李莲英，因所索过奢，未能如愿。转而以与珍妃母家近亲的关系，“乃辇金献之珍妃，俾伺便言之上前”。此事为李莲英探得，便向慈禧告发。慈禧终于抓住把柄，乘机发作。她招来珍妃与宫监，亲自审问，不仅把宫女、太监们打得“皮开肉绽”，而且当众命太监掌珍妃耳光，逼令自陈。据《国闻备乘》记载，慈禧责问珍妃：“他事犹可宥，汝宁不知祖宗家法而黩货若此。谁实教之？”珍妃反唇相讥道：“祖宗家法亦自有坏之在先者，妾何敢尔？此太后之教也。”这样的“直言不讳”，让慈禧气结于胸，当即下令以“习尚奢华，屡有乞请之事”的罪名，将珍妃与其姐姐瑾妃同降为贵人，并要求光绪帝发布上谕，宣称此举是为了“以示薄惩而肃内政”。平心而论，卖官鬻爵，中宫纳贿，在当时早已成风。若不是帝后争权、后妃争宠，决不至于以如此习见之事借题发挥至此。当然，珍妃自恃帝宠而“肆无忌惮”，在卖官鬻爵这件事情上，也是“罪有应得”。

慈禧并不善罢甘休。不久，又下两道谕旨，其中之一，专为珍妃、瑾妃：“瑾贵人、珍贵人着加恩准其上殿当差随侍，谨言慎行，改过自新。平素装饰衣着，俱按宫中规矩穿戴，并一切使用物件不准违例。皇帝前遇年节照例准其呈进食物，其余新巧稀奇物件及穿戴等项，不准私自呈进。如有违例，重责不贷。”一专为树立其侄女威信：“皇后有统辖六宫之责，俟后嫔妃等如有不遵家法，在皇帝前干预国政，颠倒是非，着皇后严加访查，据实陈奏，从重惩办，决不宽贷。”显然希望借此事帮助皇后树立宫中的权威，借皇后更好地管束珍妃。

戊戌政变后，光绪帝被囚禁，自然“城门失火，殃及池鱼”。对于她的最终被害，众说纷纭。总体上分为两种，一种说法是珍妃自杀，见于《慈禧轶事》等资料。据说，慈禧西逃前，珍妃见与皇帝一同出逃无望，独自留在京城恐被辱，即投井自杀。

另一说法为慈禧下令推入井中。这一说法有多种版本，一为直接动手的是李莲英，主要见于《清史纪事本末》等史料。慈禧在出逃临行前，命李莲英将珍妃推入宁寿宫外之大井中。一为直接动手的是崔玉桂，具体情节因不同的口述者有不同的述说。太监小德张过继孙张仲忱在《我的祖父小德张》一文中转述了小德张的回忆：八国联军进城后，慈禧也来到了御花园旁，在养心斋前换上了便装。各宫妃嫔陆续到来，光绪帝皇帝也由瀛台过来，换上了青衣小帽。已被囚禁了整整三年的珍妃，不大一会披散着头发，穿着旗袍也来了。慈禧大怒说："到这时候了，你还装模作样，洋人进来，你活得了吗？赶紧换衣服走！"珍妃说："皇阿妈，奴才面出天花，身染重病，两腿酸软，实在走不了，让我出宫回娘家避难去吧！"慈禧不同意，仍然叫她走，珍妃跪在地上就是不走。慈禧于是叫太监崔玉桂把珍妃强行扔进了井里。这个版本最大的疑点就是珍妃出天花之说。联军攻入北京时，正是农历七月，根本不是闹天花的气节，天花流行的季节往往在冬春之时，也没有关于此次流行天花的记录。而且按照这一说法，珍妃之死是自找的，可以说完全不可信。

一位名叫唐冠卿的太监回忆说：

联军入京，宫中惊慌万状。总管崔玉桂率快枪队四十人守蹈和门，予亦率四十人守乐寿堂。时甫过午，予在后门休息，突见慈禧太后自内出，身后并无人随侍。私揣将赴颐和轩，遂趋前扶持。乃至乐寿堂右，后竟循西廊行，予颇惊愕，启曰："老佛爷何处去？"曰："汝勿须问，随余行可也。”及抵角门转弯处，遽曰：“汝可在颐和轩廊上守候，如有人窥视，枪击勿衅。”予方骇异间，崔玉桂来，扶后出角门西去。窃意将或殉难也，然亦未敢启问。少顷，闻珍妃至，请安毕，并祝老祖宗吉祥，后曰：“现在还成话么？义和拳捣乱，洋人进京，怎么办？”继语音渐微，浓浓莫辨。忽闻大声曰：“我们娘儿们跳井吧！”妃哭求恩典，且云：“未犯重大罪名。”后曰：“不管有何罪名，难道留我们遭人毒手么？你先下去，我也下去。”妃叩首哀恳。旋闻后呼玉桂。桂谓妃曰：“请主儿遵旨吧。”妃曰：“汝何亦逼我耶？”桂曰：“主儿下去，我还下去呢！”妃怒曰：“汝不配！”予聆至此，已木然神痴不知何措。忽闻后疾呼曰：“把她扔下去吧！”遂有挣扭之声，继而砰然一声，想珍妃已堕井矣。斯时光绪帝居养心殿，尚未知之也。

按照这一说法，慈禧是“连哄带骗”将珍妃杀害。崔玉桂自己在《宫女谈往录》的述说，又是另一番情景：

七月二十日那天中午……老太后吩咐我，说要在未正时刻召见珍妃，让她在颐和轩候驾，派我去传旨。……珍妃在接旨以前，是不愿意蓬头垢面见我们的，必须给她留下一段梳理工夫。由东北三所出来，经一段路才能到颐和轩。我在前边引路，王德环在后边伺候。我们伺候主子向例不许走甬路中间，一前一后在甬路旁边走。小主一个人走在甬路中间，一张清水脸儿，头上两把头摘去了两边的络子，淡青色的绸子长旗袍，脚底下是普通的墨绿色的缎鞋，这是一副戴罪的妃嫔的装束。她始终一言不发，大概她也很清楚，等待她的不会是什么幸运的事。

到了颐和轩，老太后已经端坐在那里了。我进前请跪安复旨，说珍小主奉旨到。我用眼一瞧，颐和轩里一个侍女也没有，空落落的只有老太后一个人坐在那里，我很奇怪。

珍小主进前叩头，道吉祥，完了，就一直跪在地下，低头听训。这时屋子静得掉地下一根针都能听得清楚。

老太后直截了当地说：洋人要打进城里来了。外头乱糟糟，谁也保不定怎么样，万一受到了污辱，那就丢尽了皇家的脸，也对不起列祖列宗，你应当明白。话说得很坚决。老太后下巴扬着，眼连瞧也不瞧珍妃，静等回话。

珍妃愣了一下说：我明白，不会给祖宗丢人。

太后说：你年轻，容易惹事！我们要避一避，带你走不方便。

珍妃说：您可以避一避，可以留皇上坐镇京师，维持大局。

就这几句话戳了老太后的心窝子了，老太后马上把脸一翻，大声呵斥说：你死在临头，还敢胡说。

珍妃说：我没有应死的罪！

老太后说：不管你有罪没罪，也得死！

珍妃说：我要见皇上一面。皇上没让我死！

太后说：皇上也救不了你。把她扔到井里头去。来人哪！

就这样，我和王德环一起连揪带推，把珍妃推到贞顺门内的井里。珍妃自始至终嚷着要见皇上！最后大声喊：皇上，来世再报恩啦！

我敢说，这是老太后深思熟虑要除掉珍妃，并不是在逃跑前，心慌意乱，匆匆忙忙，一生气，下令把她推下井的。

无论珍妃遇害情状如何，她被慈禧害死不容否定。对于这个弱女子死得如此之惨，确实是令人同情的。时人朱祖谋、王鹏运等赋诗词记其事，恽毓鼎有诗云：

金井一叶堕，凄凉瑶殿旁。残枝未零落，映日有辉光。沟水空留恨，霓裳与断肠。何如泽畔草，犹得宿鸳鸯。

“巡幸”西安

57

狼狈出逃的慈禧一行，第一天投宿贯市，多方设法，好容易才找到驮轿。由贯市赶到岔道，夜宿破店中，连一碗粗米饭、一杯绿豆汤都找不到。七月二十三日，好容易逃到离怀来县城25里的榆林堡，这是京绥要道上的一个驿站。在这里，慈禧终于见到了迎驾的朝廷命官怀来知县吴永，如遇甘霖，放声大哭，向吴永道出一路落荒逃亡的辛苦，吴永后来如是述说：

> 言至此，忽放声大哭，曰：“予与皇帝连日历行数百里，竟不见一百姓，官吏更绝迹无睹。今至尔怀来县，尔尚衣冠来此迎驾，可称我之忠臣。我不料大局坏到如此。我今见尔，犹不失地方官礼数，难道本朝江山尚获安全无恙耶？”声甚哀恻，予亦不觉随之痛哭。

太后哭罢，复自述沿途苦况，谓："连日奔走，又不得饮食，既冷且饿。途中口渴，命太监取水，有井矣而无汲器，或井内浮有人头，不得已，采秫秸秆与皇帝共嚼，略得浆汁，即以解渴。昨夜我与皇帝仅得一板凳，相与贴背共坐，仰望达旦。晓间寒气凛冽，森森入毛发，殊不可耐。尔试看我已完全成一乡姥姥，即皇帝亦甚辛苦。今至此已两日不得食，腹馁殊甚，此间曾否备有食物?"予曰："本已谨备肴席，但为溃兵所掠；尚煮有小米绿豆粥三锅，预备随从尖点，亦为彼等掠食其二。今只余一锅，恐粗粝不敢上进。"曰："有小米粥，甚好甚好，可速进。患难之中得此已足，宁复较量美恶?"忽曰："尔当叩见皇帝。"因顾李监曰："莲英，尔速引之见皇帝。"时皇上方立于近左空椅之旁，身穿半旧元色细行湖绉棉袍，宽襟大袖，上无外褂，腰无束带，发长至逾寸，蓬首垢面，憔悴已极。予随依式跪叩，皇上无语，乃仍还跪太后前。复问数语，曰："予今已累，尔亦可下去休息。"

吴永退出后，进小米粥，找不到筷子，遂取随身携带的小刀、牙筷"呈进"，其他人太后命折高粱秆替代。不一会儿，李莲英出来，对吴永跷起大拇指说："尔甚好，老佛爷甚喜欢，尔用心伺候，必有好处。"紧接着又说，老佛爷想吃鸡蛋，吴永很为难："此间已久无居人，安所得此？然姑且求之。"李莲英连声赞赏：“好！好！尔用心承应，能讨老佛爷喜欢，必不吃亏。”吴永只得到市场上翻箱倒柜，皇天不负，终于找到5个，亲自烧火煮好，用一粗碗交太监呈进。不久，李莲英出来说：“老佛爷很受用，适所进五卵，竟食其三，余二枚，赏与万岁爷，诸人皆不得沾及。此好消息也。但适间老佛爷甚想水烟，尚能觅得纸吹否?”吴永供上后，不一会儿，慈禧手持水烟，神态自若，又要与吴永“聊天”，吴永不得已只得跪于泥泞中倾听，先唠唠叨叨一些琐事，突然进入正题：“此行匆促，竟未携带衣服，颇感寒冷，能否设法预备?”吴永说他妻子已去世，衣物都寄存在北京，署中并无女眷，只有老母亲遗留有几件破衣服，“恐粗陋不足用”。慈禧说：“能暖体即可，但皇帝衣亦单薄，格格们皆只随身一衣，能为多备几件尤佳。”然后又要求换轿夫：“我乘延庆州轿子，舆夫已疲劳，此处能换夫否?”吴永说已备好，慈禧说：“延庆轿夫倒甚好，所换之夫，不知能否胜任如前?”吴永回答轿夫都是平常伺候官老爷的，“当不至贻误”。然后，两宫起驾离开榆林堡前往怀来县城。

吴永跪送两宫起驾后，抄间道飞驰回县准备接驾。不久，銮驾到县，慈禧以温语慰劳吴永说：“很难为你办理。”吴永匆匆回家，拣得母亲衣服给慈禧，自己的衣服给皇帝，但格格们没有合适的衣服，只好用他自己的代用，并向他姐夫续弦借得一些梳妆用品，急急“进奉”。“于是太后始得栉沐妆饰。少间复传起入见，则太后及皇上均已将予所进衣服更换，威仪稍整；两格格亦穿予长衫，伫立门外闲看，不复如前狼狈矣”。刚刚稍事安顿，慈禧就开始行使一国之尊的权力，连续发布四道谕旨。第一道谕旨明确提出本次“巡幸”目的地是山西，令李廷萧前来迎驾，山西巡抚毓贤无论行止何处，一定要保证山西境内安定。第四道要求河南将应解送京师的粮食提前筹解山西，山西本省粮食迅速解往“行在”，“以应急需”。此后，几乎每天都发布上谕，要求各地将粮食、马匹、衣物等源源输送到不断改换的“行在”。第二天，吴永到宫门请安，太后甚为嘉许，奉谕旨：“予与皇帝驻跸在此，城内外不许有枪声。下令后如再有人放枪，可即擒拿处斩。我尚拟再住一日，一切供支，汝可量力为之。汝亦须少为将息，毋过劳苦。”太后如此垂青与体恤，吴永自然感激涕零。

当日要发送“廷寄”，军机大臣印信未携带出京，赵舒翘向吴永借县官印一用。刚毅说：“向来借印，须平行衙门，乃合体制，县印似太不称。”赵舒翘不悦道：“老头，此何等时势，有县印可借已是万幸，尚欲讲体制耶？”两宫在怀来停留之间，大臣王文韶赶来汇聚，甘肃藩司岑春煊也带勤王军队迎接，小朝廷宛然重建。“两日以来，此荒城僻县，千乘万骑，贵要云集”，吴永奔走伺候，“几无一刻宁息。宫门传呼叫起，日必三数次，真可谓疲于奔命”。而数千人的日常供应，更使吴永“手忙脚乱”，“自沿城十里以内，蔬菜、牲畜、粮食、草秣，悉索已尽”，但还不见两宫有起驾的迹象。原来“两宫在此，犹有徘徊观望之意，冀就近可得都中消息，或交涉得当，尚可中道折回”。但形势发展并不如意，二十五日，两宫无奈中只得起驾，继续“西幸”。在启跸前，为奖赏七品芝麻官吴永的鞍前马后，特命他“办理前路粮台”，随扈西行。行至沙城，吴永见慈禧，说他仅做过县官，于粮草并不熟悉，恳请派“专业人员”岑春煊督办粮台，他改作会办。慈禧正吸食水烟，沉思良久，说：“尔这主意很好，明晨即下旨意。”然后又说：“此次差事，真难为你办得很好，汝甚忠心，不日即有恩典。我于外间情形知之甚悉，皇帝性情亦好，差事如此为难，断不致有所挑剔，汝可放心，无须忧急。”吴永免冠感激后，慈禧又说：“尔之厨子周福，很会烹调，方才所食扯面条甚佳，炒肉丝亦甚得味，我意欲携之随行，不知汝愿意否？”傍晚，周福已赏六品顶戴，供职御膳房了，而吴永当晚就无处觅食，只得在外打野食，“勉强一饱”。

二十六日，派岑春煊督办前路粮台，吴永与俞启元会办。以光绪帝名义发布“罪己诏”，将主要责任推诿于大小臣工，并承认“东南互保”条约的合法性。次日，抵达宣化，驻跸 4 日。在这里，两宫“行仗渐备”，慈禧“事事皆欲亲睹”，曾想登临圣祖巡幸并作诗的庙宇，为群臣所阻。二十九日，发布上谕将本次巡幸目的地改为西安："暂行巡幸太原，本非久计。长安为自古帝王州，山川四塞，雄踞上游，着端方审度形势，于西安省城，酌备驻跸之所。"八月一日，从宣化动身，夜宿之地，很是荒凉，只有小屋两间，地既潮湿，又有臭味，慈禧和光绪帝只得分宿其中。蚊子很多，慈禧一夜未眠。三日，进入山西境内。六日，抵达大同，逗留4天，"供张甚盛，异于前此之荒寒矣"。十三日，过雁门关，慈禧说观此风景，不仅想起了她与咸丰帝逃亡热河的情景，颇多感慨。次日，仅找到一间泥屋住宿，里面还停放空棺材数具，慈禧也不介意。十六日，到忻州，地方官进呈黄轿三乘，"至是始符仪制"。翌日到太原，慈禧对毓贤说："去岁汝请训时，力言义和团之可靠，可惜你错了。今北京已破矣，但汝奉旨甚力，今山西境内已无洋人，人皆称汝之能，余亦知之。现洋人报仇，索汝甚亟，余或将革汝之职……但汝不必因此伤感，此举不过遮外人之目而已。为国家计，不得不出于此。余等仍冀中国有强盛之日。"

慈禧还曾参观毓贤屠杀传教士的地方，后来她要杀毓贤时，曾对他说"现在棺木价也贵了"，要毓贤自行了断。

两宫驻跸在太原，百官云集，奔走钻营，不一而足。慈禧召见群臣商讨是应否回京或迁都。后突然听说联军欲派一师人马到山西，为报毓贤诛杀传教士之仇，慈禧立马决定启程"巡幸"西安。为顾全脸面，闰八月六日，发布上谕说："驻跸太原，将近两旬，该省适值荒歉，供亿维艰，食用皆昂，民生滋累，每一念及，□焉难安。……不得已谨择于闰八月初八日启銮，西幸长安。”两宫启程往西安后，“沿路供张完美，非如前此仓皇困苦之情形”。九月四日，抵达西安，驻跸陕甘总督督署，后又迁巡抚官署，两署皆备行在之用。行在墙壁涂成红色，外围以栅栏，一切布置悉如北京之旧：

行宫之正殿，空而不用，旁殿则备为召见人员守候之处。正殿后有一房，其门以六版为之，仅开两扇，由外可见其中之宝座。室中皆用黄缎装饰之，朝廷典礼，在此举行。其左又有一屋，则为每日召见臣工之处。再后即太后起坐及卧室。皇帝皇后居一小屋，通于太后卧室。西偏另有小房三间，大阿哥住之。李总管则住太后之东偏一室。行在诸事草创，非如在京时之阔大。

行在财务由岑春煊管理，慈禧每日膳费 200 两，仅为在京时的十分之一，每日菜肴一百种，南方进贡的燕窝等很多。慈禧喜欢喝牛奶，在行在附近养牛六头。据称她当时身体较强健，仅消化不良，有时不能安睡，由精于按摩的太监服侍。像在北京一样，也开演戏剧。

慈禧一行在“西幸”中苦尽甘来，千年古都北京却陷入了虎狼之师——八国联军的疯狂蹂躏之中。

58 抢劫的盛宴

八国联军攻陷京师后，开始了针对中国人的屠杀和抢劫，北京成了一个真正的悲惨世界：“居人盈衢塞巷，父呼其子，妻号其夫，阖城痛哭，惨不忍闻。逃者半，死者半，并守城之兵，死者山积。”联军进城，首蒙其难的是妇女，他们发现每一口井内都有几个女尸，至于悬梁服毒者，更是无户不有。大学士徐桐一家，18 位女性集体自杀，上自八十多岁的老祖母，下及几岁的女童，全家女眷，无一幸免。联军只要看见形迹可疑的人，便指为义和团，不问真假，“按倒就杀”；或路遇中国人，把他们逼进一条不通小巷，“机关枪即轰击于陷阱之中，直至不留一人而后已”。数以千计的人在最初的一个礼拜被占领军杀害在家里或者胡同里。

抢劫与屠杀是分不开的。联军攻陷北京后，从使馆人员、各级军官、传教士到普通士兵，都加入了抢劫这一行列。各国洋兵，俱以捕拿义和团、搜查军械为名。“三五成群，身跨洋枪，手持利刀，在各街巷挨户踹门而入。卧室密房，无处不至，翻箱倒柜，无处不搜”。稍有阻拦，即被戕害。一名美国军官供认说：“在北京有抢劫的事，美军也抢劫了……这种罪恶是有传染性的。一些外国军队显然是没有限制地进行抢劫。”远在澳大利亚悉尼的《悉尼晨使报》用“劫掠的盛会”来描述疯狂抢劫的场景，而身处掠夺现场的使馆围困幸存者丁韪良则将其形容为“在劫掠物品中间”的狂欢。与1860年英法联军的抢劫仅仅限于圆明园及其周边地区不同，这次抢劫包括整个北京城、颐和园，甚至直隶省内大多数城镇。他们还随时进行所谓的“惩罚性远征”或“惩罚性郊游”，将屠杀与抢劫范围大大扩展。与1860年抢劫仅仅持续三天不同，这次抢劫直到联军撤出北京，一直没有停止。联军不仅抢劫居民，皇宫、官衙和府邸更是他们一再光顾的场所。西苑及三海中的各宫殿，均被抢劫，雕梁画栋被糟蹋成废墟。皇宫、颐和园所藏大量珍贵的历史文物，包括《永乐大典》在内的数万册珍本图书均被抢劫一空。日军从户部抢去三百万两白银后，为毁灭证据，一把火将户部烧了。瓦德西闰八月二十四日进入北京后，把慈禧太后的寝宫仪鸾殿作为自己的住处。翌年二月二十九日夜里，这座华丽的宫殿被他安装的取暖火炉点着了，他跳窗而逃得以幸存，他的参谋长为抢救一些文件被活活烧死。

面对“抢劫的盛宴”，居民们想方设法保护自己及自己的财产。他们各自在门前挂出白布旗，根据自己居住区域所属管辖的国家，上书“大某国顺民”；也有用中文写上“不晓语言，平心恭敬”张贴于门前者；也有用洋文写“此户系安善良民，乞勿骚扰”粘贴于门上；也有按照列强国旗样式，仿制小旗插在门前；还有请联军士兵写些纸条，说自家已经被掠夺过了；更有人弄些标记，表明此处财产已经为某个欧洲人所有。但抢劫者常常毫不理会，扯下这些旗帜或纸条，毫不手软地“按部就班”地从事他们的“事业”。毫无节制的抢劫持续多日后，英军率先将抢劫秩序化，他们成立一个所谓的“委员会”，将抢劫来的物品进行拍卖，然后将拍卖所得作为奖金按照军衔和种族分配，一般印度士兵得到的份额少于英国士兵，印度军官无论军衔高低，一律按英国准尉标准发放。这一拍卖活动，除星期天外，每天都举行，最终数字达到 33 万美元之巨。美军也命令将所有抢劫物品进行拍卖，但收入没有作为奖金，而是归入一个所谓的“公共的非军事基金”，用于支付美军占领北京的部分费用。

屠杀、毁坏财物、勒索与抢劫是所谓“惩罚性远征”或“惩罚性郊游”的主要内容。永清县是这些行动的典型对象，英德法等国侵略军曾先后 40 余次劫掠该县。1900 年 9 月，英军万余人到永清，不仅将义和团立坛庙宇和传教士遇害城楼毁坏，而且四下穷搜，罚款4万两，并扬言屠城。不久，德军千余人抵达永清县城，枪杀兵民二百余人，还围堵四门，连枪轰击。十天后，德军又接连6次到永清抢劫。德军刚去，法军又来。该县仅教堂赔款就达十万两之多。瓦德西进驻北京后，更是有计划地进行数百里甚至近千里的“远征”。闰八月二十七日，分别从北京、天津派出的军队奉瓦德西之命，进占保定。当地地方官员由署理直隶巡抚廷雍率领，持白旗备厚礼全体出城郊迎。谁知联军一入城便将巡抚逮捕，旋组织军事法庭，将廷雍及保定守尉奎恒、驻军统领王占魁等三人当众砍头。道台谭文焕则被捕解至天津，由洋人自组的都统衙门下令斩首示众六日。其他小官小吏甚至无辜百姓被捕杀猎杀者，更无法统计。从12月到次年4月，在瓦德西的指使下，联军共出动46支军队四处烧杀抢劫。瓦德西毫不讳言联军所至，“沿途房屋未经被毁者极为罕见，大都变成瓦砾之场”，“至少当有五十万人，变成无屋可居”；“所有中国此次所受毁损及抢劫之损失，其详数将永远不能查出，但为数必极重大无疑。……因抢劫时所发生之强奸妇女，残忍行为，随意杀人，无故放火等事，为数极属不少”。

刚刚获救的使馆人员和传教士也毫不犹豫地加入这一行列。当联军军官在大街小巷掳掠之间，他们因对北京城内情况熟悉，具有得天独厚的优势，就像进入自家“地下室”一样，作起有系统的掠夺。英国公使窦纳乐夫人搜集的劫掠物品装满珍宝的大箱子有87个之多。有一位美国公使馆秘书抢劫的物品，据《纽约时报》报道说，“他所携带的中国艺术品收藏，塞满了几个火车皮，行家们断言，这是现有最完备的收藏之一。主要由来自宫廷的瓷器、青铜器和雕刻品所组成”。这名秘书后来曾担任美国驻古巴和秘鲁大使，他曾对人抱怨若不是报纸宣扬了他的“强盗”行为，本来是会被任命为驻中国公使的，而且这些报道妨碍了他竞选纽约市长。他用掠夺物品价值中的极小部分，购买了一艘400吨的游艇“无敌”号，将它停留在英格兰的皇家快艇俱乐部。北京饭店的瑞士老板也带着在北京获得的财富到了美国，用其中极小的一部分在加利福尼亚建了可以俯瞰海湾的别墅，里面布置有乾隆用过的屏风，从慈禧住处“拿来”的一套头饰，还在别墅饲养了巨蟒、猴子、熊和黑豹等动物。

传教士们把自己安排在中国富豪的豪宅里，并通过出售物品来弥补他们战事的损失。原在北京传教的长老会中青年牧师都立华（Rev.E.G.Tewksbury）强占了豫亲王的王府，内有各种建筑五十余座，大得吓人。在他搬入之前，王府已遭洋兵数度洗劫，但实在太大，牧师还找到白银三千多两。府内家具陈设，各类名瓷和苏绣湘绣的桌帏椅搭帐幔等物，还有不少。牧师竟异想天开地摆起美国式的“跳蚤市场”，加以拍卖，大发其财。他的美籍友好，难免摇头非议，而牧师却笑说是“上帝恩赐”。樊国梁曾宣称，北京教士、教徒抢劫的所有银子、粮食、衣物总计超过 20 万两。传教士的抢劫行为一经在当时报纸杂志上披露，立马受到国际舆论界的非议，美国著名作家马克·吐温曾先后发表《致坐在黑暗中的人》《致我的传教士批评者们》抨击传教士们的“道德”。

当然，对在北京发生的“抢劫盛宴”，西方人也曾予以更为强烈的抨击，指出《海牙公约》的内容及精神在北京遭到了践踏。他们还以此为对象，对西方文明内部的野蛮行径进行了道德批评和反省，在上海发刊的西人报纸《北华捷报》1900 年 8 月 8 日发表文章说：

> 如果这种无节制的放纵成为常事，那么它将动摇现代人对文明世界的认识。如果这些行为是我们非常以为骄傲的西方文明的结果，那么它的文明表现在什么地方呢？……这种无耻的方式对平民进行的抢劫活动不能遭到整个文明世界强烈声讨的话，那么我们还会犯更多的错误。

明火执仗的“抢劫盛宴”对列强来说是“小打小闹”，远远不能满足，他们需要更加长远的利益，并要利用国际条约的形式将利益合法化。慈禧盲目宣战造成的恶果，使国家、民族受害无穷。

59 “量中华之物力，结与国之欢心”

慈禧虽向世界宣战，但对能否战胜列强，一直没有把握。因此早在联军猛攻天津时，就致书俄、日、英三国政府，请三国出面议和。她深知李鸿章在列强中的影响，六月十二日，任命他为直隶总督兼北洋大臣，北上与列强和谈。但李鸿章以各种理由推托，迟迟不肯动身，直到二十一日，才乘船北上，二十六日到上海，正式进入外交前线。七月十三日，慈禧任命李鸿章为全权大臣，电商各国外交部先行停战。列强深知李鸿章“以夷制夷”的伎俩，在沪的各国领事官员都指认他是个老奸巨猾、专搞挑拨离间的大骗子。法国人在《字林西报》发表文章说，李鸿章对俄秘密交涉，对美、法请求调解，对德国道歉，对日本动以种族情感，对英以长江商业利益给予保护，已把入侵列强离间得七零八落。因此，李鸿章在上海致电各国接洽和谈事宜，遭到日、美、德等国的奚落和粗暴拒绝。二十九日，慈禧在逃跑途中，发布上谕，准李鸿章“便宜行事，将应办事宜迅速办理，朝廷不为遥制”。八月二十六日，李鸿章抵大沽，德军司令官竟不许他上岸。闰八月八日，李鸿章在天津正式就任直隶总督兼北洋大臣。两次要求会见瓦德西，都被拒绝。十八日，由俄兵护送抵达北京，与奕劻会晤共筹和局。

剿办义和团与惩处肇祸大臣是谈判的重要内容。剿办义和团，慈禧毫不含糊。八月十四日，慈禧正式颁布“剿办”义和团谕旨，说义和团“实为肇祸之由，今欲拔本塞源，非痛加铲除不可”，下令各地官兵对义和团“严行查办，务净根株”。二十七日，再次颁布剿办义和团谕旨，严令惩办顺直各属义和团。但对惩办大臣，却十分不愿意，毕竟是“心头的肉”。迫于无奈，闰八月二日，发布上谕，第一次惩处“肇祸诸王大臣”：

此次中外开衅，变出非常，推其致祸之由，实非朝廷本意，皆因诸王大臣等，纵庇拳匪，启衅友邦，以致贻忧社宗，乘舆迁播，朕固不能不引咎自责，而诸王大臣等，无端肇祸，亦亟应分别重轻，加以惩处。庄亲王载勋，怡亲王溥静，贝勒载濂、载滢，均着革去爵职。端郡王载漪，着从宽撤去一切差使，交宗人府严加议处，并着停俸。辅国公载澜、都察院左都御史英年，均着交该衙门严加议处。协办大学士、吏部尚书刚毅，刑部尚书赵舒翘，着交都察院吏部议处，以示惩儆。

列强对如此轻描淡写的惩处，自然不答应。他们要求对这些人处以死刑，并扩大处理范围。九月二十二日，慈禧不得已发出第二次惩祸谕旨，加重对上述9人处罚，但都没有上线到死刑，另外，已革职山西巡抚毓贤被充军边疆。列强对这样的敷衍了事，大为不满。慈禧不得不于十二月二十五日，发出第三次惩办祸首谕令，载勋赐令自尽，载漪、载澜发配新疆，毓贤就地正法，已故的刚毅、徐桐、李秉衡均革去原职，董福祥革职，英年、赵舒翘为斩监候。对此，列强仍不满足，特别是让载漪、载澜轻易逃脱，尤为不满。遂于二十九日发出最后通牒，要求加重惩办祸首，否则调兵内侵。新年正月初三，慈禧发出第四次惩办祸首谕令，英年、赵舒翘赐自尽，载漪、载澜定为斩监候，发配新疆，永远监禁，启秀、徐桐之子徐承煜死刑。这样总算满足了列强对惩处筹办祸首的要求。此后，列强还不断提出惩办地方官员的名单，慈禧也只好一一照办。此外，在列强的要求下，1901年2月13日，为义和团运动中被“正法”的徐用仪、立山、许景澄、联元、袁昶恢复名誉。

据说赵舒翘根本不相信慈禧会让他死。下午一点岑春煊被派前往监视赵自尽，赵听完“判决书”后，一再问岑还有没其他旨意。赵夫人知已没希望，说我们一块儿死吧。岑给毒药与赵，赵食后，到三点“精神如常，纵谈身后事”。岑见此，命给食鸦片，到复命的五点，仍不见动静。岑命服砒霜，赵身体强健，虽痛得满地翻滚，到夜晚十一点，仍未有死的迹象。岑在客堂等得实在不耐烦，再三催逼，家人不得已，只得以棉纸遍糊七窍，灌以烧酒而闷杀之，“屡绝屡苏，反复数次而后毙命”。载勋死时倒很从容，英年则胆小如鼠，被定为斩监候时，就日夜哭泣，自尽的谕旨还未下达就吞烟泥毙命。毓贤死前曾说：“予前杀人，今予被杀，夫复何言？”自己认为死有余辜。

对列强来说，诛杀大臣仅仅是签订和约的前提条件，他们要求更多更大的权益，因此，议和谈判旷日持久。光绪二十六年闰八月十一日，法国提出惩凶、赔款、禁运军火、使馆驻兵、拆除大沽炮台、驻兵大沽至北京沿线等六条谈判条件。日本对法国的六条提出补充意见。其后，列强以法国六条和日本的补充条款作为谈判基础，进行了长时间的磋商与争论。其间闰八月二十三日，英德还签署了旨在维护列强在华利益的协约四条，作为对华政策原则，其他各国均表赞同。十一月初一，由英、美、俄、法、德、意、日、奥、比、西、荷十一国公使组成的公使团，提出《议和大纲》十二款，不许清政府有丝毫改动。两日后，《议和大纲》递交给清政府。慈禧收到后，见没有将她列为罪魁祸首，大喜过望。六日，发布上谕："览所奏各条，曷胜感慨！敬念宗庙社稷关系至重，不得不委曲求全，所有十二条大纲，立即照允。"

《议和大纲》确定后，列强进行了长达八个月的争吵，主要集中在赔款数目、赔款偿还方式和提高海关关税等问题上。在此期间，为了尽快达成和约，十二月二十六日，慈禧发布上谕：

> 昨据奕劻等电呈各国和议十二条大纲，业已照允，仍电饬该全权大臣，将详细节目，悉心酌覆，量中华之物力，结与国之欢心。

准备以彻底卖国，换取列强的宽谅。光绪二十七年三月初一，英、法、德、日公使一致决定要中国赔款四亿五千万两。这个数字超过了各国所谓"损失"的十倍到二十倍。四月初九，慈禧答应了列强的要求，和约终于达成。七月二十五日，奕劻、李鸿章代表中国与十一国公使签订了《辛丑各国和约》，和约十二款，另有十九个附件，主要内容为：

（1）赔款四亿五千万两白银，以关税、盐税和常关税作担保，分三十九年还清，年息四厘，本息共九亿八千多万两，另有各省地方赔款二千多万两。（2）东交民巷设立使馆界，中国人不得在界内居住，由各国派兵把守。（3）拆毁大沽炮台及大沽至北京沿途炮台，北京经天津到山海关铁路沿途十二个战略要地外国驻军，天津周围二十里不得驻扎中国军队。北京成为中外历史上从未有过的不设防的首都。(4)两年内禁止中国进口军火及军火原料，并视情况可延展年限。(5)永远禁止中国人成立任何反对外国人的组织，违者处死；各地方官吏必须保护外国人的安全，否则即行革职，永不叙用；在外国人被害的城镇停止文武考试五年。(6)将总理各国事务衙门改为外务部，“班列六部之前”，指定皇亲贵族担任外务大臣。(7)分别派遣王大臣赴德、日谢罪，并在克林德、杉山彬被害处建立牌坊，为毁坏的外国人坟墓立碑。《辛丑条约》成为近代中国一系列不平等条约中，对中国损害最大的条约。

议和既成，联军也分批退出北京，“老佛爷”自然也不再担忧洋人要与她算账了；西安行在的简陋与天气似乎也不适宜“老佛爷”的身体，回銮的决定“呼之欲出”。

60 回銮北京

光绪二十七年五月二十一日（1901年7月6日），慈禧发布上谕，定于七月十九日从西安启程，经河南、直隶回銮。

回銮行期一定，“中外人心，一时大定”。因为，两宫从去年到西安，日子已经不短了，难免议论纷纷，有说将久居西安，有言迁都蜀中的；在回銮路线上，有主张走水路的，有主张由河南襄阳到汉口，再由京汉路回京，沿途可省费不少；更有请驾临上海，由上海海道入京。行期、路线一定，这些纷争逐渐消解。但时隔不久，行期有了变化，因为据说陕西天气炎热，河南连日暴雨、跸路冲毁、行宫损坏，銮驾很难安全上路。于是，七月初一，发布上谕称，回銮日期延展至八月二十四日。谕旨一出，舆论大哗：

> 均谓两宫实无回銮之意……即二十四之期，亦决不可信，届时必须再改。并言有第三期已预拟定，将改为九月三日；第四期必以太后寿辰为词，改十月底；第五期必以天寒为词，改至明春；逐节延改，终于无期而已。或言太后惧回京后受各国要索抵罪，故不许皇上回京；或谓李莲英恐以太后失势而失权，故力怂太后不宜回京等语，纷纷扰扰。中外报纸，批评议论无虚日。各国使臣亦颇为所动，一再向当局诘问。

无论舆论如何，到原定的八月二十四日，两宫终于启程。这天，西安全城文武百官，齐集行宫门外，等待圣驾“启跸”。辰初三刻，前导马队出城，太监次之，各亲贵王公大臣又次之：

> 俄闻静鞭三响，即有黄轿数乘，出自行宫；……皇上、皇太后先后乘黄轿出宫；皇后随后；向有扈驾诸王、大臣，又在其后；最后为大阿哥。……沿途市肆，各设香花灯彩；长安父老，均于南门外祗候跪送，恭献黄缎万民伞九柄。

启程前已经传谕，州县都守以上必须在灞桥恭送，佐杂千把在十里铺恭送，到时派人点名查验，“如有托故不到者，停委二年”。所以送行场面“冠裳跄济，异常热闹。沿途千官车马，万乘旌旗，气象极为严肃，较来时光景，当然大不相同”。本来灞桥折柳，自古是文人雅士反复咏叹的故事，这一场面使吴永也认为“千年以来，当无有今日之热闹者”。

虽然早早发布谕旨，让沿途官员准备好恭奉圣驾，但起驾的第二天就出现了“纰漏”。临潼县令领公款二万七千金，却不办事，还藏了起来，使大队人马吃不饱饭，光绪帝只得赏太监们银二百两自己找吃的。后来听说县令预备好的东西被冒充的王公仆从掠夺，为此进入河南境内后，还专门发布了一道上谕，要求河南巡抚严厉查禁冒充者。九月初一，抵达潼关，驻跸五日。曾发布上谕说：“自西安启跸以来，一路车骑，诸形拥挤，甚至乘舆已到，尚复填塞道途，殊不足以昭严肃。”因此，命令官兵做好“清场”工作，并派兵勇，分起押送，不准迟滞。扈从王公百官，除有紧要差使准带行李外，其余均分起先行，以免拥挤。

九月十六日，抵达洛阳，在此驻跸八天之久。行宫“局势宏丽，陈设皆备极精好”，预算“二千四百串，现用至三万余两”，与临潼之简乏大不相同。个中原因，办差的曾有分析，他说：“临潼之草率，此间之繁靡，可谓过犹不及。盖两人各有目的，一图现在之利，一觊将来之名。用意不同，出手因而各异；但论损上损下之区别，则犹觉彼善于此矣。”官场之图利求名，可见一斑。

十月初二，抵达省城开封，“阖省文武，均于城外迎驾。行宫陈设极壮丽……俨然有内廷气象”。在这里，两宫驻跸逾月，到下月初四才重新启跸。抵城当日，慈禧发布懿旨，“万寿典礼，概行停止”。初十，万寿庆典，百官皆蟒袍补服，在宫门外排队，行朝贺礼。二十日，撤去溥儁大阿哥名号，立即出宫，“加恩赏给入八分公衔俸，毋庸当差”。溥儁至此结束了储君的生涯。他的立与废，可谓晚清宫闱史上的一场闹剧，令后人感叹不已。

十一月初四，两宫从开封启跸，开始北进。过黄河时，慈禧曾祭祀河神。二十一日（公历12月31日），一行抵直隶正定，在这里改乘火车回京。对于从正定回京的情况，英国《泰晤士报》1902年3月有比较详细的报道，其奢费之情形，为历史所仅见：

十二月三十一日之早，全宫到正定府，有一大马队护送。随从官员太监等极多，行李箱件等，结以车载之，有眼见者，云有三千乘之多。太监约共三四百人，尚有厨夫跟役等，人数既多，安插供给极难。且城内外凡有客店之佳者，皆为大官所占，大官复带有从人，皆自北京来迎候太后者也。……由西安起，沿路皆以发光之泥铺平，极其细软，行步无声。不独无一石子，且皇驾到时，另有一班平道之夫，以毛帚刷地，令其更细而平。每隔十英里，有一极佳之休息处，皆先期预备无缺。据一承办此事者言，铺路之费……一英里需一千镑也。……皇太后、皇上、皇后之车，皆以华丽新奇之黄缎装饰之，各有宾座、睡榻、军机厅等。各妃嫔车皆备有极厚重之帘幕……上午十一点三十分到丰台……太后……第一次坐火车，极为满意，言日后再乘之。……

太后乘坐的这列火车，是新任北洋大臣为太后特别预备的。堪称当时世界上最豪华的火车。十多年后，它成了推翻清王朝的孙中山专车，再过16年，张作霖坐着它驶过皇姑屯时，被日本军阀炸得稀烂。慈禧在马家堡还未下车，而京中文武百官，早已在那里恭候多时了：

京中大员约数百人，候立此地。……远望见三十余辆长列车，渐进站旁，由车中一窗，得见太后圣容，方察看周围之情形。在太后旁者，为皇后皇妃及总管太监李莲英。各官见太后到，皆跪接于地下，内务府大臣继禄大呼西人脱帽。第一人先下车者为李莲英，即往检点随带各省之贡物。箱包堆如山积，皆由西安带来者。既而皇帝亦下，体貌甚健，太后目之，帝即匆匆上轿而行。虽有百官在旁，并不接见一语。皇帝行后，太后出立于车端之台上，闻太后语云："这里有好多外国人！"略举其手以答礼。庆王趋请圣安……请太后上轿。太后曰："不用忙！"立于众中，约五分钟，与旁人说话，精神矍铄，不似年老之人。总管李莲英来，以箱件清单呈上，太后细视一过，复交于李。……太后上轿，较皇帝之轿更大且佳，轿旁有一太监随行，指点沿途景物，请太后注视。如见洋人，彼即指告。有一人曾听此太监喊曰：“老佛爷，快看那个洋鬼子！”太后微笑。过南城，直至前门入内城。彼处有一庙，供奉满洲保护之神。正阳门城楼上，候有西人极多，下视院内，见太后下轿入庙，跪于神前，有道士数人赞礼。太后既起，仰见西人，俯首而笑，遂上轿入大门，到宁寿宫，约下午二点钟。即命太监掘视前所埋藏之金宝，并未移动，太后大喜。

十八个月蒙尘在外的日子终于宣告结束，慈禧又回到了她熟悉的场景，她要将她的帝国带向何方？

61 下诏推行新政

慈禧虽扑灭了戊戌维新，但她并不完全反对“变法”，在关于戊戌维新的总结性谕旨中说：“所有一切自强新政，胥关国计民生，不特已行者亟应实力举行，即尚未兴办者亦当次第推广。”因此，她在逃离京师过程中，曾多次发布谕旨，要求中外臣工直言，以改变困境。早在逃离京师第五天发布的“罪己诏”中，表示要在用人行政、筹饷练兵等方面切实整顿：“自今以往，斡旋危局，我君臣责无旁贷。……卧薪尝胆，勿托空言。于一切用人行政，筹饷练兵，在在出以精心，视国事如家事，毋怙非而贻误公家，毋专己而轻排群议，涤滤洗心，匡予不逮。”两天后发布上谕，要求中外臣工“随时献替，直陈无隐”：“自来图治之原，必以明目达聪为要。此次内讧外侮，仓猝交乘，频年所全力经营者，毁诸一旦，是知祸患之伏于隐微，为朕所不及觉察者多矣，惩前毖后，能不寒心。自今以往，凡有奏事之责者，于朕躬之过误，政事之阙失，生民之休戚，务当随时献替，直陈无隐。”

正是在此基础上，光绪二十六年十二月初十日（1901年1月29日），慈禧在西安以光绪帝名义发布了一道要求变法的上谕：

世有万古不易之常经，无一成不变之治法，穷变通久，见于大易，损益可知，著于论语；盖不易者，三纲五常，昭然如日星之照世，而可变者，令甲令乙，不妨如琴瑟之改弦。伊古以来，代有兴革……今者恭承慈命，一意振兴，严禁新旧之名，浑融中外之迹。我中国之弱，在于习气太深，文法太密，庸俗之吏多，豪杰之士少。……公事以文牍相往来，而毫无实际，人才以资格相限制，而日见消磨，误国家者在一“私”字，困天下者在一“例”字。至近之学西法者，语言文字、制造器械而已，此西艺之皮毛，而非西政之本原也。居上宽，临下简，言必信，行必果，我往圣之遗训，即西人富强之始基。中国不此之务，徒学其一言一语、一技一能，而佐以瞻徇情面、自利身家之积习，舍其本原而不学，学其皮毛而又不精，天下安能富强？总之法令不更，锢习不破，欲求振作，当议更张。

这道上谕表明了朝廷变法行新政的决心，指出洋务运动以来的学习西方，仅仅是习其“一言一语、一技一能”的皮毛，现在变法，按照慈禧的指示，是要学习“西政之本原”以“补中国之短”。上谕要求军机大臣、大学士、六部九卿、出使各国大臣、各省督抚，“各就现在情形，参酌中西要政，举凡朝章国政，吏治民生，学校科举，军政财政，当因当革，当省当并，或取诸人，或求诸己，如何而国势始兴，如何而人才始出，如何而度支始裕，如何而武备始修，各举所知，各抒所见，通限两个月，详悉条议以闻。再由朕上禀慈谟，斟酌尽善，切实施行”。

可是上谕发布后，在规定的时间内，京内外官员们反响却不很热烈，应者寥寥。有鉴于此，光绪二十七年三月初三日，再次发布上谕，指出变法“事体重大，条件繁多，奏牍纷繁，务在体察时势，抉择精当，分别可行不可行，并考察其行之力不力。非有统汇之区，不足以专责成而挈纲领”，上谕宣布：专门设立督办政务处，办理变法事宜，再次表示朝廷变法的决心；派庆亲王奕劻，大学士李鸿章、荣禄、昆冈、王文韶，户部尚书鹿传霖为督办政务大臣，刘坤一、张之洞遥为参预。当时军机大臣和大学士除生病的世铎外，全部进入政务处，而刘坤一、张之洞也是当时最有影响的地方疆吏，可以说政务处集中了所有权臣，显示出其地位之显要，规格之尊隆。政务处的成立，为慈禧推行新政提供了组织保证。

其实，十二月初十日变法上谕发布后，地方督抚是支持的。只是他们尚未摸透朝廷的意图，所以一开始取谨慎态度。在未接到上谕之前，张之洞已经从端方和袁世凯的电报中知道了内容，他从各方面渠道了解到的消息，也表明慈禧是真的要行新政了。但他与其他督抚却并不急于复奏，还要进一步观察事态的变化。另外，东南各省互通声气，希望有更多的人一起承担责任，于是便有了各省督抚联衔会奏的会商。不仅东南、西南各省督抚大臣同意联衔会奏，山西巡抚岑春煊、陕西巡抚端方等人也表示赞同。各督抚一直推荐由张之洞、刘坤一作为联衔会奏主稿人，正当张、刘客气推辞之间，上谕规定复奏的两个月时间已过，督办政务处也宣告成立，于是联衔会奏变成了各自单衔具奏。但张之洞、刘坤一的江楚会奏仍然按原计划办理。五月十七日，张之洞、刘坤一会奏《变通政治人才为先遵旨筹议折》，提出参考古今，会通文武、育才兴学有四种办法，分别为设立文武学堂、酌改文科、停罢武试、奖励游学。二十三日，再次联奏《遵旨筹议变法谨拟整顿中法十二条》，提出变通整顿中法分别为崇节俭、破常格、停捐纳、课官重禄、去书吏、考差役、恤刑狱、改选法、筹八旗生计、裁屯卫、裁绿营、简文法等。次日，第三次联奏《遵旨筹议变法谨拟采用西法十一条》，提出应兼采并用西法分别为广派游历、练外国操、广军实、修农政、劝工艺、定矿律路律商律及交涉刑律、用银元、行印花税、推行邮政、官收洋药、多译东西各国书籍等。第三折还有一附片《请专筹巨款举行要政片》，主张为新政的实施“专筹巨款”。张之洞、刘坤一联合会奏的这三折，史称“江楚会奏三折”。

对于张之洞、刘坤一会奏所提出的改革变法主张，慈禧很是欣赏。八月二十日发布懿旨，再次强调朝廷对变法的决心：“用是特颁懿旨，严加责成，尔中外臣工，须知国势至此，断非苟且补苴，所能挽回厄运，惟有变法自强，为国家安危之命脉，即中国民生之转机。予与皇帝为宗庙计，为臣民计，舍此更无他策。尔诸臣受恩深重，务当将应行变通兴革诸事，力任其难，破除积习，以期补救时艰。”并提出按照张之洞、刘坤一奏折切实进行变革：“刘坤一、张之洞会奏整顿中法以行西法各条，其中可行者，即著按照所陈，随时设法择要举办。各省疆吏，亦应一律通筹，切实举行。大要不外言归于实，用得其人。予与皇帝宵旰焦劳，母子一心，力图兴复。”江楚会奏三折的批准与实施，表征慈禧领导的新政进入具体操作进程，此后朝廷所行新政，大多未逾此“会奏三折”范围。

那么，慈禧为什么要在两个世纪之交的关口推行新政呢？时人黄遵宪曾说：“第为避祸全生，途以媚外人而骗吾民也。”很明显，一是避祸，二是媚外。所谓避祸是指避免列强追加自己是八国联军侵华这场战争的祸首。列强攻入北京后，曾明确指出慈禧是战争祸首，后来又通过决议，一定要慈禧推行新政，改革旧制，不准再有排外举动，方可免于追究，所以她才说出“量中华之物力，结与国之欢心”的媚外之言，才会惊魂甫定就发出上述新政谕旨。正如《中外日报》所说：“既内恐舆论之反侧，又外惧强邻之责言，乃取戊己两年初举之而复废之之证，陆续施行，以表明国家实有维新之意。”意思是说，慈禧下诏推行新政是内外交困下不得已的举措。其实，慈禧推行新政最主要的目标自然是为了维护王朝的继续存在，这既是对国内革命形势日渐发展，国际列强日益逼迫局面的应对，也是为了寻找国家富强发达的不二法门。但对慈禧本人来说，更有个人的打算。庚子事变后，要求归政光绪帝的呼声更加强烈，《大公报》1902 年 6 月 21 日到 23 日，曾发表社论要求慈禧归政光绪帝，说光绪帝不仅无满汉之见，也无仇外之心，只要光绪帝亲政，才能使内忧外患消弭于无形。列强也要慈禧归政，否则就拿出示好洋人的行动来，以杜绝义和团这类“反洋”事件再次发生：“毫无疑问，不论慈禧太后在多大程度上参与了义和团事件，不管此事件的结局对我们多么有利，以及对中国最终有多大好处，有一点对所有各国都不会有害处，那就是：应该让慈禧太后以更悲哀而不是更愤怒的态度看到拳乱的事实仍在我们的记忆中，而自由她以后拿出好的行动来，才能消除这些记忆。”因此，她只能顺应潮流，不仅向列强和民众作出推行新政的姿态，同时也可堵住“归政”之口。

清末“新政”的主要内容

62

从督办政务处成立，到光绪三十一年十一月成立学部，五年间慈禧发布了一系列除旧布新的政令，史称清末“新政”。其主要内容大致可分以下几个方面。

第一，练兵筹饷。慈禧新政时，把“练兵”摆到了非常重要的位置，因为这是关系到朝廷存亡的大事，“非练兵无以卫国，亦非练兵无以保民”。光绪二十七年七月十六日（1901年8月29日），诏停武科举。二十九日，命令各省仿照北洋、两江建立武备学堂，并责成李鸿章、刘坤一、张之洞、袁世凯等扩充先前所设武备学堂及随营学堂。次日，诏令各省裁撤绿营防勇，改练常备、续备、巡警等新军，一律操习新式枪炮。这样，编练新军工作在全国展开。袁世凯对编练新军最为积极，接任直隶总督兼北洋大臣后，立即奏准在直隶编练“北洋常备军”，光绪二十八年夏练成一镇约一万二千五百余人。三十年春练成三镇，三十一年练成“北洋陆军”六镇。另外，湖广总督张之洞也练成新军约七千人。慈禧以直隶和湖广为典型，命令各省派人前往学习“取经”。

为了在全国进一步推行编练新军计划，二十九年十月十六日（1903年12月4日），慈禧命在中央设立练兵处，派庆亲王奕劻为总理练兵大臣，袁世凯充会办练兵大臣，铁良襄同办理，实权掌握在袁世凯手中。各省设立督练公所，为各省领导编练新军的机构。三十年八月三日，练兵处会同兵部奏定《新军营制饷章》和《陆军学堂办法》等条规，确定军（总统）、镇（师，统制）、协（旅，统领）、标（团，统带）、营（管带）、队（连，队官）、排（排长）、棚（班，正目）的军事编制，军官由陆军学堂毕业生或留学生充任。陆军学堂分小学堂、中学堂、兵官学堂与大学堂四等，另设速成陆军学堂及速成师范学堂。后来还改兵部为陆军部，统一指挥全国新军，将袁世凯北洋陆军六镇中四镇划归陆军部。当时清政府曾计划练成陆军三十六镇，到辛亥革命爆发时，仅成军十六镇。

筹饷在新政中与练兵并重，“非练兵无以自强，而练兵必先筹饷”。由于国库枯竭，筹饷较之练兵更为迫切，慈禧“因筹款事几至寝食皆废。所以停止祝寿，所以廷谕京外各官竭力裁并，严防州县中饱。……又饬各省无论报效巨细各款，均归户部另存，归练兵经费。各言路揣摩上意，凡参劾搜刮，莫不以练兵为宗旨，冀动圣听”。为了筹饷，朝廷不惜巧立名目，一是增加税种，二是提升税率，三是派员查库，四是允许地方官自筹税收。练兵处方成立，慈禧便急急向各省摊派900万两的练兵费。后派奕劻、瞿鸿机会同户部整理财政，下令各州县官吏每年上交中饱浮费320万两，并每年加征烟税、酒税640万两上解。所筹款项主要用于练兵，也用于其他各项“要政”。

第二，改革官制，整顿吏治及改革刑律等。按照《辛丑条约》的规定，朝廷改总理各国事务衙门为外务部，“班列六部之前”，以便与列强“讲信修睦”。从光绪二十八年开始，先后裁撤河东河道总督（其事务改归河南巡抚兼办），裁撤督抚同城的湖北、云南两省巡抚（由云贵总督、湖广总督兼管）及粤海关、淮安关、福建水师提督、江宁织造衙门等，同时罢詹事府、通政司、太常寺、太仆寺、光禄寺、鸿胪寺等闲衙。为了便于推行新政，另外设置机构，除督办政务处、外务部外，又设商部、学部、巡警部、练兵处等。

在改革官制的同时，整顿吏治，下令停捐纳、裁陋规、定公费。当时吏治腐败至极，“各省院司书吏亦多与部吏沟通，其各府州县衙门书吏又往往沟通省吏舞文弄法，朋比为奸，……至差役索扰，尤为地方之害”。有鉴于此，慈禧连下两道谕旨，诏令整顿部务，裁汰胥吏。此外还下令每年都要严格考核各级官员政绩，对违法者作出处分。清朝刑律，条法酷虐，各级官吏乱政扰民，非法断事，“一案株连动数十人”，以至民怨沸腾。慈禧命沈家本、伍廷芳“将一切现行律例，按照交涉情形，参酌各国法律，悉心考订，妥为拟议”。光绪三十一年三月二十日（1905年4月24日），朝廷批准废除凌迟、枭首、戮尸、刺字等酷刑，凡死刑至斩决为止，并规定可以罚款代替笞杖，无力交纳罚金者，可“折为作工”。这些规定虽然收效甚微，但有了新的法令，总算在法制上比前代进了一步。

第三，振兴商务、奖励实业。传统中国“以农立国”，“积习相沿，视工商为末务，国计民生，日益贫弱，未始不因乎此”。光绪二十九年三月二十五日，慈禧派载振、袁世凯、伍廷芳编订商律。七月十六日，成立商部，统管商务、工矿、铁路等项，以载振为尚书，伍廷芳、陈璧为侍郎。此后商部奏定颁发了一系列奖励工商、振兴实业的章程，如商部章程、商会简明章程、奖励公司章程、铁路简明章程、矿务暂行章程、公司注册试办章程、商标注册试办章程、华商办理农工商业赏爵章程、试办银行章程等。这些章程规定允许私人资本在一定条件下自由发展。凡兴办工商业成绩卓著者，给予各种奖励。

第四，废科举兴学堂。科举制度的废除，大致分为三个步骤。首先是改革科举内容。戊戌维新期间曾下诏废除八股试帖小楷取士制度，凡乡试会试和童生岁科一律改试策论。光绪二十七年七月十六日，慈禧下诏再次废除八股，改试时务、策论，但笑料百出。在河南乡试中，有人搜肠刮肚不满300字而交卷，考官批曰："不远万里而来，不满三百而去，何其惜墨如金，何其挥金如土。"其次，递减科举取士名额。庚子事变后，社会纷纷要求分年递减科举取士名额，改为学堂取士。朝廷也曾下诏递减科举中额，"以三科减尽，十年之后，概归学堂"。再次，科举制度的完全废除。无论是废八股改策论，还是递减科举取士名额，都不能适应时代之需要。光绪三十一年八月四日（1905年9月2日），慈禧诏准袁世凯、张之洞等人奏请停止科举、兴办学堂，宣布正式废除科举。

兴学堂与废科举几乎同时举行。二十七年八月二日，颁布兴学诏书，鼓励兴办学堂，指出除京师大学堂应切实整顿外，各省所有书院在省城的改设大学堂，各府厅直隶州均设中学堂，各州县均设小学堂，并要求"多设蒙养学堂"。已经初步具备了与传统教育系统相异的一个新学堂教育体系。翌年七月十二日，朝廷颁布《钦定学堂章程》，该年为农历壬寅年，所以史称壬寅学制，包括《京师大学堂章程》《考选入学章程》《高等学堂章程》《中学堂章程》《小学堂章程》和《蒙养堂章程》共6份。此乃中国有史以来第一个由国家正式颁布的近代学校系统。该学制虽经颁布，但并未施行。经过修订后，于二十九年十一月二十六日再次颁布《奏定学堂章程》，具体实施。因颁布时间为癸卯年，史称癸卯学制。

同时，清政府还提倡、奖励出洋留学。凡学成归国者，经考试后分别奖以翰林、进士、举人等出身，并按等录用。对于自费留学，只要考试合格，即可由政府出具公文保送，费用困难者还可酌情补贴，毕业归国，与官费生同等对待。

由上可知，尽管慈禧推行新政出于自利的目的，但新政措施的内容，确实比她的丈夫咸丰帝、她的公爹道光帝在位时的举措要内容新，力度大。这个清代历史上的女强人，自归政光绪帝后一度私欲膨胀，做了许多误国误民、卖国害民的勾当之后，能在1901年新世纪之初，重新拾起被她扼杀的维新变法旗帜，有这番布局，不论主观动机如何，客观上有利于社会进步，也符合潮流所趋。

慈禧推行的新政，除在上述有关国计民生的大政方面有如许举措外，在社会改良方面也有若干作为，其中以汉满通婚与禁止缠足，最具影响。

满汉通婚与废除缠足

清朝以八旗得天下，虽实行满汉共治，但满汉之间壁垒森严。满族是统治者，汉人是被统治者，这是清代立国的基本政策。满族男人以执干戈卫社稷为职志，不事生产，专吃军粮。承平日久，人口增多，他们大多已不识弓马戈矛，但坐吃军粮如故。不仅弱化了国家的军事力量，而且养成了满族人游手好闲、好吃不做的心性。满族、汉族人在法律面前不能平等，犯同样的罪，满族人的处罚远比汉族人轻。朝廷严厉禁止满族妇女缠足，希望自己的后代无论是男人、女人个个都强健尚武。更为重要的是，朝廷严格禁止满汉通婚。因为满族作为少数民族，一通婚，在血统上、文化上、风俗习惯上，很有可能被汉族同化，作为统治者的民族族性淡化了，如何维持其统治自然也是问题。虽然南方一些八旗驻地，旗人常有违反这一禁令的，悄悄与汉人通婚。但在北方尤其是京师，是严格限制满汉通婚的。

满汉之间的不平等，早就引起人们的注意。戊戌维新期间，时任总理衙门章京张元济曾上书建言五条，其中便提出允许满汉通婚、任旗民自谋衣食等建议。其他人也有内容差不多的奏折。光绪帝有鉴于此，曾发布诏令调查讨论旗民生计问题。但由于变法很快失败，光绪帝的诏令也就没有什么作用。但满汉之间的矛盾日积月累，“反满”成为革命党宣扬革命与聚集人心的重要筹码之一。因此，解决满汉矛盾，自然是慈禧在施行新政过程中的最为重要的难题之一。《江楚会奏变法三折》的第二折中，刘坤一、张之洞曾提出筹八旗生计的建议，主张鼓励旗人自谋生路，并停止国家发给的钱粮，也建议多设八旗学堂，鼓励旗人学习士农工商兵各业。但主要谈的是解决旗人生计问题，没有提及取消满族在法律、政治方面的特权。

为了缓和普遍存在的满汉矛盾，慈禧选择了取消满汉通婚禁令。光绪二十七年十二月二十三日（1902 年 2 月 1 日），慈禧发布懿旨准允满汉通婚：“我朝深仁厚泽，沦浃寰区，满汉臣民，朝廷从无歧视。旧例（满汉）不通婚姻，原因入关之初，风俗语言，或多未喻，是以著为禁令。今则风同道一，已历二百余年。自应俯顺人情，开除此禁。所有满汉官民人等，著准其彼此结婚，毋庸拘泥。”二百余年禁令就此解除，不少满汉官员带头联姻，如袁世凯和端方结成亲家，庆亲王奕劻和先任驻外公使后任山东巡抚的孙宝琦结成亲家。李鸿章的一个孙子李国杰娶满人那桐的女儿等，成为传诵一时的美谈。满汉矛盾，本来就是环环相扣的连环套，一旦中间一个环节被解除，其他环节的矛盾更显现出来。于是，慈禧不得不考虑相应的其他不平等的事项。光绪三十三年九月三日（1907年10月9日），发布懿旨说：“满汉沿袭旧俗，如服官守制，以及刑罚轻重，间有参差，殊不足以昭划一。”命令议定满汉通行礼制、刑律，除宗室外，满汉在法律面前人人平等。

慈禧在宣布解除满汉通婚禁令的同一懿旨中，也宣布废除缠足：“至汉人妇女，率多缠足，由来已久，有伤造物之和。嗣后搢绅之家，务当婉切劝导，使之家喻户晓，以期渐除积习。”

兴起于唐宋宫廷之间的缠足，被胡适视为中国文明最残暴、最不人道的例子，他说“容忍像缠足那样的野蛮风俗达千年之久而没有抗议的文明，很少有什么精神性”，“缠足代表全体女性十个世纪以来所受的痛苦的最残忍的形式”，骚人墨客赋诗作文赞美女人的三寸金莲，表征了中国人缺乏起码的人道，简直是“丧失良知”，中国文明中的道德观念与美学意识在缠足上荒谬得无以复加。入关之前，满族妇女是天足，与男人们一同游牧劳动，不以缠足为美。但入关以后，男人们对汉族妇女的三寸金莲如痴如醉，不少满族妇女也纷纷效尤。1664年，康熙皇帝召开会议讨论妇女缠足问题，规定1662年以后出生的女孩禁止缠足，“若有违法缠足者，其女父有官者，交吏兵二部议处。兵民交付刑部，责四十板，流徙；其家长不行稽查，责四十板”，疏于管理的地方官员也要受到相应的惩处。不想这一禁令却遭到汉族官僚的反对，纷纷上书要求解除禁令。1668年，康熙为表尊重汉族风俗，废除了禁缠足令，但还是严禁满族妇女缠足。

近代中国出现有组织地反对缠足，宣传、实践放足是从教会女学校开始的。早在咸丰十年（1860）年代，已有部分教会女校将不缠足作为招生条件之一。杭州一学校于同治六年（1867年）规定，凡是由校方提供衣食的女学生必须放足。镇江一位教会女校学生后来回忆放足经过说：“幼时伯叔送我至此读书，时足纤小，然学堂之规贵在天足。故女师放我足，我哭泣不愿，恐人见之，笑我大足故也。及今回忆当年，心甚歉愧，最可喜者，吾师不顺我意，致我足渐放，无痛苦之患，今与未缠足者同矣。”

光绪三年（1877年），厦门一传教士组织成立了“戒缠足会”。光绪二十一年三月（1895年4月），上海创设天足会，很快发展成为一个具有全国影响的团体。此后，不缠足团体如雨后春笋般在全国各地涌现，并促使光绪帝在戊戌维新期间下诏禁止缠足。戊戌政变后，中国人自行组织的不缠足团体被查封，惟有外国人所创天足会继续努力。慈禧发布懿旨劝止缠足，赞同妇女放足后，不缠足运动受到官方保护，重新兴起。当然，要让缠足这一恶习在中国社会真正消除，谈何容易。美国公使夫萨拉·康格在一次觐见慈禧时，谈及慈禧禁止缠足的懿旨，问慈禧这是否会对她的子民产生影响。慈禧回答说："没什么影响。中国人一向保守固执，我们的传统根深蒂固，想改变不是一朝一夕的事情。"慈禧的回答可谓入木三分。光绪三十年七月山东巡抚周馥还曾上奏，请严禁汉人缠足陋俗。慈禧下政务处讨论，政务处认为"缠足陋俗，应随时劝导，毋庸特设科条"。

民习风俗是一个民族文化传统的积淀，不良风俗却是统治者利用专制权力强行推行的结果。随着时代发展、道德观念的变迁，民俗也有个变易的过程。慈禧有这样的规定，无疑为移风易俗奠定了基础，对增进民族身心健康是有利的。但是在当时民智未开的历史条件下，禁缠足不可能收到很好的效果。真正有效禁止缠足，是在民国成立之后。

在慈禧行新政时期，除满汉通婚、废除缠足这些由慈禧亲自发布诏令的社会性改革外，她治下的一些督抚也曾有自我创新。如两广总督岑春煊曾要求在官场废除跪拜。他发布示谕，斥责下跪请安是"婢膝奴颜，有伤气节"，宣布从农历光绪三十三年正月起，两广官员下级拜见上级时，一律废除跪拜。

由于没有清政府的明文命令，他怕得破坏礼制的罪名，进行了多方论说：“皇上属员之奉上官，在尽心不在屈膝。徒以文貌相承而情谊不通，必多壅塞之弊。况屈膝请安之礼，实钦定礼部则例百官接见礼仪条内所不载……臣下贸贸然行之，延久不改，未免违犯王章，习非胜是。”只要尽心尽力辅助皇上治国安邦，根本不在屈膝请安这样的形式上，何况政府并没有制定跪拜之礼，都是上行下效的习惯行为，没有法律条文的依据，废除自然是理所当然。社会对岑春煊之开风气大为激赏。《大公报》刊发他的全文示谕后，加按语称为“文明之气象”。随后，湖北、江苏、河南、江西等省均于当年废除了跪拜，改为下级见上级，初见三作揖，常见一作揖。山东巡抚在接见法政学堂考生时，曾下令：“应考各员，是日入场点名，见抚帅只一揖，不准请安。”希望从小培养学生们平等的人格。20世纪初年，社会观念的嬗变已经初露端倪了。

接见公使与公使夫人

64

> 太后全体各部，极为相称，面貌之佳，适与其柔荑之手、苗条之体、黑漆之发，相得而益彰。盖太后广额丰颐，明眸隆准，眉目如画，樱口又适称其鼻。下颌虽极广阔，而并不带有一毫顽强态度。耳官平整，齿洁白如编贝。嫣然一笑，姿态横生，令人自然欣悦。予若不知其已臻六十九岁之大寿者，平心揣之，当为一四十许之美妇人。太后精神焕发，神采照人，可知其平日居气养体之安适，决非寻常人所及。加以明珰满身，珠翠盈头，其一副纤丽庄严之态度，真有非笔墨所能形容者。

这是1903年到宫廷为慈禧画像的美国画家卡尔女士，第二次与慈禧见面后留下的印象。她的这一印象，有不少溢美之词，但总的来说，慈禧确实比一般年近七十岁的老妪显得年轻。这当然是她长期利用特权、保养容颜所取得的效果，不过与她自西狩回銮后的心态逐渐开放也不无关系。当时，西洋的生活方式已较前有更多的传入，慈禧接触到的洋玩意也日益增多。其中公使驻京后，公使夫人随着外交礼仪经常出入中国官场，慈禧作为一个女人的趋时心理也在逐步增强。她在接见公使与公使夫人过程中，原本仇视外洋的心理，逐渐变得崇洋。不仅经常在宫廷招待外国公使夫人，而且经美国公使夫人的介绍，聘请美国油画家卡尔女士在宫中为她画像；不仅请从法国回来的德龄、容龄姐妹陪伴左右，而且对照相等新鲜事物产生了浓厚兴趣。

其实，早在光绪二十四年十一月一日（1898 年 12 月 13 日），慈禧就曾接见过公使夫人。对于这次接见，据说是慈禧主动的邀请，是为了向外国人表明她与光绪帝姨侄之间的和睦关系，同时也展示她的外交才能。但美国公使夫人萨拉·康格却说，是外交使团夫人们的主动请求，他们欲祝贺慈禧 64 岁生日，想出觐见慈禧的主意，经斡旋，终得实现。这是慈禧第一次如此近距离看外国女人，也是外国女性如此近地接近慈禧。英国公使夫人这样记录她见到的慈禧：

虽然年过六十，但她看上去依然很年轻，墨玉般的头发，和善的黑眼睛。平静的时候，她的表情很严厉，但当她微笑时，脸上的表情就生动明快起来，所有严肃的痕迹全都消失不见了。她的脸不是那种普通汉人或满人类型，在世界上另外的地方她可能被误认为是个意大利乡下人。她个子不高，身材纤小……她的手和脚都很小，但形状很好看。

接见后不久，康格夫人在给她妹妹的信中说慈禧“脸上容光焕发，充满善意，看不出一丝残忍的痕迹”，“行动自如，热情洋溢”。慈禧站起来向各位公使夫人问好，并向夫人们伸出双手，然后又指了指自己，“热情而又严肃地说道：‘一家人，我们都是一家人’”。作为一个对慈禧仅是一面之交的外国人，康格夫人对慈禧的评论当然是极为表面化和肤浅的。但从中可以看出，哪怕是性格乖戾的人，也有她人性的另一面。

《辛丑条约》附件规定，朝廷必须改变接见外国公使礼节。慈禧于光绪二十七年十一月二十二日（1902年1月1日），回銮抵达正定的第二天，发布懿旨，说为了与“友邦讲信修睦”，回宫后将择日与皇帝在乾清宫接见公使，她本人拟另行择日在宁寿宫接见公使夫人，“以笃邦交而重使事”。十二月十八日，外国公使第一次从正门踏进紫禁城，受到了皇帝的接见。同时，也是第一次受到慈禧的接见，“仪式很正式，很体面，也显得很恭敬”。慈禧坐在御座上，光绪帝坐在她的下首。英国公使萨道义爵士注意到，慈禧“看来正处在强烈情绪的影响之下，但她控制住了，并开始说话……她喋喋不休地说她非常遗憾……精神极度紧张地说……祝愿各国公使们幸福、健康，然后就亲切地点点头，把我们打发走了”。而海关总税务司赫德爵士却赞美说：“会见结束得如此完美，以至于那些吹毛求疵的家伙也认为这一切实在太好了，好得叫人怀疑那是不是伪善。”

公使夫人们的觐见完全是另外一番景象。十二月二十三日，她们被带到慈禧面前，慈禧认出了康格夫人，因为这群人中，慈禧先前只见过她。康格夫人作为代表致辞说：

尊敬的陛下：外交使团的女士们非常荣幸能够受到您的邀请，我们衷心地祝贺您和皇室其他成员。不幸的局势曾使您抛弃美丽的京城，但现在一切都已圆满解决，您现在又回到这自由而和平的京城了。您能安全回到北京，回到这未遭破坏的宫殿，这将载入目前尚无人了解的未来史册之中。

过去两年中发生的事情对您和世界其他人民一样都是痛苦的，但是这种悲惨经历带来的刻骨疼痛是可以消除的。我们真诚地希望，通过在中国和世界其他国家之间建立一种更完善、更开明、更互信、更友好的关系，这种疼痛能够得以消除。这个世界正在前进。进步的潮流无法阻挡，希望中国在这场伟大的前进中加入到由各国组成的伟大的友好联盟中来。祝愿所有的国家都联合起来，显示出克制、尊重和善意，为了所有民族共同的利益继续前进。

觐见之后，举行了一个非正式的招待会，太后双手握住康格夫人的手，百感交集，“当她能够控制住自己的声音时，她说：‘我非常抱歉，为发生了这些不该发生的事情感到痛心。这是一个沉痛的教训。大清国从今以后会成为外国人的朋友。同样的事将来不会再发生。大清国会保护外国人，我希望将来我们能够成为朋友’”。

对于慈禧与康格夫人握手谈话的场景，一个流传非常广泛的说法是，慈禧“进屋，一把抓住康格夫人的手，好几分钟没有放开。她浑身颤抖，抽泣哽咽地说进攻使馆区是个极大的错误”。这是英国《泰晤士报》记者莫理循的新闻报道，康格夫人指责这个眼泪汪汪的场面是莫理循杜撰的，为的是嘲弄慈禧和她本人。在这次接见中，康格夫人看来，慈禧“看起来体贴而严肃，念念不忘客人们的安逸和愉快。她的眼睛明亮、犀利，充满警惕，因此任何事也逃不过她的观察。她的容貌看不出残酷或严厉的痕迹；她的声音低沉、柔和，充满磁性”。与第一次见面印象差不多。

正月二十日，慈禧第二次接见公使夫人，这次气氛随意很多。鉴于上次送给夫人们礼物引起使馆和外国媒体的不良反应，这次慈禧悄悄地将一个男孩玉雕塞给了康格夫人，并暗示她不要作声。慈禧还告诉康格夫人，她正在学英语。据说当时光绪帝每天学英语一小时，进步很快，不久便能诵读短篇故事，英文书法也很漂亮，于是慈禧以为英文很容易学，可学了两小时，便知难而退了。此后，公使夫人被定期邀请到颐和园喝茶、野餐。随着交往的深入，公使夫人们与慈禧的交谈范围越来越广泛，也越来越随意。如康格夫人曾与慈禧谈起她参观一所学堂的感受，并不经意地对慈禧说："这么聪明的孩子将会成为他们伟大国家的一股力量。正如外国人都支持你一样，如果清朝最有才华的少年既能接受国外教育，又能接受国内教育，这样不就使他们能理解和接受新兴的思想观念吗？"慈禧很是赞同："是应该送他们到国外去。"

慈禧与康格夫人在交往中，似乎结成了不错的友谊。1905年4月1日，康格离任，夫妇二人觐见了光绪帝与慈禧。慈禧授予康格勋章，还把一幅亲手作的画赐给他。康格夫人说，她向太后正式行过皇家礼仪后，"我和太后以两个普通女人的身份坐在一起谈起心来"。康格夫人向慈禧讲起她刚刚在中国大地旅行的观感，自然也回忆起"我们一起参加过的接见和拜访，以及我们在这些会面中成长起来的友谊"。慈禧赐给康格夫人女官的名号，这是中国人第一次授予外国女士女官；并送给她慈禧一直随身佩戴的鸡血石玉佩，保佑她远渡重洋平安到达祖国。

康格夫人向慈禧介绍美国油画家凯瑟琳·卡尔给她画像，准备拿到美国圣路易斯博览会展出，以抵消莫理循之流对慈禧的"诋毁"在西方所造成的恶劣影响。慈禧经外务部总理大臣奕劻向康格夫人传达懿旨说，定于光绪二十九年六月十五日，由康带卡尔女士赴颐和园觐见。从这天起，卡尔女士在宫廷为慈禧画像，到翌年四月十九日下午四点，按照钦天监择定的吉日，画好了预定的四幅大画像。其中一幅被隆重地“推荐”给博览会，博览会结束后赠送给美国政府，还专门在白宫举行了盛大的赠送仪式。卡尔在宫中受到了慈禧的热情招待，慈禧经常送给她礼物，每逢佳节大典，她享受后宫妃嫔与外宾两份礼物，并致送一万二千两银子作为画像报酬。卡尔回国后，常常在报纸看到对慈禧的不恭言论，并将之与她联系，诸如慈禧拒绝付报酬等。卡尔不得已，写了《慈禧写照记》，回忆了她在清宫中的境况，在赞美慈禧貌美的同时，更盛赞她的“圣德”，说她是“清代的大人物，也是世界上不可多得的女君主，是个有才能、有历练、有学问的女子。赋性慈善，爱国爱民；对国事极为热心，关心民生和国势强弱”。这些西方妇女对慈禧的观感和赞语，不仅使当时人瞠目结舌，而且也使今天的中国人多有疑问。称她为“赋性慈善”，显然与性格乖戾、喜怒无常的另一种品性不合；说她“爱国爱民”，也与她只爱大清皇朝万世一系的作为不同。慈禧的这些表现，只能说是在列强允许她继续执政的特定历史条件下、在一种感恩心理支配下的作态，或者说是一种外交需要的表演。

出于女性对时尚追求的共同心理，慈禧对新鲜事物似乎有一种天生的好奇心。据说她对德龄姐妹的巴黎女装与高跟鞋很是欣赏，还专门邀请惊险的俄罗斯马戏团到宫里表演，卧室里有一个巨大的留声机和不少的外国舞曲唱片，豢养了一条西洋哈巴狗，对“野蛮”的拳击也很有兴趣。当然，对照相的痴迷可能最能体现她的“好奇心”。慈禧在卡尔女士画像时，不耐烦久坐，德龄就向她介绍照相，不想慈禧对照相几乎入迷。对于慈禧对照相的“痴迷”，德龄后来有比较详细的记述。她先拿自己在法国巴黎的照片给慈禧看，慈禧一见极为欣赏：“这些相照得很好，比画的像好些。我若先前已照过相，就可以免这回画像的事了。但我既然已答应她，我也不反悔。所难的，我不能叫一个照相的到宫里来照。”德龄母亲说德龄的哥哥勋龄会照相，太后要照相，勋龄可以效劳。慈禧听后，非常诧异：“你先前何以总不说起？”德龄母亲说不晓得太后对照相感兴趣，而且不敢说。慈禧笑道：“随便什么话都可以说，凡是我没有看过、做过的事，我都要试试。”

勋龄被召入宫，为慈禧照相。对拍照的过程，慈禧很是着迷，德龄回忆说：

> 次日，天气极佳。八点钟时，余兄在院中安好照相盒数具，太后观之曰：“好奇怪，用这个东西，就可以照人的像？”余解说照相之理。太后命一太监站在前面，太后从镜中观之，曰：“怎么你的头在下面，你是脚站在地上，还是

头站在地上？”余又解说光线交互反正之理，说照好后就不倒了。太后甚喜，说这真好。又谓余曰：“你站在那里，等我看看。”看后又曰：“你去镜子里看我，看能不能说出我的样子。”太后摇手，余说出。太后甚悦，即入轿，叫轿夫抬走，过相盒时，余兄拍一照。太后回头，向余兄曰：“你照了吗？”余兄答照了。太后曰：“你为什么不先告诉我？我的样子太板了，下回照时先知会我，我要照和气的样子。”

照完相后，慈禧对照片的冲洗过程也很感兴趣，德龄记载说：

照毕，命余兄即刻去洗。又曰：“你等一会，我跟你同去，看你怎样做。”余言须在黑房中洗。太后曰：“不要紧，不管是怎样的房子，我要去看看。”遂同进黑房。余等搬一椅，请太后坐。太后谓余兄曰：“你一心做你的事，只当我不在这里一样。”太后见渐渐现影，甚喜。余兄以玻璃片就红灯前请太后看，太后曰：“不大清楚，我认得是我自己的像，但我的脸跟手怎么都是黑的？”余曰：“晒在纸上，黑的变白了，白的就变黑了。”太后曰：“俗话说老来学，真不错，这件事我简直不晓得。”……余兄以相片置太阳中晒之。两点钟后，均已晒出，极清楚。太后甚喜，先拿一张看，又依次看其余，皆看毕，又看头一张，变为黑色。太后不明其故，问曰："怎么变黑了，是坏运气吗？"余曰："晒好后，要用药水洗，不然，受阳光太过，就变黑了。"太后曰："真有趣，要费这些手脚。"余兄乃先用化学水洗，又用清水洗，太后见比先前更清楚，讶曰："好怪，一切都跟真的一样。"及料理均毕，太后拿进房中，坐在小椅上细看，良久，又以镜子自照，用相片比观。

从此以后，慈禧非常喜欢照相。她变换各式各样的服装，甚至穿上戏服装扮成观音留影。她坚持让李莲英也乔装打扮，进入她的戏剧场景。疲惫不堪的总管看上去局促不安，对着镜头怒目而视。慈禧告诉德龄，她碰到生气烦心的事情，就装扮成观音，这样就可以让自己平静下来，好像自己就是观音，而且可以经常看这个样子的照片，记得自己是什么样的人。勋龄的业余照相技术满足不了慈禧对照相的要求，她需要专家。1904 年，她召日本著名摄影师山本进宫，为她摄影，并将照片分赠各国公使夫人，致使照片流入民间，被大量翻拍、出售。《大公报》曾刊载批销慈禧照片的广告：

此照片非克姑娘所画之油画，乃新近照出专赠各国公使夫人者：太后中坐，皇后左立，瑾妃右立，后面三人乃裕庚之夫人及二女公子也，上有太后玺印三个，始知以前所见，皆是赝本也。每大张一元……凡购十元者，八折；三十元者，七折；五十元者，六折。

当慈禧在宫内展现她这些爱好与外交手腕，表现出闲情逸致的同时，她的帝国却危机四伏，革命党的“造反”；日本和俄国则在中国大地上开动隆隆战车，大打出手。

65 派五大臣出洋

在中国大地进行的日俄战争，以行宪政的蕞尔小国日本，战胜了专制的老大帝国俄国而结束，这深深刺激了正处于“改革”期的中华帝国。人们普遍认识到，日俄之战实质上是立宪与专制之战，日本的胜利就是立宪对专制的胜利：“甲辰日俄之战……非俄日之战也，乃立宪、专制二治术之战也。自海陆交绥以来，日无不胜，俄无不败，至于今，不独俄民群起而为立宪之争，即吾国士夫，亦知其事之不容已，是以立宪之请，主者日多。”在日俄战争爆发前后，一些有识见的封疆大吏、驻外使节陆续向慈禧进言预备立宪，而民间以绅商为主的立宪派也掀起立宪运动，日俄战争的结果，加速了立宪运动的发展。

当时，以孙中山为首的革命力量也日益壮大。

1905年8月20日，各种革命力量联合在东京成立同盟会，旗帜鲜明地提出“驱逐鞑虏、恢复中华、创立民国、平均地权”的宗旨。革命力量的发展也直接威胁到以慈禧为首的清王朝的存亡。光绪三十一年五月三十日（1905年7月2日），直隶总督袁世凯、湖广总督张之洞、署理两江总督周馥联衔上奏，请定十二年后实行宪政，并奏请派遣亲贵大臣分赴各国考察政治。面对朝野立宪的呼声及革命力量的暴涨，慈禧连续召开御前会议，讨论立宪问题。但诸位大臣对欧美各国政治制度缺乏基本的了解和体验，开会讨论自然是不甚了了，最后决定，仿效日本行宪派遣大臣赴欧美各国考察宪政的成例，派遣亲贵大臣赴各国考察政治制度，比较优劣得失，再决议取舍。在御前会议上，慈禧曾说：“立宪一事，可使我满洲朝基永久确固，而在外革命党亦可因此涡灭，候调查结果后，若果无妨碍，则必决意实行。”六月十四日，朝廷发布上谕，派遣镇国公载泽、户部侍郎戴鸿慈、兵部侍郎徐世昌和湖南巡抚端方等出洋考察宪政：

> 方今时局艰难，百端待理，朝廷屡下明诏，力图变法，锐意振兴，数年以来，规模虽具而实效未彰，总因承办人员向无讲求，未能洞达原委，似此因循敷衍，何由起衰弱而救颠危。兹特简派载泽、戴鸿慈、徐世昌、端方等，随带人员，分赴东西洋各国考求一切政治，以期择善而从。

两宫担心载泽年少，七月十四日又加派商部右丞绍英为出使大臣。开始计划由载泽、戴鸿慈和绍英一路，赴日、美、俄、意、奥，重点考察宪政；徐世昌和端方为一路，往英、德、法、比，多带懂西文的随员，意在面上的考察。随后略作调整，改为载泽、徐世昌和绍英一路，戴鸿慈和端方为一路。

派遣大臣出洋考察谕旨颁布后，激起强烈的社会反响。一些报刊陆续发表社论、评论、专论，对此次派员考察与过去出国访问进行了比较，对大臣出洋考察给予厚望。舆论评价载泽“宗室贵胄，留心时事，素号开通”；戴鸿慈“颇讲新政”，“深知立宪可以救国”；端方“奋发有为，于内政外交尤有心得”。国外舆论界也予以褒扬，说此次出洋极有可能将西方的宪法、政治制度和经济体系结合中国的情况移植到中国。被简派的几位大臣，也对出洋考察充满信心，上奏说“臣等分赴各国考察一切，以为先路之道，俾海内人民咸晓然于我皇太后、皇上宵旰焦劳，将实行其因革损益之方，以收富国强兵之效，大局幸甚，天下幸甚”。而革命党人却不这样看，他们认为朝廷立宪是“假文明之名，行野蛮之实”。信奉“暗杀主义”的革命党人吴樾，决定实践自己的暗杀主张，挫败慈禧的“反革命”行径。

吴樾（1878—1905），安徽桐城人，早期受到《清议报》等书刊影响，崇拜康有为、梁启超。后阅读《警世钟》《黄帝魂》等革命书刊，幡然醒悟，厌弃康梁而崇尚革命，斥康梁为“半醒半睡之满洲走狗”。他积极参加革命活动，热衷于个人暗杀，写有《暗杀时代》一书。八月二十六日，北京正阳门火车站车水马龙，锣鼓喧天，五大臣在这里启程赴洋。慈禧为了表明其求强图治的决心，不仅邀请了各国驻华使节，也邀集了商界、学界、政界人士和各衙门大员，前来为五大臣送行。吴樾怀揣炸弹，乔装打扮成皂隶，步入站台，登上了五大臣专车第四节车厢。专车一共五节车厢，前两节供随员乘坐，第三节是五大臣的花车，第四节仆役所乘，最后一节装行李。吴樾进入花车车厢时被卫兵阻拦，正纠缠间，又上来几个兵卒。吴樾见此冲进花车，欲借火车开动之际引爆炸弹与五大臣同归于尽。突然机车与车厢挂钩，车身震动，触发炸弹，吴樾当场死难，载泽额角受轻伤，绍英耳后发际及臂上受伤略重。

五大臣被炸后，受君宪论影响的一些报刊纷纷谴责这种暗杀恐怖活动，认为五大臣出洋考察是为立宪作预备，关系到中国的前途，希望政府不畏艰难，奋勇前行。不少官员也纷纷致电政府，强调更宜考求各国政治，实行变法立宪，“不可为之阻止”。慈禧也大为震怒，颁布上谕说“光天化日之下，竟有匪徒如此横行，实属目无法纪”，要求严查严惩。第二天，召见戴鸿慈、徐世昌、端方，垂泪说“我要办些事，又出此枝节”。当然，吴樾的炸弹更使她明白她帝国的情势，知道加速立宪行宪可能是泯灭革命的最佳途径之一。因此，慈禧召见军机大臣，面谕考察政治是当务之急，务必饬令各考察大臣速即前往，不可任意延误。徐世昌因被任命为新成立的巡警部尚书，绍英伤重未愈，均不能出洋考察，便改派山东布政使尚其亨、新任驻比利时大臣李盛铎替代为考察大臣。十月二十二日，谕令政务处先筹定宪法大纲。二十九日，慈禧又设立了考察政治馆，作为领导立宪改革的中央机构，专事研究各国宪政，向朝廷提供宪政改革咨询；同日，端方、戴鸿慈、袁世凯、赵尔巽联衔奏请五年后实行立宪。

重新集结的出洋大臣，吸取前次教训，不再招摇，暗中部署，分两路分期启程。十一月十一日，戴鸿慈、端方率领第一路成员从正阳门车站起身，取道天津，于十一月二十日抵达上海。二十三日，乘坐美国太平洋邮船公司“西伯利亚”号向美国进发。命途多舛的宪政考察团终于成行。由载泽、尚其亨、李盛铎率领的第二路成员，于十二月二十日乘法国轮船公司轮船从上海吴淞口出发，二十二日抵达日本神户。戴鸿慈、端方一行，抵美考察后，取道英、法抵德国，继之考察奥、俄、意，并经丹麦、瑞典、挪威、荷兰、瑞士，其间，在布鲁塞尔与载泽等会晤，商定回国后应行各事。六月一日回到上海，张謇、汤寿潜、赵凤昌等先后四次与之讨论立宪问题。载泽、尚其亨、李盛泽一行在日本考察后，经美国赴英国，再赴法国，最后到比利时，光绪三十二年闰四月十五日考察完毕，李盛泽留赴比利时出使大臣任，载泽、尚其亨五月二十一日回到上海。

考察大臣出访为时半年左右，行迹遍布亚洲、美洲、欧洲14个国家，一路见闻，戴鸿慈有《出使九国日记》于1906年秋发表；载泽有《考察政治日记》于1908年夏面世。他们参观了议院、行政机关、学校、警察局、监狱、工厂、农场、银行、商会、邮局，乃至博物馆、戏院、浴池、教会、动植物园等，请政治家、学者讲解宪政原理，调查各项制度，搜集翻译各类图书和参考资料。回国后，载泽等派人编辑书籍67种，并将其中30种分别撰写提要，进呈慈禧和光绪帝阅览，另将四百余种外文书籍送交了考察政治馆。戴鸿慈、端方也带回许多资料。这些书籍和资料使慈禧对世界大势有所了解，宪政知识有所增长。据有关记载，考察大臣将编辑考察政治的书籍和起草条陈奏折的任务交给了熊希龄，而熊希龄则请在日本的杨度帮助撰写，杨度又请逃亡在日的梁启超操刀。事实究竟如何，仍须深入查考。

考察大臣回国后，慈禧对他们表现出空前的热情，时常召见他们，询问相关宪政事宜。她召见载泽两次，端方三次，戴鸿慈、尚其亨各一次："垂问周详。皆痛陈中国不立宪之害，及立宪后之利，两宫动容"。载泽曾上奏说"宪法之行，利于国，利于民，而最不利于官"，指出满人反对立宪者是因为触及其特权利益，而不是为了忠于国家社稷，认为只有破除满汉界限，立即行宪才能为朝廷长远发展奠定基础。戴鸿慈、端方指出，西方国家的富强在于其政体的优越性，中国的贫弱是因“仍用专制政体之故”，因此中国要生存、要发展，舍采用立宪政体之外，“盖无他术矣”。但是，真正促使慈禧下定决心行宪的是七月四日载泽上奏的一道密折。在其中，载泽如是说：

以今日之时势言之，立宪之利有重要者三端：一曰皇位永固。立宪之国，君主神圣不可侵犯，故于行政不负责任，由大臣代负之。即偶有行政失宜，或议会与之反对，或经议院弹劾，不过政府各大臣辞职，另立一新政府而已。故相位旦夕可迁，君位万世不改，大利一。一曰外患渐轻。今日外人之侮我，虽由我国势之弱，亦由我政体之殊，故谓为专制，谓为半开化，而不以同等之国相待。一旦改行宪政，则鄙我者转而敬我，将变其侵略之政策为和平之邦交，大利二。一曰内乱可弭。海滨洋界，会党纵横，甚者倡为革命之说，顾其所以煽惑人心者，则曰政体专务压制，官皆民贼，吏尽贪人，民为鱼肉，无以聊生，故从之者众。今改行宪政，则世界所称公平之正理，文明之极轨，彼虽欲造言，而无词可藉；欲倡乱，而人不肯从，无事缉捕搜拿，自然冰消瓦解，大利三。

载泽这一言说，许多地方是经不起推敲的，如行宪之国君主与政府的关系，如果慈禧清楚君主没有多少权力的实质，她可能是不愿行宪的。再如行宪后，外人变侵略为和平邦交，简直有些“痴人说梦”。慈禧对立宪并无太深的成见，她最关心的只有四件事，一是“君权不可侵损”，二是“服制不可更改”，三是“辫发不准薙”，四是“典礼不可废”。现在听她倚重的、她哥哥的女婿说得如是动听，特别是皇位永固、外患渐轻、内乱可弭三点，正中她预备立宪的下怀，其中“皇位万世不得改变”更是她苦心孤诣、孜孜以求的目标。于是，慈禧决定预备行宪。

66

宣布预备立宪

七月初七日，慈禧命醇亲王载沣，军机大臣奕劻、瞿鸿机、荣庆、鹿传霖、铁良、徐世昌，政务处大臣张百熙，大学士孙家鼎、王文韶、世续、那桐，及北洋大臣袁世凯共同阅看考察大臣条陈。翌日，召集载沣等亲王及军机大臣、政务处大臣、大学士等召开御前会议，讨论立宪事宜，最终确定预备行宪。七月十三日，慈禧发布懿旨，宣布预备立宪：

现在各国交通，政治法度，皆有彼此相因之势，而我国政令积久相仍，日处阽险，忧患迫切，非广求智识，更订法制，上无以承祖宗缔造之心，下无以慰臣庶治平之望，是以前派大臣分赴各国考察政治。现载泽等回国陈奏，皆以国势不振，实由于上下相睽，内外隔阂，官不知所以保民，民不知所以卫国。而各国之所以富强者，实由于实行宪法，取决公论，君民一体，呼吸相通，博采众长，明定权限，以及筹备财用，经画政务，无不公之于黎庶。又兼各国相师，变通尽利，政通民和有由来矣。

时处今日，惟有及时详晰甄核，仿行宪政，大权统于朝廷，庶政公诸舆论，以立国家万年有道之基。但目前规制未备，民智未开，若操切从事，涂饰空文，何以对国民而昭大信。故廓清积弊，明定责成，必从官制入手，亟应先将官制分别议定，次第更张，并将各项法律详慎厘订，而又广兴教育，清理财务，整饬武备，普设巡警，使绅民明悉国政，以预备立宪之基础。着内外臣工，切实振兴，力求成效，俟数年后规模初具，查看情形，参用各国成法，妥议立宪实行期限，再行宣布天下，视进步之迟速，定期限之远近。著各省将军、督抚晓谕士庶人等发愤为学，各明忠君爱国之义，合群进化之理，勿以私见害公益，勿以小忿败大谋，尊崇秩序，保守平和，以豫储立宪国民之资格，有厚望焉。

慈禧承认专制政体已经不适应时代的发展，但马上行宪又有“规制未备，民智未开”等不利情势，因此只得“预备立宪”。预备立宪原则是“大权统于朝廷，庶政公诸舆论”；预备立宪的目的是“以立国家万年有道之基”；预备立宪的步骤，先从改革官制入手，次第更张，逐步实现司法、立法与行政分离，并以教育普及作为宪政的基础。预备立宪诏书发布后，立宪派“奔走相庆，破涕为笑”，莫不“额手相庆曰：立宪矣，立宪矣，转弱为强，萌芽于此”。全国的许多地方召开了庆祝会，张灯结彩，敲锣打鼓，热烈庆贺。人们以十月十日慈禧寿诞这一天，作为立宪纪念日，北京各学堂万余人还齐集京师大学堂，举行了庆贺典礼。天津，江苏的南京、无锡、常州、扬州、镇江、松江等地都举行了立宪庆贺会。

慈禧领导的预备立宪首先进行的是行政改革，包括司法改革、教育改革，核心是官制改革。在颁布预备立宪上谕次日，发布了官制改革谕旨，派载泽、世续、那桐、荣庆、载振、铁良、戴鸿慈、徐世昌、袁世凯等 14 人厘定官制，奕劻等 3 人总司核定。七月十八日，设立官制编制管，下设起草、评议、考定、审定 4 课。到九月二十日，经慈禧裁定，改革后的中央各衙门官制正式公布，原来准备采用的责任内阁制被慈禧否定，保留内阁、军机处：“军机处为行政总汇，雍正年间，本由内阁分设，取其近接内廷，每日入值承旨，办事较为密速，相承至今，尚无流弊，自毋庸编改。内阁、军机处一切规制，着照旧行。”外务部、吏部、学部照旧；巡警部改为民政部；户部改称度支部，将财政处、税务处并入；太常、光禄、鸿胪三寺并入礼部；兵部改为陆军部，将练兵处和大仆寺并入，应行设立的海军部及军咨府未设前均归陆军部办理；刑部改称法部，专责司法；大理寺更名为大理院，专章审判；工部与商部合并，改名为农工商部；理藩院改称理藩部，并将部分外交事务权划归外务部；另增设邮传部，专门负责铁路、轮船、电线、邮政等事务。各部设尚书一人，侍郎二人，不分满汉。都察院改为都御史一员，副都御史两员。新设资政院为博采群言，审计院为核查经费。其余宗人府、内阁翰林院、钦天监、銮仪卫、内务府、太医院、各旗营侍卫处、步军统领衙门、顺天府、仓场衙门等，"均毋庸更改"。

中央官制改革后，又进行了地方官制改革。光绪三十三年五月二十七日，慈禧颁布谕旨，同意奕劻等议定的京外直省官制。将各省按察使改为提法使，增设巡警劝业道，裁撤分巡分守各道，酌留兵备道，分设审判厅等。这项改革先在东三省实行，直隶、江苏两省试办。这样，将东三省易为行省，取消满洲的特殊地位，改盛京将军为东三省总督，吉林、黑龙江分设巡抚。另外，改革官吏任用制度，任用官吏一律量能授职，择才而用，不分满汉，并仿效西方的书记官制度。书记官和书记生必须是专门学校毕业生或积有劳资、富有才干和行政经验的生员。

无论是中央官制还是地方官制改革，依据"三权分立"思想，调整立法、行政、司法三权。立法权在议院设立之前，由资政院代行；行政权属内阁与各部大臣，各部大臣“分之为各部，合之为政府”；司法权属大理院，不受行政方面的节制。大理院内附设总检察厅，监督各级检察厅及调度司法警官吏。地方也仿照中央，实行“三权分立”，以省议会为立法机关，以总督、巡抚为地方行政机关，以高等审判厅为地方最高审判机关。在省议会设立之前，先设立咨议局，作为省议会的基础。各府、州、县的机关也按“三权分立”的原则设立。

在改革官制的同时，慈禧又改考察政治馆为宪政编查馆。光绪三十三年八月二日，慈禧派遣外务部侍郎汪大燮、邮传部侍郎于式枚、学部侍郎达寿充考察宪政大臣，分别赴英、德、日考察宪政。十三日，光绪帝钦奉懿旨发布上谕，设立资政院，作为中央议会的基础：“立宪政体，取决公论，上下议院实为行政之本。中国上下议院，一时未能成立，亟宜设资政院，以立议院基础。”九月十三日，又命各省督抚在省会设立咨议局作为地方议会的基础，由各属合格绅民公举贤能，作为该局议员；并命筹备各府、州、县议事会。光绪三十四年六月二十四日（1908 年 7 月 22 日），朝廷批准颁布了宪政编查馆同资政院拟定的《各省咨议局章程》及《咨议局议员选举章程》，并要求各省督抚奉章后一年内一律办齐。

尽管清政府的预备立宪是一张自己也不知道何时能兑现的支票，但总算是向政治体制改革的方向迈出了一小步。慈禧预备立宪诏书颁布后，君宪派深为感奋，各地立宪团体纷纷设立，积极参与立宪活动。国外康有为将保皇会改为国民宪政会，表示不再与慈禧对立，准备回国和朝廷合作推进宪政；梁启超等在日本设立政闻社，主张立宪政体、君主国体，要求实行国会制度，建立责任政府等。国内绅商更是纷纷设立立宪团体，江浙有张謇、汤寿潜等组织的预备立宪公会，以郑孝胥为会长；湖北有汤化龙等组织的宪政筹备会；湖南有谭延闿设立的宪政公会；广东有丘逢甲成立的广东自治公会。

革命派则斥之为骗局。孙中山早在清末新政时就指出，自庚子后，“人人以为满洲政府得此时机，或遂更张国政。然徒见夫朝旨旁午，屡言变革，而不知仅为玩弄之具文，聊以欺元元之视听耳”。自 1907 年起，革命派在南方屡次发动反清武装起义，力图用武力推翻清王朝。

立宪派见立宪遥遥无期，开始由欢迎到失望。便纷纷向朝廷要求速开国会，真正行宪。早在光绪三十三年秋，湖南一位绅士就上书请开国会，随后一发而不可收，朝野官绅纷纷谈论国会问题，立宪派主张速开国会，期限为两三年；另一些人主张缓开。光绪三十四年六月二日，预备立宪公会郑孝胥、张謇、汤寿潜等致电宪政编查馆，请求以两年为限，速开国会。五日，政闻社致电宪政编查馆，请限期三年召集国会。与此同时，预备立宪公会同各省立宪组织及河南、安徽、直隶、山东、四川、贵州等省的立宪派联络，选派代表齐集北京，请愿速开国会。六七月间，各省国会陆续抵达北京。七月六日，直隶及京师代表向都察院呈递国会请愿书；十二日，八旗、吉林、山东代表分别呈递国会请愿书；十五日，预备立宪公会联合各省代表，联名上书宪政编查馆，请速开国会。

面对立宪派来势汹汹的请愿活动，慈禧以“大棒加胡萝卜”处之。一方面，杀鸡给猴看，说梁启超的政闻社托名研究时务，实际是图谋不轨，下令查禁，并捉拿康梁党徒。另一方面，适逢宪政编查馆编呈《宪法大纲》《议院法要领》《选举法要领》及《逐年筹备事宜清单》，慈禧答应了立宪派开国会的要求，于八月初一日（1908年8月27日）颁布了《宪法大纲》，并宣布预备立宪以九年为期，九年以后正式召开国会，推行宪政。逐年筹办事宜主要项目为：第一年筹办咨议局；第二年举行咨议局选举，颁布资政院章程，筹办城乡自治；第三年召集资政院议员举行开院，筹办厅、州、县地方自治；……第九年（光绪四十二年）宣布宪法，举行上下议院选举。《宪法大纲》是模仿日本宪法起草的，共23条，其中“君上大权”14条，分别为：

1. 皇帝统治大清帝国，万世一系，永永尊戴。

2. 君上神圣尊严，不可侵犯。

3. 钦定颁布法律及发交议案之权，凡法律虽经议院议决，而未奉诏命批准颁布者，不能见诸施行。

4. 召集、开闭、停展及解散议院之权。……

5. 设官制禄及黜陟百司之权。用人之权，操之君上，而大臣辅弼之，议院不得干预。

6. 统率海陆军及编定军制之权……凡一切军事，皆非议院所得干预。

7. 宣战、讲和、订立条约及派遣使臣与认受使臣之权，国交之事，由君上亲裁，不付议院议决。

8. 宣布戒严之权。……

9. 爵赏及恩赦之权。……

10. 总揽司法权。……

11. 发命令及使发命令之权。……

12. 议院闭会时，遇有紧急之事，得发代法律之诏令，并得以诏令筹措必需之财用，惟至次年会期，须交议院协议。

13. 皇室经费由君上制定常额，自国库提支，议院不得置议。

14. 皇室大典，应由君上督率皇族及特派大臣议定，议院不得干预。

另附臣民的权利和义务9条，臣民有在法律范围以内的言论、出版、集会、结社的自由，有当兵、纳税、服从王朝统治的义务。

无论慈禧承诺的开国会年限，还是颁布的《宪法大纲》都不能使立宪派满意，更大的国会请愿运动正在酝酿中。而革命派的武装起义此起彼伏，规模虽不大，影响则深远。清王朝处在四面楚歌之中，日子极不好过。正在这多事之秋，光绪帝与慈禧先后“宾天”。

光绪帝之死

光绪三十四年十月二十一日（1908 年 11月 14 日）下午酉刻，光绪帝在被囚禁的中南海瀛台死去。

光绪帝临终时，据说不仅没有大臣在旁伺候，而且连一个亲人都没有，无人为他送终，可谓贵为皇帝还不如一个平头百姓。其实，就是他去世的日子也有人怀疑，担任日讲起居注官的恽毓鼎，在《崇陵传信录》中就说："十九日……诸阉侍出东华门净发，昌言驾崩焉。次日寂无闻，午后传宫中教养、醇王监国之谕。二十一日，皇后始省上于寝宫，不知何时气绝矣，哭而出……"按此记载，光绪帝在正式发布"驾崩"前两天已经"魂归西天"了。

光绪帝一死，关于他死因传说很多，莫衷一

是。流传最广的是被害说。有说是被袁世凯害死的，溥仪在《我的前半生》一书中说，一个名叫李长安的太监告诉他，光绪帝在死前一天还好好的，吃了袁世凯派人送来的一帖药后，即一命呜呼。有说是李莲英害死的。德龄公主在《瀛台泣血记》中说李莲英乘慈禧迷糊时，请求去看光绪帝。他说："近来奴婢听许多人说，万岁爷的身体很不好。奴婢愿意去瞧瞧他，或者可以使他的身体好起来。"就在李莲英说这话的第二天，光绪帝便好端端地生非常厉害的病，不到两三天功夫就进入弥留状态。因此，传说光绪帝临死前，曾召见他弟弟、摄政王载沣，要载沣为他报仇，把袁世凯和李莲英两人明正典刑。这两种传说都基于逻辑推理，于史无证：既然袁世凯的告密造成了光绪帝的被囚禁，既然李莲英平日里作威作福，对光绪帝很不好，那么，他们眼见慈禧年岁已高，且病入膏肓，将不久于人世，如果慈禧先死，光绪帝亲政，他们就不免会受到惩罚。因此就先下手为强，通过下毒将光绪帝送走。这种没有事实根据的推理，是站不住脚的。因为戊戌变法时，袁世凯是否告密到现在还是悬案。何况，若没有慈禧太后的默许，无论袁世凯还是李莲英，纵是胆大包天也不敢如此明目张胆地将皇帝毒死。因此，害死说最大的嫌疑是光绪帝的姨母慈禧。

将慈禧与光绪帝之死联系起来，最为重要的根据是，慈禧在光绪帝死后二十小时，也命赴黄泉，这简直是太巧合了。于是有传说慈禧也与袁世凯、李莲英一样，害怕自己死在光绪帝之前，光绪帝掌权后会不利于自己，便下手害死了光绪帝。恽毓鼎曾记载说，有人告诉慈禧，说光绪帝听说太后得病后，面有喜色。慈禧怒曰："我不能先尔死!"这一记载，便成了后人指认毒死光绪帝的依据。据慈禧亲信的侍从事后回忆，慈禧听说光绪帝死后，"不但不悲愁，而反有安心之状"，这种幸灾乐祸的举动，也被认为是慈禧毒死光绪帝的又一佐证。其实，据宫中传闻，自光绪三十四年秋光绪帝生病以来，慈禧待光绪帝的态度较前已有不同。如从前光绪帝给慈禧请安，有时要跪上两个小时，现在光绪帝有病，她就吩咐太监，皇帝请安不可让他在外久候。又如上朝时，慈禧后来，光绪帝要跪下迎接，现在也免了。更有一次，新党分子王照投案自首，"此人乃太后以前所欲杀之者"。慈禧问光绪帝如何处理，光绪帝想了很久，请求赦免他。慈禧说："我本意想饶他性命，但想听你的意思何如。我深晓得，你极恨康有为等人，所以我怕你定要办王照的死罪。"慈禧生日，光绪帝说他自觉体气虚弱，恐怕不能亲到磕头庆贺。慈禧听后，"深为悯然"，对光绪帝说："你保养身体要紧，我望你病好，比叩头重大得多。"当时，达赖喇嘛要来京陛见，李莲英告诉慈禧，民间传说活佛与皇帝同居一城，必有一人不利。慈禧说皇帝的病，"已知必不能愈，活佛来京与否，无所关涉"。这样看来，慈禧要害死光绪帝，似乎不太可能。溥仪也说慈禧害死光绪帝虽有可能，但他更相信：慈禧在宣布溥仪为嗣皇帝那天（即光绪帝死那天），还不相信自己会因病而死。依据在于光绪帝死后两小时，慈禧发布懿旨任命载沣为摄政王时还说过："所有军国政事，悉秉承予之训示，裁度施行。"也就是说，摄政王必须一切听命于她，大权还是掌握在老佛爷手中，这就证明慈禧根本不可能想到她会很快就死而抢先下手毒死光绪帝。此外，据第一历史档案馆保存的慈禧死前医药档案，慈禧得的是慢性病，病情是逐步加重的，在光绪帝病危之际，并未有出现凶险症状，不可能担心因死于光绪帝前而先下毒手。

光绪帝被害还有一种说法。曾经在清宫担任御医的曲贵庭，在民国期刊《逸经》第 29 期上发表文章说，光绪帝临死前三天，他最后一次进宫为光绪帝看病，发现光绪帝本已逐渐好转的病情突然恶化，在床上乱滚，大叫肚子疼。他虽不能断定是谁害死了光绪帝，但却可以肯定光绪帝是被人暗中害死的。曲贵庭之说，其实只表明他有疑问，并没有多少过硬的证据。

这样看来，上述光绪帝被害说，虽然有逻辑上的道理，但没有史实上的证据。随着目前学术界对档案及报刊资料的研究，光绪帝自然死亡说，似乎成为主流。自然死亡也有两种说法，一种说是饿死，一种说是病死。饿死一说来自清宫太监回忆录《清宫琐谈》。据说，光绪帝本无大病，医生药方也以调和为主。当时，在瀛台服侍光绪帝的 6 人中 2 人已饿死。光绪帝临死前，在床上召唤周姓医生，两眼大睁，用手指口，周知光绪帝饥饿，但实在是没有吃的，他本人也三天未进食了。后来，光绪帝便渐无声息了。不久，醇亲王入见，周报告说皇上已去世，醇亲王用镜子试皇上气息，确信其已死亡，于是匆匆而去。不一会儿，宣告光绪帝驾崩。这一说法，不可信，哪有皇帝没有饭吃的事？

自然病死说，主要是依据当年医生为光绪帝看病的病历、光绪帝本人对病情的口述等。光绪帝从小被慈禧养在宫中，其他人不能接近，只有慈禧可以亲近。但慈禧事情太多，对光绪帝的生活照顾不是很周到。有太监回忆说，光绪帝每日三餐，饭食有数十种，摆满桌案，可离光绪帝稍远的，接连数日不换，大都腐臭；靠近光绪帝的虽未腐臭，但经多次加热，也不可口。光绪帝要加菜，御膳房必先告知慈禧，慈禧必然责备他铺张浪费，不懂节俭，只好从小挨饿。这样，光绪帝自幼身体孱弱。他 37 岁自述说，遗精已将近二十年，前几年每月遗精十几次，近几年每月二三次，经常是无梦不举就自行遗精。耳鸣也近十年，腰酸背痛，稍遇风寒必定头痛。光绪二十六年“脉案”记载，光绪帝病情不断恶化，从现代医学角度分析，患有严重的神经官能症、关节炎和骨结核以及血液系统疾病。光绪三十四年春天，光绪帝病情已十分严重，御医束手无策。慈禧下诏征江苏名医陈秉钧、曹元恒等进京为光绪帝看病。紧接着又向直隶、两江、湖广、山东、河南、山西等地征召名医，并向四川、云南、贵州等督抚要求速贡上品药材。三月初九日，曹元恒在医案中写道：皇上肝肾阴虚，脾阳不足，气血亏损，已经无药可救，只开些调理药。五月初十，陈秉钧在“脉案”中写有“调理多时，全无寸效”。光绪帝对自己病情日益加重也很着急，五月二十六日、七月十七日、八月初七日，连续斥责御医无能无用，敷衍了事：“每次看脉，忽忽顷刻之间，岂能将病详细推敲？不过敷衍了事而已。素号名医，何能如此草率！”

江苏名医杜钟骏七月进宫为光绪帝把脉后对人说：“我此次进京，满以为能够治好皇上的病，博得微名。今天看来，徒劳无益。不求有功，只求不出差错。”进入十月中旬，光绪帝病情继续恶化，出现危险症状。十月十七，周景涛、吕用宾、杜钟骏会诊，发现光绪帝出现肺炎及心肺衰竭的临床症状，杜钟骏对朝臣说：“此病不出四日，必有危险。”十九日，出现胸闷气短，咳嗽不断，大便不通，清气不升，浊气下降，全身乏力的症状。二十日，眼皮微睁，流着口水的嘴角轻轻颤抖。当天夜里，进入弥留状态，神志昏迷。二十一日中午，脉搏似有似无，眼睛直视，张嘴倒气。到傍晚，终于气绝身亡。从现代医学来看，光绪帝主要是肺结核、肝脏、心脏及风湿等长期慢性疾病，导致抵抗力下降，出现多种并发症，最后导致心肺功能的衰竭。

可见，光绪帝病状是一步步恶化的，应该属于正常病死。另外，当时《申报》对光绪帝的病情也很关注，连续报道三十多次，并多次刊出医生的“脉案”和药方。表明光绪帝从这一年夏天起，病情日渐加重，故各地名医一个又一个接踵入京，中医之外又有西医，虽多方诊治，却未见大效。也可看出光绪帝之死应属于正常性病死。从医疗档案及《申报》的报道，似乎可以看出被害说的破绽甚多。

无论如何，光绪帝是死了，因此慈禧也就代他发布了遗诏：

> 朕自冲龄践祚，寅绍丕基，荷蒙皇太后帱育仁慈，恩勤教诲，垂帘听政，宵旰忧劳。嗣奉懿旨命朕亲裁大政，钦承列圣家法，一以敬天法祖勤政爱民为本。三十四年中仰禀慈训，日理万机，勤求上理。念时势之艰难，折衷中外之治法，辑和民教，广设学堂，整顿军政，振兴工商，修订法律，预备立宪，期与薄海臣庶共享升平。各直省遇有水旱偏灾，凡疆臣请赈请蠲，无不恩施立沛。本年顺直、东三省、湖南、湖北、广东、福建等省，先后被灾，每念我民，满目疮痍，难安寝馈。朕躬气血素弱，自去年秋间不豫，医治至今，而胸满胃逆腰痛腿软气壅咳喘诸证，环生迭起，日以剧增，阴阳俱亏，以致弥留不起，岂非天乎？顾念神器至重，亟宜传付得人。兹钦奉慈禧端佑康颐昭豫庄诚寿恭钦献崇熙皇太后懿旨，以摄政王载沣之子帖

黄入承大统，为嗣皇帝。在嗣皇帝仁孝聪明，必能仰慰慈怀，钦承付托，忧勤惕励，永固邦基。尔京外文武臣工其精白乃心，破除积习，恪遵前次谕旨，各按逐年筹备事宜，切实办理。庶几九年以后，颁布立宪，克终朕未竟之志，在天之灵，藉稍慰焉。丧服仍旧制二十七日而除，布告天下，咸使知闻。

这份遗诏，确定了光绪帝的侄子、年仅三岁的爱新觉罗·溥仪入承大统，这就是末代皇帝，年号宣统。选择溥仪，慈禧似乎还想做垂帘听政的女主，过最后一把瘾。她哪里知道自己也会很快去阴曹地府报到？或者她预感自己将不久于人世，在行将就木之前，赶快确立新皇帝人选，也算是为清王朝的皇统做了最后一件大事。

幼年溥仪

命归黄泉

光绪帝死后次日即二十二日下午未刻，慈禧也在中南海仪鸾殿命归黄泉。对慈禧之死，法国驻华公使馆曾发给外交部长电文表示疑问。

不用说，公众对这位独断专横的太后的死因始终是有疑问的，不少人倾向于认为她的死不只是由于疾病的作用。前天，人们让我们相信她还能颁发诏书，任命醇亲王为帝国摄政，指定溥仪为皇位继承人，接着又为溥仪登基表示庆贺。颁发这些诏书的结果是剥夺了她自己的大权，因为她没有为自己保留与醇亲王共同摄政的权利。而就在颁发这些诏书后，她竟无缘无故地去世了。

不管怎样，她的去世对新政体倒是大有裨益，因为这位性格暴躁、爱统治人的妇人的存在，终究是经常引起麻烦的原因。所以，不管官方如何声明，流传颇广的说法却是，有人在她与外界隔绝的病房里强行取得建立新秩序的诏书后，按照中国古老的习俗，给了她一片薄薄的金子，她不得不吞服金子，金片卡住喉咙，把她窒息了。

按照这一说法，慈禧并不是自然病亡，而是在载沣等人逼迫下“吞金而死”。

外人的“阴谋论”经不起推敲，慈禧确实是因长期染病而亡。慈禧年轻时即有月经不调之症，后又患更年期综合征，喘咳、痔疮、腹泻、肠胃不调等病症也光顾过她。光绪三十年后，由于年老体弱，疾病不断。三十三年正月，即患有慢性肠胃病，消化不良，御医们虽尽力调治，但效果甚微。不想，正是这肠胃不适，埋下了她走向死亡的病根。三十四年六月以后，病情有加重之势。当月初六，御医陈秉钧诊病记录说：

> 皇太后寸关滴象渐起，细而带弦，右部关上尚见滑弦，仍欠冲和之气。大致厥阴为起病之源，脾胃为受病之所。嘈杂见诚，饱暖频仍，寤寐尚和，胸胁震响。由于阴阳郁热未除，气分微见虚弱，背间忽冷忽热、牵引臀部。两目垂重，肢节软倦，头常微晕，耳有金声。总核病情，谨拟培脾胃之气，养肝木之阴调理。

从这个脉案可知，慈禧原先脾胃之病有加重的迹象，并有头晕肝阴不足的变化。

九月，又有腹泻症状。此后，腹泻始终不愈，且有加剧之势。自十月初六日起，由太医院院使张仲元为慈禧主治。此时，由于连续腹泻而慢性消耗，使七十多岁的慈禧体力大不如前。又因政务繁忙，难以静养，以致“迁延日久，精力渐惫”。从《内起居注》中也可见到，慈禧这一时期经常临朝接见大臣，商讨政务，或批阅奏折，发布谕旨。到初八日，已有脉律不齐或高血压症候。

十月初十日，是慈禧73岁寿辰，惯例举行大规模庆典。更有以前寿辰没有的，即西藏达赖喇嘛的进京祝贺，她特颁懿旨，赐居雍和宫，加封为诚顺赞化西天大善自在佛。她白天参加庆典及宴筵活动，晚上连日看戏。据记载，自初十至十五日，连续六个晚上，慈禧都在西苑颐年殿观戏，直至戏毕才还寝仪鸾殿。多日的劳累，使她本已虚弱的身体，更加雪上加霜。加之又贪嘴，吃不易消化的“乳酪苹果等物过多”，扮观音与太监宫女们游湖着凉。诸多因素，使其病情以寿辰之日为转换的关节点。就在寿辰的当晚酉刻，张仲元、戴家瑜二位御医诊病表明，慈禧除继续腹泻外，病又及肺。

据《内起居注》记载，十月十六日到十九日，慈禧没有参加政务活动，十六到十八日，病情也无重大变化，除“时作咳嗽，顿引肋下作痛，口渴舌干，大便尚泻，身肢懒倦无力”外，其他一仍其旧。十九日，开始有谷食不多的记载。同时，考虑到光绪帝病情日渐危急，慈禧开始考虑立嗣。据说，慈禧打定主意立醇亲王奕譞之子载沣为摄政王、载沣之子溥仪为皇嗣子后，曾秘密召见军机大臣世续与张之洞，问为光绪帝立嗣谁最合适。世续、张之洞害怕再立一小孩，合奏："国有长君，社稷之福，不如径立载沣。"慈禧说："不为穆宗（同治帝）立后，终无以对死者。今立溥仪，仍令载沣主持国政，是公义私情两方面都没有遗憾了。"张之洞见此，知道慈禧主意已定，不可更改，乃进言溥仪"兼祧"同治和光绪帝："皇帝临御三十余载，不可使无后。古有兼祧之制，似可仿行。"慈禧考虑后同意了张之洞的建议。慈禧决定后，乃于十九日在仪鸾殿召开御前会议，《慈禧外纪》记载了这次会议的情况：

（慈禧）说话仍如往日，声音宏亮坚厉，其坚强不改常度，见者皆惊！有人述当日会议，全由太后一人主持。与议者庆亲王、醇亲王、军机大臣袁世凯、张之洞、鹿传霖、世续等。太后曰："现在时候到了！须照皇帝即位时之上谕，为同治皇帝立嗣。我的主意已定，但想跟你们商量，看你们的意思同否？"庆王等主张立溥伦或恭王，言溥伦尤合，以其自道光皇帝长支传下也。醇王似同意此议，其余诸人则主张立醇王之子。太后闻诸人议后，发言曰："以前我将荣禄之女说与醇王为福晋，即定意所生长子立为嗣君，以为荣禄一生忠诚之报。……今既立醇王之子，即封醇王为监国摄政王。”

二十日，接着连下两道谕旨，一任命载沣为摄政王，一谕载沣之子溥仪贴黄，“着在宫内教养，并在上书房读书”。次日，光绪帝去世，慈禧又连续颁布三道懿旨，一宣布溥仪为嗣皇帝，一宣布溥仪“承继毅皇帝（同治）为嗣，并兼承大行皇帝（光绪帝）之祧”。第三道宣示自己的权威：“现值时势多艰，嗣皇帝尚在冲龄，正宜专心典学。着摄政王载沣为监国，所有军国政事，悉秉承予之训示，裁度施行。俟嗣皇帝年岁渐长，学业有成，再由嗣皇帝亲裁政事。”载沣徒有监国虚名，而溥仪则不过又是一个光绪帝而已。这一日，慈禧虽极辛苦，而体气反较佳，脉象虽出现了加重趋势，但并无危象，只是“胃纳太少”。翌日，仍于六点钟起召见军机与皇后、监国摄政王及其福晋即荣禄之女。与众人谈话多时，以新帝之名谕示：尊皇太后为太皇太后，尊皇后为太后。至午时，正吃饭，忽然晕去，为时甚久。醒来以后，自觉身体不支，急召光绪帝皇后、摄政王、军机大臣等人安排后事，发布懿旨：“昨已降谕，以醇亲王为监国摄政王，禀承予之训示，处理国事。现予病势危急，自知不起，此后国政，即完全交付监国摄政王，若有重要之事，必须禀询皇太后者，即由监国摄政王禀询裁夺。”虽将权力移交给载沣，但又留了个尾巴，遇有重大事件必须请示隆裕皇太后。隆裕是慈禧的侄女，因此有外人说：“凡熟知宫廷情形及太后一生之历史者，观上列谕旨，皆知末数语之重要。其意盖欲与新太后及叶赫那拉族以机会……可维持叶赫族永久之权势，而巩固其所占之地位。”慈禧当时吩咐各事，从容清晰，仍如每日办理国事之状。随后，体力渐渐不支，既而进入弥留状态。慈禧病情急剧恶化后，御医张仲元、戴家瑜先后三次入诊，妙手无法回春。慈禧“于未正三刻升遐”。

据说慈禧弥留之际仍然非常清醒。先命军机大臣草拟遗诰，阅后改定数处，加入数句，即遗诰中“不得不再行训政”等语，并向左右解释加入这些话的意思，“谓余垂帘数次，不知者或以为贪权，实则迫于时势，不得不然也”。遗诰既定，又与周围话别，“态度安闲，一如平日”。作为职掌中国大权四十八年之久的慈禧太后，临终遗言可谓出人意料：“以后勿再使预闻国政，此与本朝家法有违，须严加限制。尤须严防，不得令太监擅权，明末之事，可为殷鉴。”死后发布遗诰：

> 予以薄德，只承文宗显皇帝册命，备位宫闱，迨穆宗毅皇帝冲年嗣统。适当寇乱未平讨伐方殷之际，时则发捻交讧，回苗俶扰，海疆多故，民生凋敝，满目疮痍。予与孝贞显皇后同心抚视，夙夜忧劳，秉承文宗显皇帝遗谟，策励内外臣工暨各路统兵大臣，指授机宜，勤求治理，任贤纳谏，救灾恤民，遂得仰承天庥，削平大难，转危为安。及穆宗毅皇帝即世，今大行皇帝入嗣大统，时事愈艰，民

生愈固，内忧外患，纷至沓来，不得不再行训政。前年宣布预备立宪诏书，本年颁示预备立宪年限，万几待理，心力俱殚。幸予气体素强，尚可支持。不期本年夏秋以来，时有不适，政务殷繁，无从静摄，眠食失宜，迁延日久，精力渐惫，犹未敢一日暇逸。本月二十一日，复遭大行皇帝之丧，悲从中来，不能自克，以致病势增剧，遂致弥留。回念五十年来，忧患迭径，兢业之心，无时或释。今举行新政，渐有端倪，嗣皇帝年方冲龄，正资启迪，摄政王及内外诸臣，尚其协心翊赞，固我邦基。嗣皇帝以国事为重，尤宜勉节哀思，孜孜典学，他日光大前谟，有厚望焉。

根据慈禧脉案记录分析，慈禧属于正常死亡。如果说她突然死亡有什么诱因的话，很可能正如其遗诰中所言是光绪帝之死。但究竟是因悲痛光绪帝使病情加剧，还是因光绪帝一死，政敌已除，心病已去，后顾无忧，原本紧张的精神为之一松，致使强自支撑的病体也跟着垮了下来，就不得而知了。当然，慈禧遗留给宣统的“烂摊子”，载沣们没有能力维持，仅仅三年不到，清王朝就在武昌起义的枪声中轰然倒塌了。

69 宏丽的寝宫

慈禧宾天后，金棺先停在宁寿殿，后移景山下，以等待择期奉安山陵。从驾崩到奉安，一年之间，“祭祀之隆，无时或辍”。慈禧的棺材极重，木料取自云南深山老林，光运费就数十万两。棺材成型后，先用一百匹高丽布缠裹衬垫然后油漆49次。慈禧入殓前，先在棺底铺上一层金丝镶珠宝的锦褥，厚7寸，镶有大小珍珠12 604粒、宝石85块、祖母绿两块、白玉203块。锦褥上铺着一层绣满荷花的丝褥，上铺五分重圆珠2 400粒。头前部位置安置一个重22余两的翡翠荷叶，脚部放置一个重36余两的碧玺大莲花，慈禧尸体入馆后，头顶荷花，脚蹬莲花，寓意“步步生莲”，进入西方极乐世界。

慈禧身穿多层寿衣，仅金丝串珠丝绣礼服和外罩绣花串珠褂两件，就用大珍珠420粒、中珍珠1 000粒、小珍珠4 500粒，宝石1 135块。身上盖有织金陀罗经被，被子用明黄缎捻金织成，织有陀罗经文2.5万字，缀有820粒珍珠。经被上还覆有一层缀有6 000粒珍珠的被子。头戴镶嵌珍珠宝石的凤冠，冠上一颗外国进贡的珍珠大如鸡蛋，为稀世珍宝。口内含夜明珠一粒，据传夜间百步之内可照见头发。身旁还陪葬着金、玉佛像，以及各种宝玉石、珊瑚等。脚下两边各放翡翠西瓜、甜瓜、白菜，还有宝石制成的桃、李、杏、枣二百多枚。身左放玉石莲花，身右放玉雕珊瑚树。另外，玉石骏马八尊，玉石十八罗汉，共计七百多件。据说，当宝物殓葬完毕后，送葬的人发现棺内还有孔隙，就又倒进了4升珍珠和2 200块红、蓝、祖母绿宝石。

按内务府簿册载，殓入棺中珠宝玉器还有：正珠、东珠、绿玉、珊瑚寿字、珊瑚喜字、珊瑚雕螭虎、龙眼菩提等朝珠；大正珠、正珠、东珠、绿玉莲子、珊瑚等手串；正珠、绿玉、珊瑚圆寿字等念珠；绿玉兜兜练；正珠挂纽；金镶正珠、金镶各色真石珠、金镶珠石、金镶各色真石、白钻石葫芦；金镶藤、镀金点翠穿珠珊瑚龙头、白玉镶各色真石福寿、绿玉镯等；正珠、东珠、金镶正珠龙头等软镯；绿玉、茶晶、白玉皮、玛瑙等烟壶；洋金镶白钻石、洋金镶珠带别针等小表；洋金镶白钻石宝桃式大蚌珠、白玉鱼蚌珠、白玉羚羊等别子；白玉透雕活环葫芦、绿玉透雕活环、珊瑚鱼等珮；汉玉珞、汉玉仙人、汉玉洗器；白玉猫、黄玉杵、汉玉针、汉玉羚羊、雕绿玉扳指；蓝宝石、紫宝石、祖母绿、茄珠、大小正珠、绿玉、蚌珠等抱头莲；珊瑚绿玉金镶红白钻石等蝙蝠；金镶红白钻石蜻蜓；金镶白钻蜂；绿玉穿珠菊花；金镶各色珠石万代福寿；金镶钻石等冠口；金翠珠玉等佛手簪；绿玉、珊瑚、红蓝宝石、红白钻石、祖母绿等镏；黄宝石、钻石、白钻石、大正珠等帽花。

出殡的日子到了，送葬队伍浩浩荡荡。1909年11月27日，英国《泰晤士报》记载了慈禧出殡时的盛大场面：

金棺初以八十四人抬之，此乃过城门时最多之数，出城则加为一百二十人。前行者为监国摄政王，及诸王公贝勒、军机大臣等，后为骑兵一队，再后为骆驼等。驼载帐棚及行宫用具，由京往陵，须行四日，以备晚间支帐，为金棺暂安之处也。又后为伞队，皆庚子年由西安回銮时，百姓恭送者，安葬后则皆烧之。又后为喇嘛，最后为銮仪卫一队，执祭器佛幡旗帜等。全队中有三乘极华丽之舆，罩以黄丝之帘，一切装饰，均为龙凤花样。有两乘与太后平时所乘者相同，此亦备在陵上焚烧者。统观全队，炫耀威严之景，使人印于心而不忘。自中国人言之，唯唐之武后或能与此比耳。……梓宫经由之路，家家闭户，军队布列皆满，以防意外之事也。纪律严整，无喧哗紊乱之象。沙路平坦，全队向东陵进发。

慈禧的陵墓坐落在北京东北遵化县清东陵的昌瑞山南，与慈安的墓并排立于咸丰帝定陵东侧，统称定东陵。慈禧埋葬在东边，称菩陀峪定东陵；而慈安埋葬在西边，称普祥峪定东陵。两陵之间仅隔一道马槽沟。慈禧与慈安陵墓如此排列，是根据他们的地位决定的，慈安是咸丰帝皇后，因此靠近咸丰帝定陵的普祥峪自然归属慈安，而因子而贵的慈禧只有安葬在离咸丰帝更远一点的菩陀峪了。

早在同治五年，慈安、慈禧就派人为她们选择陵址，直到十二年才最后决定。同年破土动工，经过多年的大兴土木，到光绪五年六月二十二日，慈安、慈禧两陵工程同时竣工。慈安陵耗费266.5万两，慈禧陵用银227万两。两陵墓无论是规模还是装饰，在清代的皇后陵寝中均属上乘。慈安暴亡后，慈禧大权独揽，对陵墓不如慈安豪华耿耿于怀。光绪二十年，慈禧竟然决定重修陵墓，将修好的隆恩殿及东西配殿全部拆除重建，附属建筑也揭瓦大修。重建工程持续了十四年，直到她死后才完工。

重建后的隆恩殿与东西配殿，工料的贵重、工艺的高超、装饰的华丽，都居于明、清两朝皇后陵寝的首位。三殿的明柱、檐柱装饰，比故宫太和殿内六根金柱还华丽。三殿内外有64根黄花梨木柱，每根柱上盘绕一条巨大的金龙，称“金龙盘玉柱”。三殿内壁镶嵌大小三十块雕砖贴金墙面，共237平方米，仅贴金就用了黄金4592两多。而慈禧陵墓的地宫，更是价值连城，除前述棺内随葬品外，据清宫档案记载，慈禧生前先后向金井中投放了六批珍宝，计有金枣花扁镯一对、绿玉福寿三多珮一件、红碧玚镶子母绿别子一件、红碧玚长寿字珮一件、正珠手串一盘、黄碧玚葡萄珮一件、红碧玚葫芦蝠珮一件、绿玉佛手别子一件、红碧玚双喜佩一件、白玉灵芝天然小如意一柄、白玉透雕夔龙天干地支转心璧一珮件、金镶万寿执壶二件、金镶珠石无疆执壶一件、金镶真石玉杯金盘二份、金镶珠杯盘二份、雕通玉如意一对、金佛一尊、玉佛一尊、玉寿星一尊、正珠念珠三盘、雕珊瑚圆寿字念珠二盘、珊瑚念珠一盘。除棺内地宫珍宝外，隆恩典内的供奉和陈设的器物也是琳琅满目，不能一一细载。

如此之多的奇珍异宝，自然招惹盗墓大盗。清亡后，皇陵属于保护之列，除设置“护陵大臣”外，并有八旗官兵驻守。但守卫们往往监守自盗，将陵区内财物盗卖，自然引来各路人马的眼红。1928年7月，国民革命军第十二军军长孙殿英指挥部下，炸开慈禧陵墓地宫入口“金刚墙”，毫不费力就找到了棺椁与陪葬珍宝。为撬开慈禧的内棺，光芒四射的金漆外椁竟被匪兵刀砍斧劈得七零八落。匪兵们把砍碎的木头搬开后，就现出了一具红漆内棺。由于怕刀斧损伤棺内的宝物，当官的就命士兵小心谨慎地用刀撬开内棺：

棺盖揭开，见霞光满棺，兵士每人执一大电筒，光为之夺，众皆骇异。俯视棺中，西太后面貌如生，手指长白毛寸余。有兵士大呼，速以枪杆横置棺上，防僵尸起而伤人，但亦无他异。霞光均由棺内所藏珠宝中出，乃先将棺内四角所置四大西瓜取出……西太后口中所含大珠一颗，亦放白光。玉枕长尺余，放绿光。其他珠宝堆积棺中无算，大者由官长取去，小者由各兵士阴纳衣袋中。众意犹未足，复移动西太后尸体，左右转侧，悉取布满棺底之珠宝以去。于是司令长官下令，卸去龙袍，将贴身珠宝搜索一空。

东陵盗案败露后，激起社会的强烈反响，要求严惩“东陵大盗”孙殿英。但孙殿英不仅没有获罪，反而升官发财，抗战期间投靠日本，战后又被蒋介石接收，1947年为中共活捉，最后病死于监狱。他对盗墓东陵，直言不讳：

慈禧太后的墓被崩开后，墓室不及乾隆大，但随葬宝物就多得记不清……她口里含有一颗夜明珠，分开是两块，合拢就是一个圆球。分开透明无光，合拢时透出一道绿色寒光，夜间百步之内可照见头发。听说这是宝贝，可使身体不化，难怪慈禧的棺材劈开后，老佛爷像睡觉一样，只是见了风，脸才发黑，衣服也有些上不得手了。

穷奢极欲的慈禧，死后还想永葆青春，结果落得个盗墓掘尸的下场。贪婪无厌的盗墓者孙殿英，任他多么狡诈多变，反复无常，还是得了个不治之症的烟后痢，终于不治身亡。可惜的是，那些不世之宝，散落世间，大多不知所终。命笔至此，真令人感慨不尽。